高等职业教育汽车检测与维修技术专业系列教材
国家骨干高职院校建设项目成果

汽车检测与故障诊断

主　编　刘　良　卿　龙
副主编　刘福华　郝孟军
参　编　聂昌涛　罗美琴　张　元
　　　　王诗平　陈　丹
主　审　贺大松

机械工业出版社

本书从实际出发，根据项目教学的要求，将具体内容分为任务要求、任务描述、相关知识和任务实施几个模块进行编排。本书共5个项目：汽车检测与故障诊断概述、发动机机械部分检测与故障诊断、发动机电控系统检测与故障诊断、汽车底盘检测与故障诊断、检测站及汽车主要技术性能的检测。

本书可作为高职高专院校汽车相关专业的教材，也可作为汽车技术人员的培训教材和参考用书。

本书配有电子课件，凡使用本书作为教材的教师可登录机械工业出版社教育服务网 www.cmpedu.com 注册后免费下载。咨询电话：010-88379375。

图书在版编目（CIP）数据

汽车检测与故障诊断/刘良，卿龙主编. —北京：机械工业出版社，2018.8（2024.1重印）
高等职业教育汽车检测与维修技术专业教材
国家骨干高职院校建设项目成果
ISBN 978-7-111-60801-1

Ⅰ.①汽… Ⅱ.①刘… ②卿… Ⅲ.①汽车-故障检测-高等职业教育-教材②汽车-故障诊断-高等职业教育-教材 Ⅳ.①U472.9

中国版本图书馆 CIP 数据核字（2018）第204310号

机械工业出版社（北京市百万庄大街22号 邮政编码100037）
策划编辑：葛晓慧　　　　　责任编辑：葛晓慧　张丹丹
责任校对：李锦莉　刘丽华　封面设计：鞠 杨
责任印制：单爱军
北京虎彩文化传播有限公司印刷
2024年1月第1版·第6次印刷
184mm×260mm·14.5印张·359千字
标准书号：ISBN 978-7-111-60801-1
定价：39.80元

电话服务　　　　　　　　　　网络服务
客服电话：010-88361066　　　机 工 官 网：www.cmpbook.com
　　　　　010-88379833　　　机 工 官 博：weibo.com/cmp1952
　　　　　010-68326294　　　金 书 网：www.golden-book.com
封底无防伪标均为盗版　　　　机工教育服务网：www.cmpedu.com

前　言

汽车检测与故障诊断是汽车维修职业岗位的主要工作能力之一，因此，各高职院校都将"汽车检测与故障诊断"定位为汽车检测维修相关专业的一门核心专业课程。随着环保、节能、动力性的要求越来越高，汽车新技术的应用越来越多，使汽车的故障诊断技术也发生了较大的变化。为了能为高职院校汽车专业的教师和学生提供一本能反映当代汽车检测与故障诊断的主流技术，适合自主学习，有利于实施工学结合教学改革的教材，我们在多年的汽车专业教学实践的基础上，利用国家骨干高职院校与一线汽车维修企业的良好校企合作关系，结合典型车型的大量原厂技术资料，并经过精心地归纳和教学化处理，编写了本书。本书主要对汽车检测与故障诊断内容进行了精心的设计，根据学生的认知规律和职业教育的特点，紧紧围绕高素质技能型人才的培养目标，以能力为本位，以工作过程为导向，按照"任务要求—任务描述—相关知识"这一思路进行编排。为了适应汽车技术的飞速发展与知识的不断更新，在编写中，采用了大量的图片介绍汽车新技术和实用技术知识，列举一些通俗易懂的维修实例，注重理论与实践的紧密结合，有很强的实用性和针对性。

本书的参考学时为108学时，其中实训环节为60学时，各学习项目的参考学时参见下面的学时分配表。

序　号	课程内容	学时分配	
		讲　授	实　训
项目1	汽车检测与故障诊断概述	4	2
项目2	发动机机械部分检测与故障诊断	10	14
项目3	发动机电控系统检测与故障诊断	18	24
项目4	汽车底盘检测与故障诊断	10	14
项目5	检测站及汽车主要技术性能的检测	6	6

本书由宜宾职业技术学院刘良、卿龙任主编，刘福华、郝孟军任副主编，贺大松教授任主审。参加本书编写的还有聂昌涛、罗美琴、张元、王诗平、陈丹。此外，宜宾广汇申蓉汽车服务有限公司、宜宾安鸿吉亚汽车销售服务有限公司张琪（服务总监）、张天（技术总监）也对教材的编写提出了很好的修改意见，在此一并表示感谢。本书在编写过程中，借鉴和参考了国内外大量资料，在此对相关资料的作者表示衷心的感谢。由于水平有限，书中难免存在错误和不妥之处，敬请广大读者批评指正。

编　者

目 录

前言
项目1 汽车检测与故障诊断概述 ……… 1
  任务1.1 汽车检测与故障诊断基础认识 ……………………………… 2
项目2 发动机机械部分检测与故障诊断 ………………………………… 18
  任务2.1 正确使用发动机检测设备 …… 18
  任务2.2 发动机异响检测与故障诊断 …………………………………… 32
  任务2.3 润滑系统检测与故障诊断 …… 40
  任务2.4 冷却系统检测与故障诊断 …… 45
项目3 发动机电控系统检测与故障诊断 ………………………………… 50
  任务3.1 发动机电控系统的故障诊断方法 ………………………………… 50
  任务3.2 发动机电控燃油喷射系统的检测与故障诊断 ……………… 56
  任务3.3 点火系统的检测与故障诊断 …… 84
  任务3.4 电控发动机辅助控制系统的检测与故障诊断 ……………… 99
  任务3.5 电控发动机常见故障诊断与排除 ………………………………… 116
项目4 汽车底盘检测与故障诊断 ……… 125
  任务4.1 离合器的检测与故障诊断 …… 125
  任务4.2 变速器的检测与故障诊断 …… 135
  任务4.3 万向传动装置与驱动桥的检测与故障诊断 ………………… 150
  任务4.4 行驶系统的检测与故障诊断 …………………………………… 158
  任务4.5 汽车转向系统的检测与故障诊断 ………………………… 170
  任务4.6 汽车制动系统的检测与故障诊断 ………………………… 177
项目5 检测站及汽车主要技术性能的检测 ……………………………… 185
  任务5.1 汽车检测站 ……………………… 186
  任务5.2 汽车悬架装置的检测 …………… 193
  任务5.3 汽车排气的检测 ………………… 200
  任务5.4 汽车噪声的检测 ………………… 211
  任务5.5 汽车前照灯的检测 ……………… 220
参考文献 ……………………………………… 228

项目 1　汽车检测与故障诊断概述

随着我国科学技术和汽车工业的发展，汽车技术日新月异，特别是大量新技术的应用，导致汽车的结构和性能发生了根本性的变化。新的结构和电子控制装置不断出现，在大幅度提高汽车综合性能的同时，也使汽车的故障诊断与维修问题日益突出。汽车故障诊断与检测技术是伴随着汽车工业的发展而产生的一门学科，是一门实践性很强的专业必修课。

汽车诊断与检测技术是指在不解体（或仅卸下个别小件）的条件下，确定汽车技术状况，查明故障部位及原因的检查和分析，确定汽车技术状况或工作能力所进行的检查和测量。随着汽车技术的发展，特别是电子技术、计算机技术在汽车上的应用，汽车故障检测、诊断从传统的听、看、闻经验诊断方式，发展为以集成化、智能化的诊断设备为手段，以信息技术为依托的现代汽车故障诊断技术。汽车诊断技术的发展从人工定性检查演变为利用设备、仪器的定量检测，从现场或试车发展为相关性试验台架的测试。我国从 20 世纪 60 年代开始研究汽车检测技术，为满足汽车维修需要，当时交通部主持进行了发动机气缸漏气量检测仪、点火正时灯等检测仪器的研究和开发。

进入 20 世纪 80 年代，随着国民经济的发展，科学技术的各个领域都有了较快的发展，汽车故障诊断及检测技术也随之得到快速发展，加之我国的汽车制造业和公路交通运输业发展迅猛，对汽车故障诊断检测技术和设备的需求也与日俱增。我国机动车保有量迅速增加，随之而来的是交通安全和环境保护等社会问题。如何保证车辆快速、经济和灵活，并尽可能不造成社会公害等问题，已逐渐被提到政府有关部门的议事日程，因而促进了汽车诊断和检测技术的发展。此时，交通部主持研制开发了汽车制动试验台、侧滑试验台、轴（轮）重仪、速度试验台、灯光检测仪、发动机综合分析仪和底盘测功机等。国家在"六五"期间重点推广了汽车检测和诊断技术。

1990 年交通部发布第 13 号令《汽车运输业车辆技术管理规定》和 1991 年交通部发布第 29 号令《汽车运输业车辆综合性能检测站管理办法》以后，全国又掀起了建设汽车综合性能检测站的高潮。到 1997 年，全国已建立汽车综合性能检测站近千家，其中 A 级站 140 多家。

与此同时，汽车的检测技术和设备也得到了大力发展。20 世纪 70 年代国内仅能生产少量简单的检测、诊断设备。目前全国生产汽车综合性能检测设备的厂家已达 60 多个，除交通部门外，机械、城建、高等院校等部门也进入汽车检测设备研制、开发、生产和销售领域。我国已能自己生产全套汽车检测设备，如大型技术复杂的汽车底盘测功机、发动机综合分析仪、四轮定位仪、悬架检测台、制动检测台、排气分析仪和灯光检测仪等。

为了配合汽车检测工作，我国已发布实施了有关汽车检测的国家标准、行业标准和计量检定规程等 100 多项。从汽车综合性能检测站建站到汽车检测的具体检测项目，都基本做到了有法可依。

任务1.1　汽车检测与故障诊断基础认识

任务要求

1. 通过学习，了解汽车故障产生的原因及变化规律。
2. 通过学习，了解汽车故障诊断的参数和参数标准。
3. 通过学习，了解汽车故障诊断参数分析方法。
4. 通过新技术的引导，激发学生学习专业课的兴趣。

任务描述

汽车故障产生的原因错综复杂，但是对于典型的故障，都有规律可循，只有掌握了汽车故障产生的原因及变化规律，运用先进诊断设备通过对汽车故障的关键参数进行科学诊断，并结合理论知识进行严谨的分析，才能更快速地找到故障，并排除相关问题。

相关知识

汽车故障形成的原因及分类，汽车故障的参数和标准，汽车故障的诊断方法和诊断周期，汽车故障诊断分析方法，正确运用汽车诊断方法和汽车参数检测设备。

1.1.1　汽车故障及其分类

汽车装置或机构发生变化造成其功能的丧失或性能的降低，称其为汽车故障。如：发动机轴瓦烧损和拉缸属于功能丧失故障，而汽车制动距离变长属于性能降低故障。

1. 汽车故障的类型

1）按照发生时间可分为间断性故障和永久性故障。间断性故障只是在引发其发生的原因短期存在的条件下才显现，而永久性故障只有在更换某些零部件后才能使其得以排除。

2）按照发生快慢可分为突发性故障和渐发性故障。突发性故障是在发生前无任何征兆的故障，一般不能通过诊断来预测，其特点是故障的发生有偶然性；渐发性故障则是由于零件磨损、疲劳、变形、腐蚀和老化等原因使其技术状况劣化而引起，通常应有一个逐渐发展的过程，因此能够通过早期诊断来预测。

3）按照是否显现可分为功能故障和潜在故障。导致功能丧失或性能降低的故障为功能故障，正在逐渐发展但尚未对功能产生影响的故障属于潜在故障。

2. 汽车故障具体的表现

（1）汽车性能异常　汽车性能异常就是汽车的动力性和经济性差，主要表现在汽车最高行驶速度明显降低，汽车加速性能差；汽车燃油消耗量大和机油消耗量大；汽车乘坐舒适性差，汽车振动和噪声明显加大；汽车操纵稳定性差，汽车易跑偏，车头摆振；制动跑偏，制动距离长或无制动等。

（2）汽车使用状况异常　汽车使用中突然出现下列不正常现象，应重点加以预防：发动机突然熄火，制动时无制动，行驶中转向突然失灵，更有甚者汽车爆胎和汽车自燃起火等。症状表现比较明显，发生原因比较复杂，主要是汽车内部有故障没有被注意，发展成突发性损坏。

（3）汽车异常响声　汽车在使用中，故障往往最易以异常响声的形式表现出来，驾驶人和乘坐者都可以听到。有经验者可以根据异响发生的部位和声音的不同频率和音色判断汽车故障，一般发动机响声比较沉闷并且伴有较强烈的抖振时，故障比较严重，应停车、降低发动机转速或关闭发动机来查找，有些声音一时查不出来，需有经验的人员查找。

（4）汽车异味　汽车行驶中最忌发生异味，有异味首先要判断是否是汽车异味。汽车异味主要有：制动器和离合器上的摩擦材料发出的焦臭味，蓄电池电解液的特殊臭味，导线烧毁的焦煳味。在某些时候能够嗅到渗漏机油的烧焦味，都要注意。

（5）汽车过热　汽车过热表现为汽车各部的温度超出了正常使用温度范围。以散热器开锅表现最为明显；变速器过热、后桥壳过热和制动器过热等都可以用手试或用水试法表现出来，是长时间高负荷所致，休息即可，如是内部机构故障，应及时诊断和排除。

（6）排气烟色异常　发动机排气烟色是发动机工作的外观表现。发动机排气呈蓝色，表明发动机烧机油；发动机燃烧不完全，排气呈黑色，应更换燃油或调整点火正时；发动机排气呈白色，表示燃油中或气缸中有水，应检查燃油或发动机。

（7）汽车渗漏　汽车渗漏表现为燃油渗漏、机油渗漏、冷却液渗漏、制动液渗漏、转向机油渗漏、润滑油渗漏和制冷剂渗漏，以及电气系统漏蓄电池液和电气系统漏电等。汽车渗漏极易引起汽车过热和机构损坏，如转向机油渗漏容易引起汽车转向失灵，制动液渗漏容易引起制动失灵等。

（8）汽车外观失常　应注意检查汽车轮胎气压、车架和悬架损坏、车身损坏等不正常现象。这些可能影响到汽车行驶安全，如汽车重心偏移、振动严重、转向不稳定和汽车跑偏等。

（9）汽车驾驶异常　汽车驾驶异常表现为汽车不能按驾驶人的意愿进行加速行驶、进行转向和制动，可以觉察到汽车操纵机构和执行机构故障，除对加速踏板、制动踏板、离合器踏板和转向盘及其传动机构进行检查和调整外，还应对汽车进行全面检查。找出故障，维修正常，才能使用。

1.1.2　汽车故障产生的原因

汽车故障形成的内因是零件失效，外因是运行条件。在汽车运行过程中，汽车的零部件之间，工作介质、燃油及燃烧产物与相应零部件之间，均存在相互作用，从而引起零部件受力、发热、变形、磨损和腐蚀等，使汽车在整个使用寿命期内，故障率由低到高，技术状况由好变坏。外界环境（如道路、气候和季节等）和使用强度（如车速和载荷等）通过对上述相互作用过程的影响而成为汽车故障发生和技术状况变化的重要因素。

1. 汽车故障的影响因素

1）设计制造质量缺陷。
2）管理使用方法不善、维护不当。
3）运行材料选用不符合要求。
4）气候、道路条件不良。

这些因素并不一定立即影响汽车的正常运行，但能形成故障隐患，降低运行品质和效能，甚至会导致汽车停驶或发生交通事故。

2. 具体原因

1）本身存在着易损零件。汽车设计时，因各种因素各种功能要求不同，各零件有不同的寿命，如汽车上运动的在恶劣环境下工作时零部件就容易损伤，如发动机轴承、火花塞等。

2）零件本身质量差异。汽车和汽车零件是大批量和由不同厂家生产的，不可避免地存在质量差异。原厂配件使用中会出现问题，协作厂和不合格的配件装到汽车上更会出现问题。

3）汽车消耗品质量差异。主要有燃油和润滑油等，这些消耗品质量差的会造成燃烧室积炭、运动接触面超常磨损等，严重影响汽车的使用性能而发生故障。

4）汽车使用环境影响。汽车是在野外露天等不断变化的环境里工作。如高速公路路面宽阔平坦，汽车速度高，易出故障和事故；道路不平，汽车振动颠簸严重，易受损伤。山区动力消耗大，在城市用车时间长等，不适当的条件都会使汽车使用工况发生变化，容易发生故障。

5）驾驶技术和日常维护的影响。驾驶技术对汽车故障产生有影响。汽车使用管理日常维护不善，不能按规定进行走合和定期维护，野蛮起动和驾驶等都会使汽车早期损坏和出现故障。

6）汽车故障诊断技术和维修技术的影响。汽车使用中有故障要及时维修，出了故障要做出准确地诊断，才可能修好。在汽车使用、维护、故障诊断和维修作业中，特别是现代汽车，高新技术应用较多，这就要求汽车使用、维修工作人员要了解和掌握汽车技术和高深的新技术。不会修不能乱修，不懂不能乱动，以免旧病未除，新毛病又出现。

汽车故障原因广泛地存在于汽车的制造、使用、维护和修理工作的全过程，对于每一个环节都应十分注意，特别是在使用中要注意汽车的故障隐患，有故障要及时发现、及时维修、排除，才能使汽车在使用过程中减少事故出现。

1.1.3 汽车故障的规律

汽车故障变化的规律是指汽车的故障随行驶里程的变化而变化的规律，这种规律用故障率来表示。汽车的故障率是指使用到某里程的汽车在单位行驶里程内发生故障的概率，也称为失效率。它是衡量汽车可靠性的一个重要指标。了解和掌握这一规律，对正常使用和维护车辆，及时、准确判断和排除故障，优质高效地修理汽车都具有十分重要的意义。

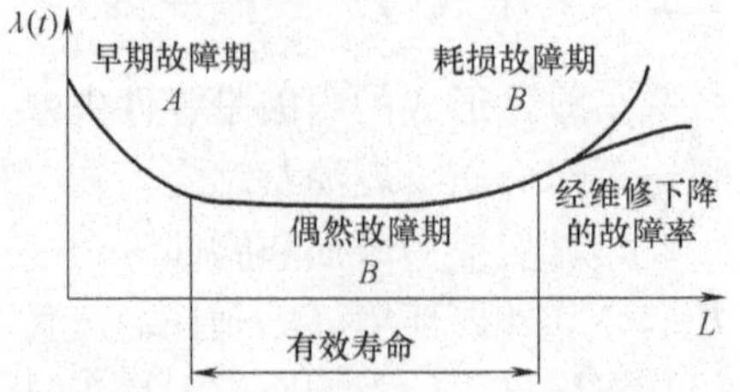

图 1-1 汽车故障的变化规律曲线

汽车故障的变化规律曲线就是汽车故障率与行驶里程的关系曲线，如图 1-1 所示，也称为浴盆线。汽车故障变化的规律可分为如下三个阶段：

1. 早期故障期

早期故障期相当于汽车的磨合期或汽车大修后的使用初期。由于材料缺陷，零件加工及残留物，工艺过程，装配和调整的质量不适应汽车的使用条件，造成初期磨损量较大，所以故障率较高，但随着磨合期和行驶里程的增加，故障率会逐渐下降。

2. 偶然故障期

在偶然故障期，其故障的发生是随机的，使用不当、操作疏忽、润滑不良、维护欠佳，没有一种特定的故障起主导作用，多是由于零件材料内部隐患、工艺和结构缺陷等偶然因素所致。在此期间，汽车及总成处于最佳状态，故障率低而稳定，其对应的行驶里程一般称为汽车的有效寿命。

3. 耗损故障期

随着行驶里程的延长，汽车的零部件磨损和失效增多，可靠性下降，特别是大多数受交变载荷作用的零件老化，因而故障率急剧上升，出现大量故障，若不及时维修，将导致汽车或总成报废甚至发生交通事故。

1.1.4 汽车诊断参数

为了正确地评价汽车的技术状况，充分发挥汽车的潜力和性能，提高汽车运行的经济性和可靠性，不仅要求有完善的检测和监视手段，而且要求有正确的判别理论。为此，必须选择合适的汽车技术状况诊断参数，科学合理地确定出诊断参数的标准和诊断方法。

1. 汽车常用诊断参数

在汽车或总成不解体的情况下，直接测量汽车结构参数变化的诊断对象是极少的。因此，在进行汽车诊断时，需要采用一些能够反映汽车技术状况的间接指标，这些间接指标就叫作"诊断参数"；汽车诊断参数包括工作过程参数、伴随过程参数和几何尺寸参数。

工作过程参数如发动机功率、汽车制动距离和油耗等，它能表征诊断对象总的状况，显示诊断对象主要的功能品质。相对而言，它提供的信息较广，是进一步深入诊断的基础。伴随过程参数如振动、噪声和发热等，提供的信息较窄，但这种参数较为普遍，常用于复杂系统的深入诊断。由机构零件之间装配关系决定的几何尺寸参数如间隙、自由行程等，提供的信息量虽然有限，但能更进一步表明诊断对象的具体状态。常用的汽车诊断参数见表1-1。

2. 诊断参数的选择方法

科学、正确、合理地选择汽车技术诊断参数对于方便快捷、正确无误地判断技术状况和诊断故障有着十分重要的意义。一般按下面的方法进行选择：

（1）性能检测　当作为车检目的时，主要应选择综合性较好，且能确保安全和防止公害的参数。主要参数有：前照灯检测参数、制动检测参数、转向轮综合检测参数和发动机排放检测参数等。

（2）维修检测　当作为维修检测目的时，既要选择能充分反映技术状况的参数，也要选择与磨损有关的参数。主要参数有：发动机功率、燃料消耗量、制动检测参数、气缸漏气率、异响和振动参数、转向轮定位角和侧滑参数等。

以上检测不论用于何种目的，都要避免综合参数和单项参数的不必要重复。

1.1.5 诊断参数的标准

为了定量地评价汽车及总成的技术状况，确定维修措施和预报其无故障工作寿命，仅有诊断参数是不够的，还必须建立诊断参数标准。诊断参数标准是对测得的参数值与相应的诊断参数标准进行比较，以确定汽车是否能够继续使用或预测在给定行驶里程内汽车的工作能力。

表1-1 常用的汽车诊断参数

诊断对象	诊断参数	诊断对象	诊断参数
汽车整体	最高车速/(km/h) 最大爬坡度/(%) 0~100km/h 加速时间/s 驱动轮输出功率/kW 驱动轮驱动力/N 汽车燃油消耗量 /[L/100km, L/(100t·km)] 侧倾稳定角/(°)	汽油机供油系统	空燃比 汽油泵泵油压力 供油系统供油压力 喷油器喷油量 喷油器喷油不均匀度
发动机总成	额定转速/(r/min) 怠速转速/(r/min) 发动机功率/kW 发动机燃油消耗量/(L/h) 单缸断火(油)转速下降值/(r/min) 汽油车怠速排放CO(一氧化碳)的体积分数/(%) 汽油车怠速排放HC的体积分数/(%) 柴油车自由加速烟度/(FSN) 排气温度/℃ 异响	柴油机供油系统	输油泵输油压力/kPa 喷油泵高压油管最高压力/kPa 喷油泵高压油管残余压力/kPa 喷油器针阀开启压力/kPa 喷油器针阀关闭压力/kPa 喷油器针阀升程/mm 各缸供油不均匀度/(%) 供油提前角/(°) 各缸供油间隔角/(°) 各缸喷油器的喷油量/mL
曲轴连杆机构	气缸压力/MPa 曲轴箱窜气量/(L/min) 气缸漏气量/kPa 气缸漏气率/(%) 进气管真空度/kPa	点火系统	蓄电池电压/V 一次电路电压/V 各缸点火电压值/kV 各缸点火电压短路值/kV 点火系最高电压值/kV 点火提前角/(°) 闭合角/(°)
配气机构	气门间隙/mm 配气相位/(°)		
润滑系统	润滑油压力/kPa 油底壳液面高度 润滑油温度/℃ 理化性能指标变化量 清净性系数 K 的变化量 介电常数的变化量 金属微粒的体积分数/(%) 润滑油消耗量/kg	转向系统	车轮侧滑量/(m/km) 车轮前束/mm 车轮外倾角/(°) 主销后倾角/(°) 主销内倾角/(°) 转向轮最大转向角/(°) 最小转弯直径/m 转向盘最大自由转动 转向盘外缘最大切向力/N
冷却系统	冷却液温度/℃ 冷却液液面高度 散热器冷却液入口与出口温差/℃ 风扇运转温度/℃	制动系统	制动距离/m 制动力/N 制动拖滞力/N 驻车制动力/N 制动减速度/(m/s²) 制动系统协调时间/s 制动完全释放时间/s

(续)

诊断对象	诊断参数	诊断对象	诊断参数
传动系统	传动系统游动角度/(°) 传动系统机械传动效率 传动系统功率损失/kW 振动 异响 总成工作温度/℃	行驶系统	车轮静不平衡量/g 车轮动不平衡量/g 车轮轴向圆跳动量/mm 车轮径向圆跳动量/mm 轮胎胎冠花纹深度/mm
其他	前照灯发光强度/cd 前照灯光束照射位置/mm 车速表允许误差范围(%) 喇叭声级(A声级)/dB 客车车内噪声级(A声级)/dB 驾驶人耳旁噪声级(A声级)/dB		

汽车诊断参数标准分为如下三类：

1. 国家标准

国家标准是由国家机关制定和颁布的检验标准，具有法制性，如 GB 7258—2012《机动车运行安全技术条件》、GB 1495—2002《机动车辆允许噪声》以及汽油车、柴油车污染物和烟度排放标准等。这些标准主要用于与汽车行驶安全和产生公害有关的一些机构的检验。一般来说，这类标准可以反映汽车或某些机构系统的工作能力，如制动距离可以反映汽车制动系统的工作能力，废气中 CO（一氧化碳）、HC（碳氢化合物）的含量可以反映供给系统的调整及燃烧状况。这类标准在使用中需要严格控制，以保证国家标准的严肃性。

2. 制造厂推荐的标准

制造厂推荐的标准一方面与汽车制造中结构参数的工艺性有关，另一方面与汽车工作的最佳可靠性、寿命及经济性的优化指标有关，因此主要是一些结构参数的标准，如气门间隙、分电器触点间隙、火花塞电极间隙和车轮定位角等标准。这些标准一般在设计阶段确定，最终经样车或样机的台架或使用试验修订，并在技术文件中规定下来。

3. 企业标准

企业标准是汽车运输企业根据车辆的实际使用条件制定的，因为在不同使用条件下工作的车辆不能使用统一的标准。如在平原地区行驶的汽车其油耗显然比山区行驶的汽车要低；在矿区行驶的汽车，其润滑油的污染程度显然比在公路上行驶的汽车要高。因此，应根据汽车的常用状况，合理地制定油耗标准和润滑油更换标准。

根据汽车维修工艺的需要，又可把诊断参数标准分为：诊断参数的初始标准、诊断参数的极限标准和诊断参数的许用标准。

诊断参数的初始标准相当于无故障的新车诊断参数的大小。在汽车使用中，一些机构或系统在恢复性作业或调整作业后测定参数值必须达到初始标准，一般会在技术文件中给出。对于汽车的某些机构或系统，如点火系统和供油系统，它的初始诊断标准是按最大经济性原则来确定的，最大经济性是各种不同生产条件下运行的汽车能够广泛采用的一个指标。

诊断参数的极限标准是指汽车技术性能低于这一标准后，就已失去工作能力或其技术性能将变坏或者行驶安全性得不到保证，汽车必须进行维修。诊断参数的极限标准，由国家机关技术部门制定。在汽车使用过程中。通过对汽车进行周期性的诊断，并把诊断结果与诊断参数的极限标准进行比较，可以预测出汽车的使用寿命。

诊断参数的许用标准是汽车维护工作中定期诊断的主要标准。这项标准能保证汽车在确定的间隔里程内具有最佳的无故障概率水平。在汽车使用过程中，许用标准是汽车在确定的间隔里程内是否出现故障的界限。如果诊断参数在许用标准内，表明汽车的技术经济指标处于正常阶段，无须维修，可以继续运行。如果诊断参数超过许用标准，即使汽车还有工作能力，也不能再等到原来的维修间隔里程才进行维修，应适当提前安排维护和修理，否则汽车的技术经济性能将下降，故障率将上升。

1.1.6 汽车诊断的方法

汽车长期使用后，随着行驶里程的增加，技术状况将逐渐变坏，出现动力性下降、经济性变差、可靠性降低和故障率增加等现象。汽车故障诊断就是通过检查、测试、分析和判断直至故障确诊的一系列活动过程。基本方法有靠经验的人工经验诊断法、现代仪器设备诊断法和自我诊断法三种。

1. 人工经验诊断法

人工经验诊断法，是诊断人员凭实践经验和一定的理论知识，在汽车不解体或局部解体的情况下，借助简单工具，用眼看、耳听、手摸和脚踏等方法，边检查、边试验、边分析，进而对汽车技术状况做出判断的一种方法。这种诊断方法的优点是不需要专用仪器和设备，可随时随地应用、投资少、见效快。缺点是诊断速度慢、准确性差，不能进行定量分析，还要求诊断人员有较高的技术水平和经验。

人工经验诊断汽车故障的常见方法如下：

1）听诊法。诊断维修人员凭听觉倾听汽车内部声响。根据声响的特征和规律，判断出汽车的故障所在。常用螺钉旋具作为听诊器或用专用听诊器来辨别敲缸、气门响、曲轴轴承响和活塞销响等，从而确定故障所在部位。

2）观察法。诊断维修人员凭视觉直接观察汽车的外部情况，主要观察烟色以及有无机件裂痕、变形、松脱、折断和磨损，是否漏气、漏水和漏油等，从而确定故障所在部位。

3）嗅闻法。诊断维修人员凭嗅觉辨别汽车在使用过程中散发的某些特殊气味，主要有排气烟味、烧焦臭味等，从而确定故障所在部位。

4）直观感受法。这种方法是凭检修人员调试车辆时的亲身体验和感觉，判断出汽车的故障所在。

采用直观感受法的检修人员必须具备一定的诊断技术水平和较丰富的实践经验。在行车途中，由于条件所限，驾驶、维修人员只能采取这种诊断方法。

5）停止部分机件工作法。停止汽车某一局部机件的工作，改变局部环境条件，观察故障现象有无变化，据此判断故障所在部位。

如用断电法停止某缸的工作，可使其故障特征明显变化，据此判断发动机异响或个别缸工作不良的故障。这种方法常用于诊断发动机的故障。

6）电路搭铁试火法。拆下用电设备某些线头，与汽车基体金属划擦试火，根据火花情况判断电路是否正常。

如判断点火线圈至蓄电池之间电路是否断路时，可拆下点火线圈的"点火开关"接线柱上的接线头，进行搭铁试火，根据有无火花判断该段电路是否断路。

如判断分电器接线柱至蓄电池之间电路是否断路时，可拆下分电器接线柱上的接线头，进行搭铁试火，根据有无火花判断该段电路是否断路。

特别注意：这种方法不允许用于检测有电子控制设备的汽车，以免损坏电子控制元件。

7）短路、通路、断路试验法。

短路试验：用螺钉旋具或导线将某段电路短接，查看仪表指针摆动情况，据此判断被短接的电路是否有断路故障。

通路试火：在电路接通状态下，拆下某接线柱上的接线头，在该接线柱上划擦，根据火花情况判断电路有无断路故障。

断路试验：当电气设备发生搭铁短路故障时，将怀疑搭铁的某段电路断开，根据搭铁现象是否因此而消除，来判断被断开的电路原来是否搭铁。

8）比较法。这种方法是采用新旧对比、成色对比、印迹对比及工作效果对比等来判断、确定故障的原因和部位，鉴别零部件磨损程度。

车辆制动性能检查，经常用制动轨迹比较法。如果四轮拖印长短一致，则制动同时生效，没有制动跑偏。若车头向左偏斜则右轮制动不灵，向右偏斜则左轮制动不灵。

离合器压紧弹簧因久经负荷造成疲劳弯曲、折断或弹力减弱，影响动力传递，导致离合器打滑、发抖等故障。若调整后故障仍然存在，应予拆检，将弹簧与新件放在平板上，用钢直尺进行高度比较，对过低弹簧予以更换。

如怀疑点火线圈工作不良，可换装新点火线圈进行试验。若故障消失，则原点火线圈有故障。若故障仍存在，则原点火线圈良好。

高压电检验法是利用点火系统的高压电检验某些电气零件是否损坏。如检查分火头，可将分火头反放在缸盖上，用中心高压线头对准分火头孔底约 5mm，然后接通点火开关，拨动断电触点，查看分火头孔内是否跳火。若不跳火，表明分火头绝缘良好；若跳火，表明分火头已击穿而漏电。

2. 仪器设备诊断法

仪器设备诊断法是在人工经验诊断法的基础之上发展起来的一种诊断方法，这种方法可以在不解体的情况下，利用检验设备仪器，测量汽车性能参数，并与正常技术参数标准比较，从而发现故障。目前，计算机技术已广泛应用于汽车故障诊断领域，使诊断速度和准确度大为提高。

仪器设备诊断法按使用测量仪器和设备的先进程度不同，可分为普通仪器设备诊断、微处理器检测设备诊断和汽车微处理器自检设备诊断三种。

1）普通仪器设备诊断。普通仪器设备诊断是采用专用测量仪具、设备对汽车的某一部位进行技术检测，将测得的结果与标准数据进行比较，从而诊断汽车的技术状况，确定故障原因。

2）微处理器检测设备诊断。汽车电控系统故障检测设备诊断是利用具有计算机和自动打印机的诊断设备，对汽车技术状况进行检测。利用汽车故障检测设备诊断可减小操作偏差，能对数据自动处理，确定故障部位，并能自动打印、显示维修作业项目。如发动机综合测试仪、ECU 车轮定位仪等都是常用的微处理器检测设备。

3）汽车微处理器自检设备诊断。随着汽车技术的不断进步，电子控制技术在汽车上得到了广泛应用。电控燃油喷射系统（EFI）、电控自动变速器（EAT）、防抱死制动系统（ABS）、安全气囊（SRS）、牵引力控制系统（TRC）、巡航控制系统（CCS）等都应用了电子控制技术。电控单元（ECU）具有自诊断功能，能记录出现的故障，并以故障码的形式储存起来。维修人员通过随车故障诊断装置读取故障码，确定故障的部位，减少维修的盲目性。

仪器设备诊断法的优点是检测速度快、准确性高、能定量分析，缺点是投资大、占用厂房大、操作人员需要培训等。这种方法适用于汽车检测站和大型汽车维修企业等，是汽车诊断和检测的发展方向。

3. 自我诊断法

自我诊断法是车载 ECU 根据一定的预设程序，自动监测汽车受控系统范围内发生的故障并将其以代码的形式储存于汽车 ECU 中，驾驶人和维修检测人员根据自诊断系统发出的提示（如声响或闪光）将故障码提取出来，从而得到汽车故障信息，然后对症进行故障排除。

汽车 ECU 故障检测仪也称为解码器，它能把汽车 ECU 储存的各种故障信息提取出来，进行译码整理、比较和分析，并将结论和处理意见以清晰的文字、曲线或图表方式显示出来，根据这些传送出来的信息，判断故障的类型、发生部位以及解决的方法。自我诊断法可以进行静态和动态诊断，是未来汽车诊断技术的发展方向之一。

以上三种汽车故障诊断方法，各自保持着不可替代的特点和优势。在应用中通常是几种方法相互结合，在重视传统经验诊断法的同时，力求充分利用现代检测诊断技术，取长补短，以提高诊断效率和诊断效果。

1.1.7　汽车故障诊断分析

汽车故障诊断分析主要采用故障树分析法。故障树分析法简称 FAT 法，是将系统故障形成的原因由总体到部分按树状逐渐细化分析的方法。它是对复杂系统进行可靠性分析的有效工具，其目的在于判明基本故障，确定故障原因、影响和发生的概率。把研究系统最不希望发生的故障状态作为故障分析的目标，然后寻找导致这一故障发生的全部因素，从而找出造成下一级事件发生的全部直接原因，直到查出那些最直接、最原始的因素为止。

1. 故障树分析过程

1）给系统明确的定义，选定可能发生故障的事件作为顶端事件。
2）对系统的故障进行定义，分析故障可能形成的原因。
3）做出故障树逻辑图。
4）对故障树进行定性分析，确定各事件结构的重要度，应用逻辑代数对故障树进行简化，寻找故障树的最小割集，判断系统最薄弱的环节。
5）对故障树结构做定量分析，根据各元件、各零部件的故障概率数据，应用逻辑的推理对系统故障做定量分析。用故障树对汽车故障进行分析，可以用于分析系统组成中除硬件以外的其他成分，例如，可以考虑维修质量、人员因素的影响。同时，它不仅可以分析由单一缺陷所引起的系统故障，而且可以分析由两个以上零件同时发生故障才会发生的系统故障。

2. 故障树分析方法优缺点

优点如下：

1）可以帮助弄清某种故障发生的机理及可能引起的后果。
2）可以指出所研究的系统中产生某种故障的薄弱环节，即能发现潜在故障，从而为消除和防止故障提供资料。
3）能对所研究的系统进行定量的可靠性分析。

缺点如下：
1）由于此方法的理论性较强，逻辑性严密，当分析人员本身的经验和知识水平不同时，所得结论的置信水平可能不同。
2）因为是平面图，所以无法表示出时间的概念。
3）由于分析时所列举的系统故障种类不同，有可能会漏掉重大零部件故障。
4）故障树分析图有一定局限性，它只能表示出事件之间的"或""与"关系，无法表现其他关系。

尽管如此，利用故障树进行汽车故障分析仍不失为一种良好的分析方法。

3. 故障树分析法的一些常用符号

故障树分析中应用的符号可分为两类，即代表故障事件的符号和连接事件的逻辑门符号见表1-2。

表1-2 故障树分析法常用符号

符号名称		定义
事件符号	底事件	底事件是故障树分析中仅导致其他事件的原因事件
	基本事件	圆形符号是故障树中的基本事件，是分析中无须探明其发生原因的事件
	未探明事件	菱形符号是故障树分析中的未探明事件，即原则上应进一步探明其原因但暂时不必或暂时不能探明其原因的事件，它又代表省略事件，一般表示那些可能发生，但概率值微小的事件；或者对此系统到此为止不需要再进一步分析的故障事件，这些故障事件在定性分析中或定量计算中一般都可以忽略不计
	结果事件	矩形符号，是故障树分析中的结果事件，可以是顶事件，由其他事件或事件组合所导致的中间事件和矩形事件的下端与逻辑门连接，表示该事件是逻辑门的一个输入
	顶事件	顶事件是故障树分析中所关心的结果事件
	中间事件	中间事件是位于顶事件和底事件之间的结果事件
	特殊事件	特殊事件指在故障树分析中需用特殊符号表明其特殊性或引起注意的事件

(续)

符号名称		定　义
事件符号	开关事件	房形符号是开关事件，在正常工作条件下必然发生或必然不发生的事件，当房形中所给定的条件满足时，房形所在门的其他输入保留，否则除去，根据故障要求，可以是正常事件，也可以是故障事件
	条件事件	扁圆形符号是条件事件，是描述逻辑门起作用的具体限制的事件

4. 故障概率计算

汽车故障的发生具有随机性，属于偶然事件。但如果建立起故障树，用它来分析故障，则不仅能帮助弄清故障发生的机理，进行定性分析，而且还可以根据故障树中影响故障发生因素的出现概率，定量地计算出故障发生的概率。

1.1.8　汽车技术状况变化规律及诊断原则

汽车技术状况的变化有一定的规律，遵循故障诊断的基本原则，明确汽车故障诊断的目的，对汽车故障的诊断与排除具有重要的意义。

汽车是由各种材料制成的零部件组合而成的机械。随着行驶里程的增加，汽车技术状况会发生变化，使用性能逐渐变差，并通过各种形式表现出来，直至丧失工作能力。因此，掌握汽车技术状况变化规律，合理使用和及时维护汽车，确保技术状况良好，对延长汽车使用寿命起到重要作用。

1. 汽车技术状况的变化规律

汽车技术状况是各种方法定量测得的某一时刻汽车外观和性能综合参数值的总和。汽车技术状况变化规律是指汽车技术状况与行驶里程或时间的关系。了解和掌握其变化规律，采取相应措施以延长使用寿命。通常以汽车主要部件的磨损情况作为衡量汽车技术状况变化的指标。研究结果表明，零件的磨损过程可分为三个阶段，如图1-2所示。

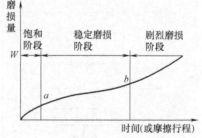

图1-2　零件磨损的三个阶段

（1）第一阶段　第一阶段是零件的磨合期（一般为1000~1500km）。其特征是：在较短的里程（或时间）内，零件的磨损速度较快，当配合零件磨合良好后，磨损速度开始减慢。机件在磨合期的磨损量主要与机件加工工艺质量及磨合期的使用维护有关。在车辆使用中，磨合维护的执行很重要。

（2）第二阶段　第二阶段是零件的正常工作时期。其特征是：零件的磨损速度随汽车行驶里程的增加而减缓。由于零件工作表面已经磨合、润滑条件较好，相配零件的间隙在正常技术范围内，所以此阶段的磨损缓慢。但正常工作阶段维持时间的长短取决于零件的材料、结构、使用条件及是否正确维护。若合理使用，强制维护，汽车保持良好技术状况的时间就能得以延长。

（3）第三阶段　第三阶段是零件的加速磨损期。其特征是：相配零件间隙已达到最大允许使用极限，磨损量急剧增加。由于间隙增大，润滑油膜难以维持，冲击负荷增大，磨损量也增大，即出现故障，如异响、漏气、振抖和温度异常等现象。此时，若继续使用，就会有异常磨损，使零件迅速损坏，只有经过大修，才能恢复汽车的使用性能。

通过对汽车零件磨损特性曲线的分析，可以看出汽车的使用寿命与磨合期和正常工作时期的使用有很大的关系。要延长汽车使用寿命，只有合理使用汽车，定期做好汽车技术维护，才能保障车辆完好的技术状况。

2. 汽车技术状况变化的表现

车辆在使用过程中，随着行驶里程的增加和外界条件的变化，汽车技术状况逐渐变差。导致汽车技术状况变化的原因是多方面的：有自然磨损、零件腐蚀、疲劳损伤、变形、材料老化及偶然损伤等，但主要因素仍是零件工作表面严重磨损所致。要了解汽车技术状况的变化，一般可以通过相继出现的种种外观症状来推断汽车技术状况变化的程度。

3. 汽车检测诊断的目的

随着汽车行驶里程的增加和技术状况的不断恶化，需要对汽车实行定期和不定期的安全运行和环境保护方面的检测，目的是在汽车不解体的情况下，建立安全和公害监控体系，确保车辆具有符合要求的外观容貌、良好的安全性能和符合标准的废气排放，使汽车在安全、高效和低污染下运行。在汽车不解体情况下，对运行车辆确定其工作能力和技术状况，查明故障或隐患的部位和原因。对维修车辆实行质量监督，建立质量监控体系，确保车辆具有良好的安全性、可靠性、动力性、经济性和环保性，是实行"定期检测、强制维护、视性修理"这一维修制度的前提和保障。

4. 汽车故障诊断的原则

在汽车使用过程中，诊断参数的变化规律与汽车技术状况变化规律之间有一定关系，能够表示汽车技术状况的参数很多，为了保证诊断结果的可靠性和准确性，应选用那些符合下列要求或具有下列特征的诊断参数。具体的原则如下：

（1）灵敏性　灵敏性也称为灵敏度，是指诊断对象的技术状况从正常状态到进入故障状态之前的整个使用期，诊断参数相对于技术状况参数的变化率。

（2）稳定性　稳定性是指在相同的测试条件下，多次测试得到同一诊断参数的测量值，具有良好的一致性（重复性）。诊断参数的稳定性越好，其测量值的离散度（或方差）越小。

（3）信息性　信息性是指诊断参数对汽车技术状况具有的表征性。表征性好的诊断参数，能表明、揭示汽车技术状况的特征和现象，反映汽车技术状况的全部信息。所以诊断参数的信息性越好，包含汽车技术状况的信息量越高，得出的诊断结论越可靠。

（4）经济性　经济性是指获得诊断参数测量值所需要的诊断作业费用的多少。包括人工、工时、场地、设备和能源消耗等项费用。经济性高的诊断参数，所需要的诊断作业费用低。如果诊断作业费用很高，不具有较好的经济意义，这种诊断参数是不可取的。

5. 检测诊断的周期

诊断周期是汽车诊断的间隔期，以汽车行驶里程或使用时间表示。科学地确定诊断周期，对于经济、可靠地保障汽车技术状况具有重要的作用。最佳诊断周期是根据技术与经济相结合的原则进行的，它能保证车辆的完好率最高而维修的费用最少，汽车诊断间隔里程的合理确定，应满足技术和经济两方面的条件，即在诊断周期内，技术上应保证车辆的技术完好率最高，经济上应使单位行程的维护费用最少以及因故障引起汽车停驶损耗的费用最少。

大量统计资料表明，实现单位行程费用最少和技术完好率最高两者是一致的。

根据交通部《道路运输车辆技术管理规定》，运输业汽车实行"定期检测、强制维护、视情修理"的制度，该规定要求车辆二级维护前应进行检测诊断和技术评定。根据结果，确定附加作业或修理项目，结合二级维护一并进行。又规定车辆修理应贯彻视情修理的原则，即根据车辆检测诊断和技术鉴定的结果，视情按不同作业范围和深度进行，既要防止拖延修理造成车况恶化，又要防止提前修理造成浪费。既然规定在二级维护前进行检测诊断，则二级维护周期（间隔里程）就是我国目前的最佳诊断周期。因此，最佳诊断周期可以通过统计分析方法来确定。

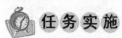
任务实施

以汽车检测与故障诊断基础认识为任务，采用引导文、行动导向教学法，引导学生按照汽车维修工作过程（资讯、决策、计划、实施、检查、评估）检测并排除故障，在此过程中学习相关理论知识，掌握汽车常见的故障分析方法。

任务工单1.1

汽车检测与故障诊断基础认识

工作任务	汽车检测与故障诊断基础认识			学时	2
姓名		学号	班级	日期	

1. 咨询
（1）车辆信息

车型		生产年代		制造厂	
车辆识别码			发动机型号		

（2）故障描述

（3）相关问题
①生活中你遇到的常见的汽车故障有哪些？

②汽车故障的分类有哪些？

③根据下图简述汽车的故障变化规律是怎样的？

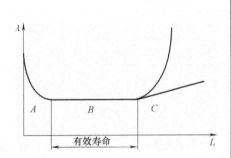

④汽车常用的诊断参数有哪些？各有什么意义？

（续）

2. 决策

提出汽车故障分析的方案：

3. 计划

人员分配	
时间安排	
工作步骤	
设备和工具	

4. 实施

1）搜集汽车故障现象，分析故障原因，确认故障部位。

故障类型	故障现象	故障原因分析	故障部位确认
发动机故障			
传动系统故障			
转向系统故障			
行驶系统故障			
制动系统故障			
其他			

(续)

2)典型故障初步试刀。

故障现象	诊断思路步骤	故障点

5. 检查

汽车常见故障分析方法：

汽车常见故障部位确认方法：

考评项目		自我评估	组长评估	教师评估	备注
素质考评 10	劳动纪律5				
	环保意识5				
工单考评20					
实操考评 40	工具使用5				
	任务方案10				
	实施过程20				
	完成情况5				
	其他				
合计70					
综合评价70					

6. 评估

　　组长签字：　　　　　　　　教师签字：

项目2　发动机机械部分检测与故障诊断

任务2.1　正确使用发动机检测设备

任务要求

1. 通过学习，了解气缸密封性的主要评价指标及含义。
2. 通过学习，了解气缸密封性的检测方法。
3. 通过学习，了解发动机故障诊断中常用诊断设备的应用。
4. 通过新技术的引导，激发学生学习专业课的兴趣。

任务描述

发动机机械部分的故障较多，只有通过分析发动机故障产生的原因及变化规律，运用先进发动机诊断设备通过对相关技术参数进行科学诊断，并结合理论知识进行严谨的分析，才能更快速地找到故障，并排除相关问题。

相关知识

气缸密封性的相关含义和技术指标，气缸密封性的检测方法和故障分析，正确运用诊断方法和检测设备。

2.1.1　气缸压缩压力的测量

气缸压缩压力是指四冲程发动机压缩终了时的压力。在一定的压缩比、转速和正常热状态下，气缸压力与机油黏度、气缸活塞组配合情况、配气机构调整的正确性和气缸垫的密封性等因素有关。所以，测量发动机气缸的压力，可以诊断气缸、活塞组的密封情况，活塞环、气门和气缸垫密封性是否良好和气门间隙是否适当等。汽车发动机国家标准规定的气缸压力极限值和各缸压力差允许值如下：

在用汽车发动机各缸压力不小于原设计标准的85%，每缸压力与各缸平均压力差：汽油机不大于8%，柴油发动机不大于10%。

对于大修竣工的发动机，气缸压力应符合原设计规定，每缸压力与各缸平均压力差：汽油机不超过8%，柴油发动机不超过10%。检测气缸压力的方法常有如下几种：

1. 用普通气缸压力表检测

用气缸压力表检测气缸压力，由于仪表具有价格低廉、轻便小巧和方法简单等优点，在维修企业中应用广泛，如图2-1所示。

（1）气缸压力表的结构与原理　气缸压力表是一种气体压力表，

图2-1　气缸压力表

由表头、导管、单向阀和接头等组成，其驱动元件为一根扁平的弯曲成圆圈状的管子，一端固定，另一端通过杠杆、齿轮机构带动指针运动，在表盘上指示出压力大小。

气缸压力表的接头有两种形式。一种为螺纹接头，可以拧紧在火花塞上或喷油器螺孔中，另一种为锥形或阶梯形的橡胶接头，可以压紧在火花塞或喷油器的孔上，接头通过导管与压力表相通。导管也有两种：一种为软导管，另一种为金属硬导管，软导管用于螺纹管接头与压力表的连接，硬导管用于橡胶接头与表头的连接。

(2) 检验条件　由于气缸压力受很多因素影响，所以测量气缸压力必须在下列条件下进行：

1) 蓄电池电力充足。
2) 用规定的力矩拧紧气缸盖螺栓。
3) 彻底清洗空气滤清器或更换新的空气滤清器。
4) 发动机达到正常的工作温度（冷却液温度为 80~90℃，油温为 70~90℃）。
5) 用起动机带动卸除全部火花塞的发动机运转，转速为 200~300r/min，或按原厂规定。

(3) 检测方法　测量前，先用压缩空气吹净火花塞周围的脏物，以免异物落入气缸，然后拆下全部火花塞。对于汽油机还应把点火系统次级高压线拔下并可靠搭铁，以防止电击或着火。把专用气缸压力表的锥形橡皮头插在被测量气缸的火花塞孔内，扶正压紧，将节气门置于全开位置，用起动机带动曲轴转动 3~5s（不少于 4 个压缩行程），待压力表表针指示并保持最大压力读数后停止转动。取下压力表，记下读数。按下单向阀使压力表指针回零，按此法依次测量各缸，每缸测量次数不少于两次，每缸测量结果取算术平均值，与标准值相比较，分析结果，判断气缸工作状况。

(4) 结果分析　若测得的结果超出原厂标准，说明燃烧室内积炭过多，气缸垫过薄或缸体和缸盖结合平面经多次维修磨削过多造成；测得的结果如低于原厂标准，说明气缸密封性变差，可向该缸火花塞孔内注入 20~30mL 机油，然后用气缸压力表重测气缸压力，记录结果。

1) 第二次测得的压力值比第一次高，接近标准压力，表明是气缸活塞环、活塞磨损过大或活塞环对口、卡死、断裂及缸壁拉伤等原因造成气缸密封不严。

2) 第二次测得的压力值与第一次略同，即仍比标准压力低，说明进、排气门或气缸衬垫密封不良。

3) 两次结果均表明某相邻气缸压力都相当低，说明是两相邻处的气缸衬垫烧损窜气。以上仅为对气缸活塞组不密封部位的故障分析推断，并不能完全确定故障原因及准确部位，还需配合其他方法检测故障所在。在测量气缸压力后，针对压力低的气缸，常采用如下简易办法：拆下滤清器，打开散热器盖、加机油口和节气门，用一条胶管，一头接压缩空气气源（600kPa 以上），另一头通过锥形橡皮头插在火花塞或喷油器孔内。摇转发动机曲轴，使被测气缸活塞处于压缩终了上止点位置，然后将变速器挂入低速档，拉紧驻车制动器，打开压缩空气开关，注意倾听发动机漏气声。如果在进气管口处听到漏气声，说明进气门关闭不严；如果在排气消声器口处听到漏气声，说明排气门关闭不严；如果在散热器加水口处看到有气泡冒出，说明气缸垫不密封造成气缸与水套沟通；如果在加油口处听到漏气声，说明气缸活塞配合副磨损严重。

(5) 检测缸压应注意

1) 不能在冷车时测缸压。由于温度和大气压等因素的影响,只有在发动机达到正常的工作温度时测得的缸压才具有实质性的参考价值。

2) 对于电喷车在测试中,必须拆下燃油泵熔丝或其他继电器、熔丝后再测量,否则往往会导致"淹缸"以及缸压偏低的情况。

3) 测试过程中,必须将节气门全部打开,否则会由于燃烧室内进气量不足,从而导致缸压偏低。

4) 由于缸压测量具有一定的偶然性,只测一次往往不准确,只有经过 2~3 次测试然后取其平均值,测试结果才有效。

5) 测试中起动机运转时间不能过长或过短。时间过长会过多消耗电能和损害起动机,过短则会达不到测试标准。

用普通气缸压力表检测气缸压力,必须将火花塞拆下,逐缸测量,费时费力。而且存在较大的测量误差。研究表明,这种方法的测量结果,不仅与气缸内各处的密封程度有关,还与曲轴转速有关。正如某发动机气缸压力与曲轴转速的关系曲线如图 2-2 所示,只有当曲轴转速超过 1500r/min 以后,气缸压力曲线才变得比较平缓。但在低速范围内,即在检测条件中由起动机带动曲轴达到的转速范围内,即使较小的 Δn,也能引起气缸压力的较大变化值 Δp。所以,在检测气缸压力时,应用转速表严格监控曲轴转速,只有获得准确的、稳定的转速值,才能使测得的气缸压力值误差最小。

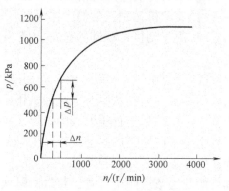

图 2-2 某发动机气缸压力与曲轴转速的关系曲线图

2. 用气缸压力检测仪检测

气缸压力检测仪主要有压力传感器式气缸压力检测仪、起动电流式气缸压力检测仪和电感放电式气缸压力检测仪等形式。

(1) 压力传感器式气缸压力检测仪 压力传感器式气缸压力检测仪是利用压力传感器拾取气缸内的压力信号,经 A-D 转换器进行模、数转换,在显示装置上显示出气缸压力。测量时,卸下被测气缸的火花塞,旋上仪器配置的传感器,用起动机带动曲轴旋转 3~5s,读出显示数值,即为该气缸压力值。

(2) 起动电流式气缸压力检测仪 起动电流式气缸压力检测仪的工作原理是:起动机产生的转矩是起动机电流的函数,而转矩又与气缸压缩压力成正比。所以,起动电流的变化和气缸压缩压力之间存在着相应关系。测量与某气缸压缩压力相对应的起动电流值,就可以确定该缸压缩压力的大小。

元征 EA-2000 型发动机综合性能检测仪,可以把起动电流的波形变成柱形图来更直观地显示各缸的气缸压力。检测时,起动发动机,仪器自动全部断油,屏幕上显示出发动机转速、起动电流,同时绘出起动电流曲线和相对气缸压力的柱形图。

(3) 电感放电式气缸压力检测仪 电感放电式气缸压力检测仪是通过检测点火系统二次电压来确定气缸压力的仪器,只适用汽油机。点火线圈次级电感放电电压和气缸压缩压力之间具有近乎直线的对应关系，因此，取得各缸信号经处理电路进行变换处理后，即可显示出气缸压缩压力。

2.1.2 曲轴箱漏气量的检测

气缸活塞组一些零件磨损、活塞环性能下降均会使气缸密封性下降。燃气将从不密封处窜入曲轴箱。窜入气体数量越大，表示该组气缸与活塞、活塞环间的不密封程度越高。一般新发动机曲轴箱的窜气量约为15～20L/min，而磨损了的发动机可高达80～130L/min。

检测时，将活塞固定在压缩终了上止点位置，将一定压力、一定流量的压缩空气经火花塞孔或喷油器孔通入气缸，用压力表测量气缸的压力变化情况，视其相对漏气量，即可诊断出上述各部位的技术状况。

玻璃流量计实际是一种压差式气体流量计。测量时，将曲轴箱密封（堵住机油尺、曲轴箱通风进出口），由加机油口处用橡胶管将漏窜气体导出，输入气体流量计，当气体移动时，由于流量计孔板两边存在压力差，使压力计水柱移动，直至气体压力与水柱落差平衡为止。压力计通常以流量刻度，因而由压力计水柱高度可以确定窜入曲轴箱气体的数量。流量孔板备有不同直径的小孔，可以根据漏窜气体量的范围来选定。

试验表明，曲轴箱窜气量与发动机的转速和外部负荷有关，尤其与负荷的大小有关。就车测试时，一般在加载、节气门全开、发动机1000～1600r/min的运转状态下进行，并记下气体流量计每分钟流量的读数。发动机的加载，最好可以在底盘测功试验台上，也可以在坡道上或低档行驶时用制动器进行。曲轴箱漏气量的大小还没有明确统一的标准，一般是通过具体车型试验测量逐渐积累资料而制定的。如国产东风EQ1090汽车发动机在2000r/min时，曲轴箱漏气量＜70L/min。解放CA1091汽车发动机在1000r/min时，曲轴箱漏气量为40L/min，曲轴箱漏气量大，一般是气缸、活塞和活塞环磨损量大，活塞环对口、结胶、积炭、失去弹性、断裂或缸壁拉伤等原因造成的。

2.1.3 气缸漏气量和漏气率的检测

当气门关闭时，气缸的漏气部位是气缸、活塞及活塞环配合间隙；气门与气门座配合面；火花塞与气缸盖螺纹连接处；喷油器与气缸盖连接部位，气缸垫；活塞环端隙等处。

新的发动机和大修后的发动机各部位间隙配合适当，气门、衬垫的密封性良好，故其漏气量很少。当磨损后间隙变大或气门、衬垫密封性变差时，漏气量就会增加。

1. 气缸漏气量检测仪的结构原理

图2-3所示为国产气缸漏气量检测仪，主要由减压阀、进气压力表、测量表、校正孔板、橡胶软管、快换管接头和充气嘴等组成。此外，还配备外部气源、指示活塞位置的指针和活塞定位盘。

外部气源压力一般为600～800kPa，并配置油水分离器。压缩空气按箭头的方向进入气缸漏气量检测仪，其压力由进气压力表显示，随后，经减压阀、校正孔板、橡胶软管、

图2-3 国产气缸漏气量检测仪

快换管接头和充气嘴进入处于压缩上止点的气缸,气缸内的压力变化情况由测量表显示。该压力变化情况表明了气缸组的密封状况。

2. 气缸漏气量的检测方法

1)将发动机预热至正常工作温度,用压缩空气吹净缸盖和火花塞孔周围的脏物。

2)置第一缸活塞于压缩行程上止点。

3)为保证压缩空气进入气缸后不推动活塞下移,可将变速器挂入一档,并拉紧驻车制动器。

4)将仪器接上气源,在仪器出气口完全密封的情况下,调节减压阀使测量表指针指在400kPa上。

5)在一缸充气嘴上接上快换管接头,向一缸充气,待表针稳定后,读取读数,并记录,同时,在进气管口、排气消声器口、加机油口、散热器加水口和火花塞孔处,测听是否有漏气声。和气缸压力试验相同,在进气管、排气管和曲轴箱通风口处听是否有漏气声来判断具体漏气的位置。从进气管处漏气,说明进气门泄漏;从排气管处漏气,说明排气门泄漏;从曲轴箱通风口漏气,说明活塞、活塞环及气缸密封不严;散热器内有气泡,说明气缸衬垫漏气或气缸体缸盖有裂纹。

若相邻两气缸漏气量较多,说明气缸衬垫漏气,可将活塞移至压缩起始时的下止点处,此时测量出的漏气量与压缩上止点处的漏气量差值大小说明活塞、活塞环口和气缸漏气量的大小。因为上止点处气缸磨损最大,下止点处基本没有气缸磨损,故压缩行程上下止点漏气量差,表征气缸磨损量的大小。这样的测量方法排除了进排气门泄漏的影响。

6)转动发动机曲轴,按活塞位置指示器指针对正下一缸的刻度线。同样方法,检测下一缸的漏气量。按发动机点火顺序依次检测完所有气缸。

7)各缸测完后重复检测完所有气缸,取两次测量值的算术平均值。

8)分析各缸测量结果。当测量表读数大于250kPa时,表明气缸活塞组密封状况符合要求,发动机可继续使用;若测量表读数小于250kPa时,气缸活塞组密封状况不符合要求,发动机需换环或者镗缸。

同样的检验方法还可用于气缸漏气率的检查。在漏气量试验中,测量表的标定单位不是kPa或MPa,而标定为百分数,即当接通外部气源,在仪器出口密封的情况下,测量表指针为"0",表示不漏气;而当出气口完全打开与大气相通时,测量表指针指示为"100%",表示气缸内的压缩空气百分之百的漏掉。而指针在两者之间就直观地表示漏掉了百分之几的压缩空气。测量时摇转曲轴从活塞位置指示器指针所指的压缩行程开始的位置,到压缩行程终了上止点位置。检测各缸整个压缩过程中不同阶段中的漏气率与漏气部位。

3. 数据分析

漏气率为0~10%表示气缸密封状况良好,10%~20%为一般,20%~30%即表示气缸密封性较差,而当测量表读数达到30%~40%时,如果能确认进、排气门,气缸衬垫,气缸盖和气缸的密封没问题,则说明气缸活塞配合副的磨损已至极限,需换活塞环或镗磨气缸了。

2.1.4 进气管真空度的检测

进气管真空度是衡量发动机技术状况的综合参数,发动机进气歧管真空度随气缸活塞组的磨损而变化,并与配气机构零件状况以及点火系统和供油系统的调整有关,利用真空表,检测汽油机进气管的真空度,可以表征气缸活塞组和进气管的密封性。

1. 用真空表检测真空度

真空表由表头和软管构成,软管一头固定在表头上,另一头接在节气门后方的进气管接头上,用于取真空。表头的量程为 0~101.325kPa(旧式表头量程:公制为 0~760mmHg,英制为 0~30inHg)。

(1)真空度测试方法

1)发动机预热达到正常的工作温度。

2)用一条长约30cm的真空管将真空表接到进气歧管处,选择这个长度是为了阻止表针的过量摆动。

3)变速器处于空档位置,发动机怠速运转。

4)读取真空表的读数,考虑大气压的影响,真空度的参数标准应根据测量地点的海拔进行修正。一般海拔每增加1000m,真空度将减小10kPa左右。

(2)检测结果分析

1)在相当于海拔的条件下,当发动机怠速运转时,真空表指针稳定地指在 57~71kPa 范围内,波动值小于或等于5kPa。当迅速开启并立即关闭节气门时,表针能随之在 6.8~84kPa 范围内摆动,则说明气缸密封良好。

2)怠速时,真空表指针在 50.6~67.6kPa 范围内摆动,表示气门黏滞或点火系统有问题。

3)怠速时,若真空表指针低于正常值,主要是活塞环、进气管或进气管漏气造成的,也可能与点火过迟或配气过迟有关。此种情况下,若突然开启并关闭节气门,指针会回落,但回跳不到84kPa。

4)怠速时,真空表指针在 33.8~74.3kPa 范围内缓慢摆动,且随发动机转速升高加剧摆动,表示气门弹簧弹力不足、气门导管磨损或气缸衬垫泄漏。

5)怠速时,真空表指针有规律地跌落,表示某气门烧毁。每当烧毁的气门工作时,指针就跌落。

6)三元催化剂结胶、积炭和破碎而引起排气系统局部堵塞,使排气负压增加,真空度过低,造成进气不充分而排气不彻底的现象。此时,怠速真空度只达到57kPa,甚至迅速跌落至0,若堵塞严重,发动机只能维持低速运转。

7)怠速时,真空表指针快速地在 27~67.6kPa 范围内摆动,发动机升速时指针反而稳定,表示进气门杆与其导管磨损松旷。

8)动态下发动机最佳的点火提前角所对应的真空度也应较大。发动机某一缸工作正常时,若进行断火试验,真空度需明显跌落,当加大或减小点火提前角时,真空度则有所下降。当真空度低于正常值时,可以转动分电器使真空度表示值最大为止,此时为最佳点火提前角。

电控汽油喷射发动机冷车时进气压力在 40~46kPa 范围内,达正常温度后会在 36.5~40kPa 范围内。一缸火花塞不跳火,进气压力会升高6.7kPa,一缸进气门漏气,进气压力会上升13.4kPa。点火正时比标准值提前三度,进气压力会下降3.3kPa。进气管真空度是一项综合性很强的诊断参数。若进气管真空度符合要求,不仅表明气缸密封性符合要求,而且也表明点火正时、配气正时和空燃比等也都符合要求。

2. 用示波器观测真空度波形

用示波器观测真空度波形，同样会起到分析、判断气缸密封性和诊断相关机件故障的作用。一般发动机综合性能分析仪都具有这种功能。

图2-4和图2-5所示为4缸和6缸发动机进气管真空度标准波形。表明各缸进气过程所造成的进气歧管负压基本一致，说明该发动机进气系统和活塞组技术状况正常。图2-6所示为4缸发动机不正常的进气歧管真空波形，第4缸进气门严重漏气的波形图。

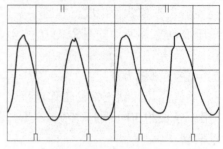

图2-4　4缸发动机进气管真空度标准波形

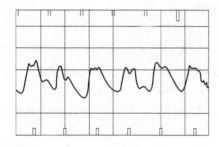

图2-5　6缸发动机进气管真空度标准波形

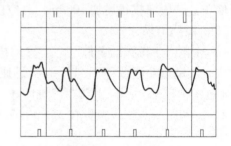

图2-6　第4缸进气门严重漏气的波形图

2.1.5　汽车故障检测仪

汽车故障检测仪（又称为汽车解码器）是用于检测汽车故障的便携式智能汽车故障自检仪，用户可以利用它迅速地读取汽车电控系统中的故障，并通过液晶显示屏显示故障信息，迅速查明发生故障的部位及原因。汽车故障检测仪是维修中非常重要的工具，一般具有如下几项或全部的功能：①读取故障码；②清除故障码；③读取发动机动态数据流；④示波功能；⑤元件动作测试；⑥匹配、设定和编码等功能；⑦英汉辞典、计算器及其他辅助功能。故障检测仪大都随机带有使用手册，按照说明极易操作。一般来说有以下几步：在车上找到诊断座；选用相应的诊断接口；根据车型，进入相应诊断系统；读取故障码；查看数据流；诊断维修之后清除故障码。

以元征X-431PRO解码器为例介绍其基本结构和使用方法。

1. 基本结构

X-431PRO是元征科技针对互联网应用而开发的基于Android系统的新型汽车故障诊断设备。X-431PRO完全替代了X-431Ⅳ DiagunⅢ产品，传承了元征公司在汽车故障诊断技术上车型覆盖广、测试功能强大、特殊功能多及测试数据准确等诸多优点，通过汽车诊断插头与移动智能终端的蓝牙通信，实现产品全车型、全系统的汽车故障诊断。X-431PRO融合了移动互联网的应用优势，可共享元征车云网中的维修资料和案例库，提供即时维修资讯，建立公共和个人的维修圈子等，从而进入一个广泛的汽车诊断社区，这是元征公司贡献给诊断行业的一款针对互联网应用的经典诊断设备。X-431PRO整机由X-431PRO平板计算机、保护胶套和

DBScar 诊断插头组成，如图 2-7 所示。平板计算机的功能是处理诊断插头发来的诊断信息，对诊断插头发送指令，单独使用时，具备所有标准的掌上计算机功能，如个人数据管理等。DBScar 诊断插头的功能是对车辆进行诊断，并通过蓝牙传输将数据传送至平板计算机显示出来。

2. 使用方法

（1）使用前准备

1）安装 SD 卡。

2）X-431PRO 充电。

3）使用电池。

4）开机和关机。

（2）连接和诊断汽车

1）打开汽车电源开关。

2）汽车蓄电池电压应为 11～14V，X-431PRO 的额定电压为 12V。

3）点火正时和怠速应在标准范围，冷却液温度和变速器油温达到正常工作温度（冷却液温度为 90～110℃，变速器油温为 50～80℃）。

4）DBScar 诊断插头与车辆连接。找到汽车上的诊断座，此诊断座大部分为标准 OBDII16PIN（非 OBDII16PIN 的诊断座，需要使用转插头），一般安装在驾驶人侧，离仪表盘中央 12in 的地方，如图 2-8 所示。如果 DLC（故障诊断接口）不是安装在仪表板下方，也会有一标签标示出其正确位置。如果找不到 DLC 位置，请查阅汽车维修。

5）开机。连接完毕后，按开机键启动诊断仪器。

6）选择车系。单击诊断程序后，屏幕显示车型选择界面，如图 2-9 所示。

图 2-7 X-431PRO 整机外观图

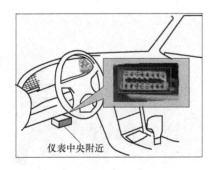

图 2-8 DBScar 诊断插头连接

图 2-9 车系选择界面

7）开始诊断。屏幕显示测试系统菜单，如图 2-10 所示。测试系统菜单内容有多项，屏幕显示诊断系统的功能菜单，如图 2-11 所示。

①读取故障码。

②清除故障码。

③读取数据流。

④特殊功能。特殊功能主要用来测试汽车相关电子部件工作正常与否。包括有喷油器动作测试、燃油泵测试和净化控制电磁阀测试等。单击"特殊功能"，系统会弹出可用的特殊功能列表。如需测试 1 号缸喷油器动作，单击"1 号缸喷油器"，系统将开始执行所请求的测试功能。完成后，系统会弹出一个对话框提示已完成。其他特殊功能测试方式同"1 号缸喷油器"类似。

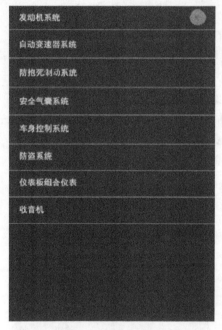

图 2-10　测试系统选择

图 2-11　诊断系统的功能菜单

2.1.6　车用万用表

汽车万用表是一种数字式万用表，在汽车检测中用途广泛。它除了具有数字万用表的功能外，还具有一些汽车专用测试功能。汽车万用表一般能测试汽车电压、电流、电阻、转速、频率、温度、电容、闭合角、占空比和二极管等项目，并具有自动断电、自动量程变换、图形显示、峰值保留和数据锁定等功能。目前常用的车用数字万用表有 EDA 系列、OTC 系列、VC400 型和 KM300 型等。图 2-12 所示为 OTC 型车用数字万用表，下面简单介绍万用表的使用功能和操作方法：

图 2-12　OTC 型车用数字万用表

1. 测量直流电压

1）将车用万用表"选择开关"旋转到直流电压（DCV）位置，此时万用表进入自动选择量程方式，能自动选择最佳测量量程。也可以按下"量程（RANGE）"按钮，选择手动选择量程方式，每按动"量程"按钮一次，即可选择更高的量程。

2）红色测针的导线插入面板 V/Ω 插孔中，黑色测针的导线插入面板 COM 插孔中。红、黑测针接到被测电路上。

3）万用表的"+""–"测针应与电路测点的"+""–"极性一致。

4）读取被测直流电压值。

2. 测量直流电流

1）按下"直流/交流（DCI/AC）"按钮，选择直流档。

2）根据被测电流的大小，将"选择开关"旋转到 15A 或 5A 位置，如果不能确定所需电流量程，应先从 15A 开始往下降。

3）红色测针的导线插入所选定的 15A 或 5A 插孔内，黑色测针的导线插入面板的 COM 插孔内。红、黑测针接到被测电路上，与电路串联。

4）打开被测电路。

5）读取被测直流电流值。

3. 测量电阻

1）将"选择开关"旋转到欧姆档位置上，此时万用表进入自动选择量程方式，能自动选择最佳测量量程。也可以按下"量程（RANGE）"按钮，选择手动选择量程方式。

2）红色测针的导线插入面板 V/Ω 插孔中，黑色测针的导线插入面板 COM 插孔中。红、黑测针接到被测电路上。

3）读取被测电阻值。测量电阻时，不可带电操作，否则易烧毁万用表。

4. 测量温度

1）将"选择开关"旋转到温度位置上。

2）将万用表配备带测针的特殊插头，插接到面板黄色插孔内，测针与被测温度的部位接触。

3）温度稳定后，读取测量值。

5. 测量转速

1）将"选择开关"旋转到转速（RPM 或 RPMX10）位置上。

2）感应夹的红色导线插入面板 V/Ω 插孔内，黑色导线插入 COM 插孔内，感应夹夹在通往火花塞的高压线上，其上方的箭头应指向火花塞。

3）按下"转速"选择按钮，根据被测发动机的冲程数和有无分电器，选择"4"或"2/DIS"。

4）读取被测发动机转速值。

车用数字万用表还有一些其他的用途，请参阅相关使用手册。

2.1.7 汽车示波器

汽车示波器是一种多用途的汽车快速检测设备，可用来显示电子元器件波形、点火系统波形、柴油发动机供油压力波形、针阀升程波形和发动机异响波形等，用途越来越广泛。数字万用表和解码器等检测设备一般都只能显示电压的峰值、统计值或平均值,且信息的更换比较慢。但是,示波器显示信号的速度比一般电子检测设备快得多,是唯一能即时显示瞬态波形的仪器。

示波器不仅能快速捕捉到电路信号,而且可以用较慢的速度显示波形和储存波形,以便观察和分析,为判断故障带来了方便。

示波器的基本功能是显示电压随时间的变化,除用于观察状态变化外,还可以检测电压、频率和脉冲宽度等项目,使用越来越广泛。当应用点火示波器观测点火波形时,可对点火系统技术状况实现快速诊断。

1. 组成和类型

(1) 示波器的组成 示波器一般由传感器(包括夹持器、测试探头和测针等)、中间处理环节和显示器等组成,MT3500 示波器如图 2-13 所示。

(2) 示波器的类型 示波器按基本形式分类,可分为模拟式示波器和数字式示波器两种;按显示器形式分类,可分为阴极射线管式示波器和液晶式示波器两种;按用途分类,可分为通用式示波器和专用式示波器两种。现在诊断汽车故障一般使用数字式液晶显示器示波器。

2. 功能

尽管示波器的种类有多种多样,但其基本功能是一样的。主要的示波器功能如下:

图 2-13 MT3500 示波器

1) 可测试发动机点火系统和各传感器、执行器及电路,并能进行故障诊断。

2) 具有汽车万用表的功能,可测试电压、电阻、周期、触点闭合角、正负峰值、峰值电压、喷油脉冲宽度、喷油时间、点火电压和燃烧时间等。该功能还能在一个屏幕上同时显示三个检测项目,并能将全部测量数据的变化以曲线的形式显示出来。

3) 内部置有汽车数据库和标准波形,可随时调出,使判断故障更为方便。

4) 能提供在线帮助,包括提供系统工作原理、测试连接方法、接线颜色和汽车缩略语词典,并有图形辅助显示。

5) 可捕捉到瞬间出现的故障,并有记录和回放功能。

2.1.8 发动机综合性能分析仪

发动机综合性能分析仪是通过传感器采集信号,经前端预处理器处理后,输入 ECU 进行处理,以不同的形式输出,可以直观、方便地对发动机进行故障检测、分析与诊断的仪器。它还可以和检测线主机以不同方式进行数据通信交换信息,以便对车辆及用户信息和检测数据进行集中监控与管理。可用于发动机试验室、检测线和汽车修理厂等。

1. 发动机综合性能分析仪的组成

发动机综合性能分析仪也称为发动机综合性能检测仪,一般由信号提取系统、信号预处理系统、操控与显示系统三大部分构成。图 2-14 所示为博世发动机综合性能分析仪外形图。

(1) 信号提取系统 信号提取系统的任务在于拾取汽车被测点的参数值,鉴于被测点的机械结构和参数性质不同,信号提取装置必须具有多种形式,以适应不同的测试部位。对于电控燃油喷射发动机，因 ECU 计算喷油脉宽和自动控制过程的需要，各非电量已被植入各系统的传感器直接转换成电量，它们的提取可通过不同的转接头来完成，但为了不中断 ECU 的控制功能，必须通过 T 形接头来提取信号。

（2）信号预处理系统　信号预处理系统也称为前端处理器，俗称"黑盒子"，是电控燃油喷射系统检测的关键部件，其作用相当于多路测试系统中的多功能二次仪的集合，可将发动机的所有传感信号经衰减、滤波、放大和整形，并将所有脉冲数字信号直接输入 CPU 的高速输入端（HSI），也可经 F-V 转换后变为 $0~5V$ 或 $0~10V$ 的直流模拟信号送入高速瞬变信号集卡。

（3）操控与显示系统　柜式发动机综合性能分析仪大多用 14in 彩色 CRT 显示器，手提便携式则用小型液晶显示器，现代发动机综合性能分析仪都能显示操作菜单，实时显示当前动态参数和波形，十字光标可显示曲线任何一点的数值，同时也可显示极限参数的数值，并配以色棒显示以示醒目，用户可任意设定显示图形比例。

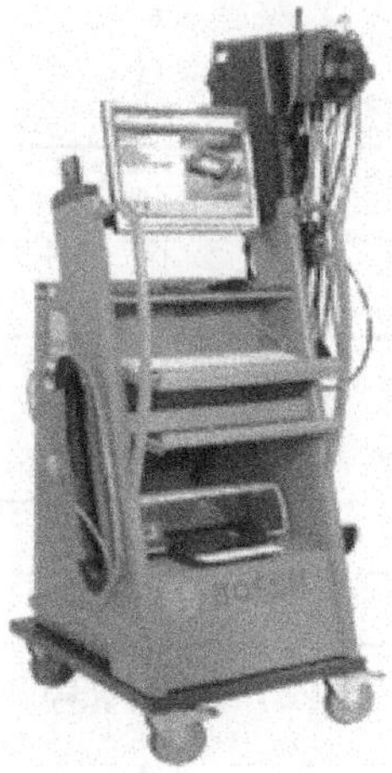

2. 发动机综合性能分析仪功能

图 2-14　博世发动机综合性能分析仪外形图

1）汽车万用表功能。该功能主要应用于发动机的电路检测。

2）汽车示波器功能。该功能主要应用于目前电子控制燃油喷射车型的各种传感器以及执行器和点火波形的测量。该示波器为双通道，具有波形储存、记忆和回放功能。

3）发动机进气歧管真空度的检测。通过该项目的检测可以知道发动机在不同转速下真空度的数值大小所反映的发动机的工作情况。

4）发动机的温度性能检测。包括冷却液温度、机油、变速器油温度的检测等。

5）发动机的起动系统测量。包括起动电压、起动电流、绝对缸压、相对缸压、蓄电池压降、起动转速、起动电压波形、电流波形和缸压波形。

6）汽油机点火系统测量。点火线圈初级波形测试，点火线圈次级波形测试，缸压法点火提前角测试，单缸动力性能测试。

7）发动机的动力系统测量。包括加速时间、减速时间、加速功率和平均功率，而且可以显示功率波形。

8）柴油机的供油系统测量。外部传感器测试：可在发动机不拆卸喷油器的情况下测试发动机各缸的喷油情况并进行波形比较。喷油压力测试：可测发动机各缸喷油压力的大小以及喷油波形。缸压法供油提前角测试：解决了其他测试仪不能测量供油提前角的难题，并能够通过波形显示，既直观又方便。

9）发动机的充电系统测量。包括充电转速、充电电压和电流，并具有动态波形。

10）电喷发动机解码功能检测。可以为各种电喷发动机进行 ECU 故障解码（选配）

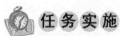

任务实施

以正确使用发动机检测设备为任务，采用引导文、行动导向教学法，引导学生按照汽车维修工作过程（资讯、决策、计划、实施、检查、评估）使用和操作相关检测设备，在此过程中学习相关理论知识，掌握常用故障诊断设备的使用方法。

任务工单 2.1

正确使用发动机检测设备

工作任务		正确使用发动机检测设备		学时	2
姓名		学号		班级		日期	

1. 咨询

（1）车辆信息

车型		生产年代		制造厂	
车辆识别码			发动机型号		

（2）设备型号及功能

（3）相关问题

①常见的故障诊断设备有哪些？

②各种诊断设备的使用场合和方法有哪些？

③解码器的正确操作流程是什么？

④怎样正确测量气缸压力？

（续）

2. 决策

提出典型故障诊断的方案和设备操作流程：

3. 计划

人员分配	
时间安排	
工作步骤	
设备和工具	

4. 实施

（1）典型设备的使用

（2）诊断参数的分析

5. 评估

考评项目		自我评估	组长评估	教师评估	备注
素质考评 10	劳动纪律 5				
	环保意识 5				
工单考评 20					
实操考评 40	工具使用 5				
	任务方案 10				
	实施过程 20				
	完成情况 5				
	其他				
合计 70					
综合评价 70					

组长签字：　　　　　　　　教师签字：

任务2.2　发动机异响检测与故障诊断

任 务 要 求

1. 通过学习，了解曲柄连杆机构和配气机构常见异响的故障现象、故障原因分析和故障诊断过程。
2. 通过学习，掌握曲柄连杆机构和配气机构常见异响的故障现象，能正确地分析故障原因，采取正确的处理方法排出故障。
3. 能够正确描述曲柄连杆机构和配气机构常见异响的故障现象，并能根据故障现象分析故障原因及其影响因素。
4. 通过新技术的引导，激发学生学习专业课的兴趣。

任 务 描 述

发动机曲柄连杆机构和配气机构是发动机的基础，随着发动机的使用和磨损，其配合的间隙会发生变化，当磨损量达到一定极限时，发动机的相关性能就会变差，并可能产生异响和振动。根据异响产生的部位，分析故障产生的原因，才能采取正确的处理方法，排除故障，恢复其使用性能。

相 关 知 识

发动机曲柄连杆机构和配气机构是发动机的基础部件，在使用磨损后，容易造成主轴承响、连杆轴承响、活塞敲缸、活塞销响、气门座响、液压挺杆响和点火敲击响等故障。

2.2.1　曲轴主轴承响

1. 故障现象

发动机稳定运转时声响不明显，急加速或负荷较大时，发出较沉重、有力、有节奏的"铛铛"声，严重时机体不正常抖动。

2. 故障原因

1）因主轴颈磨损失圆造成的。主轴承配合间隙过大或配合不良。
2）润滑不良。
3）主轴承盖螺栓松动，轴承合金脱落、烧损和轴承破裂等。
4）曲轴弯曲、扭曲。

3. 故障诊断

1）改变发动机转速，转速增高，响声增大，中速向高速过渡时响声明显，急加速异响明显。低速时，用手微微抖动并反复加大节气门，同时仔细听是否有异响，如响声随转速升高而增大，抖动节气门时在加速的瞬间响声较明显，一般是主轴承松旷；如在怠速或低速时响声较明显，高速时杂乱，可能是曲轴弯曲，如在高速时有较大振动，油压显著降低，一般是主轴承松旷严重、烧损或减摩合金脱落。
2）负荷增大（如爬坡、载重时），响声加大，负荷变化时响声较明显。

3）当发动机温度变化时，异响变化不明显。

4）当单缸断火时，响声不变（主轴承响，响声减弱）；当相邻两缸均断火时，响声明显减弱。

5）发动机跳火一次，发响两次，即每工作循环响两次。

6）当润滑不良时，响声加重，一般有明显的油压降低现象。

7）反复抖动节气门，从加机油口（或曲轴箱通风管口）处听诊，可听到明显的沉重有力的金属敲击声，或用听诊器在油底壳或曲轴箱与曲轴轴线齐平的位置上听诊，响声最强的部位即为发出异响的主轴承。

8）伴随现象。主轴承异响往往会伴随有油压降低现象，严重时发动机不正常抖动，尤其是在高速或大负荷时。

2.2.2 连杆轴承响

1. 故障现象

发动机怠速运转时无异响或响声较小，急加速时有较重且短促的"铛铛铛"明显连续的敲击声，这是连杆轴承响的主要特征，严重时怠速也能听到明显响声。连杆轴承响比主轴承响声清脆、缓和和短促。

2. 故障原因

1）连杆轴承或轴颈磨损，使配合间隙过大或配合不良。

2）油压过低，或机油变质，或连杆轴颈油道堵塞，致使润滑不良。

3）连杆轴承盖螺栓松动或折断。

4）连杆轴承尺寸不符，引起转动或断裂。

5）连杆轴承减摩合金脱落或烧毁。

3. 故障诊断

1）改变发动机转速，怠速时声响较小，中速时较为明显，稍稍加大节气门有连续的敲击声，急加速时敲击声随之增加，高速时因其他杂音干扰而不明显。

诊断时使发动机怠速运转，然后由怠速向低速、由低速向中速、再由中速向高速加大节气门进行试验，同时结合单缸断火法，并在加机油口处听诊，响声随转速的升高而增大，当抖动节气门时，在加油的瞬间异响突出。当响声严重时，在任何转速下均可听到清晰、明显的敲击声。

2）负荷增大，响声加剧。

3）当发动机温度变化时，响声通常不变，但有时也受润滑油温度的影响。

4）单缸断火，响声明显减弱或消失，但复火时又能立即出现，即响声上缸。但当连杆轴承松旷过度时，单缸断火声响无明显变化。

5）点火一次，发响两次，即每工作循环响两次。

6）连杆轴承响声在油底壳侧面较大。如用听诊器在机体上听诊，响声不十分清晰，但在加机油口处或曲轴箱通风管口处直接听，可清楚听到连杆轴承敲击声。

7）伴随现象。连杆轴承响伴随有油压明显降低现象，严重时机体不正常抖动，这有别于活塞销响和活塞敲缸。可用手将螺钉旋具或听诊器抵住缸体下部或油底壳处，当触及相应的故障缸位时有明显振动感。

2.2.3 活塞敲缸

活塞敲缸指活塞上下运动时在气缸内摆动或窜动,其头部或裙部与气缸壁、缸盖碰撞发出的响声。通常专指活塞与气缸壁间隙较大,活塞上下运动时撞击气缸壁发出的响声。

1. 故障现象

当发动机怠速或低速运转时,在气缸的上部发出清晰而明显的、有节奏的"嗒嗒嗒"连续不断的金属敲击声,严重时响声变沉重,即为"铛铛铛"声响。

2. 故障原因

1)活塞与气缸壁配合间隙过大。

2)活塞裙部腐蚀,或气缸磨损过大。

3)油压过低,气缸壁润滑不良。

3. 故障诊断

1)怠速或低速时比较清晰,中速以上运转时,异响减弱或消失。

2)负荷加大,响声加大。

3)一般冷车时响声明显,热车后响声减弱或消失,即冷敲缸,严重时冷热均敲缸,并伴有抖动。

4)将发动机置于异响明显的转速下,进行单缸断火试验,响声明显减弱或消失。

5)曲轴转一圈,发响一次,且有节奏性,转速提高响声加快。

6)润滑不良响声加重。

7)将听诊器或听诊杆在机体上部两侧进行听诊。若响声较强并稍有振动,再结合断火试验,即可确定出异响气缸。

8)伴随现象。排气管排蓝烟、缸压降低等。用手将螺钉旋具或听诊器抵紧气缸侧部触试,有明显振动感。

9)其他敲缸特例。

发动机敲缸包括冷态敲缸、热态敲缸和冷热态均敲缸。

发动机冷态不响,热车后怠速发响,并伴有机体轻微抖动,且温度越高,响声越大,即为热态敲缸。热态敲缸要及时排除,否则转化成拉缸事故。

热态敲缸的故障原因为连杆轴颈与主轴颈不平行、连杆弯曲、连杆衬套轴向偏斜等造成的活塞偏缸,活塞配合间隙过小、椭圆度过小或反椭圆、活塞变形等造成的活塞过紧,活塞环端隙、背隙过小造成的活塞环卡滞等。冷热均敲缸的故障原因为活塞销与连杆衬套或与连杆小头装配过紧、连杆轴承装配过紧、活塞裙部圆柱度过大等,冷敲缸或热敲缸较为严重时也会导致冷热均敲缸。

2.2.4 活塞销响

1. 故障现象

在怠速、低速和从怠速向低速抖动节气门时,发出响亮、尖脆而有节奏的"嘎嘎嘎"金属敲击声,类似两个钢球相碰的声音,呈上下双响。略将点火时间提前,声响加剧,在同样转速下比活塞敲缸响连续而尖锐。

2. 故障原因

1）活塞销与销孔、连杆衬套磨损严重，配合间隙过大。
2）卡环松旷、脱落。
3）润滑不良等。
4）活塞销断裂。

3. 故障诊断

1）当转速变化时，响声也随之周期性变化，加速时声响更大，在发动机转速稍高于怠速时比较明显，比轴承响清脆。抖动节气门，从怠速向低速加速时，响声能随转速的变化而变化，且在转速升高的瞬间，发出清脆、连续而有节奏的响声。

2）温度上升，响声没有减弱，甚至更明显。有时冷车时响声小，热车时响声大。

3）当单缸断火时，响声减弱或消失。复火时响声会明显出现一响或连续两响。严重时，在响声较大的转速下进行断火试验时，往往响声不消失且变得杂乱。

4）用螺钉旋具或听诊器抵触在发动机上侧部或气缸盖上听，同时变换转速，在气缸壁上部听诊比在下部明显。若响声不明显，可略将点火时间提前，这时响声会较前明显，特点是上下双响、声音较脆。

5）根据不同征兆具体诊断如下：

若转速越高，响声越大，单缸断火时响声反而杂乱，则故障为活塞销与衬套间隙过大。

当怠速运转时，响声为有节奏而较沉重，提高转速声响不减，同时伴有机体轻微抖动，断火试验响声加重，则说明活塞销自由窜动。

若急加速时声响尖锐而清晰，断火试验响声减轻或消失，则很可能是活塞销折断。

2.2.5 气门座响

1. 故障现象

怠速时，在气门室处发出连续不断地有节奏的"嗒嗒嗒"声，响声清脆有节奏，易区分。若有多只气门座响，则声音杂乱，且断火试验响声无变化。

2. 故障原因

1）气门座润滑不良，或因磨损、调整不当造成气门间隙过大。
2）气门间隙处两接触面不平。
3）气门杆与气门导管配合间隙过大。
4）摇臂轴配合松旷。

3. 故障诊断

1）转速增高，响声增大，节奏加快。怠速、低速时响声明显，中速以上变得模糊杂乱。

2）负荷、温度、缸位对气门脚响无影响，断火试验异响无变化。

3）怠速时在气门室或气门罩处听诊异响非常明显，气门脚响清脆有节奏，在发动机周围就能听到较为清晰的响声。

4）将气门室盖拆下，在怠速时用适当厚度的塞尺插入气门间隙处，若响声消失或减弱，即可确诊为该气门间隙过大。也可用塞尺检查或用手晃动试气门间隙，间隙最大的往往是最响的气门。为进一步确诊是气门脚响还是气门座响,可在气门间隙处滴入少许机油,如瞬间响声减弱或消失,说明是气门脚响;如响声无变化,说明是气门座响。

5)插入塞尺后,气门没有间隙,若响声不变,可用螺钉旋具撬动气门杆,若响声消除,说明气门杆与导管磨损过甚。

2.2.6 液压挺杆响

1. 故障现象

发动机怠速运转时发出有节奏的金属敲击声,中速以上响声减弱或消失。用听诊器听,凸轮轴附近响声明显,断火试验,响声无变化。

2. 故障原因

1)挺杆与导孔配合面磨损严重。
2)挺杆液压偶件磨损。
3)润滑油供油不足。

3. 故障诊断

改变发动机转速并用听诊器听响声的变化。怠速时发动机顶部响声明显,中速以上响声减弱或消失,断火试验响声无变化,即为液压挺杆响。具体部位可用听诊器根据响声变化来判断。在起动时液压挺杆有不大的响声是正常的(润滑油未充分进入液压挺杆),发动机转速达到2500r/min后继续运转2min,若挺杆仍有响声,应先检查调整机油压力。若机油压力正常,则应更换液压挺杆。

2.2.7 点火敲击响

1. 故障现象

汽油机空转急加速或负荷较大时,发出尖锐、清脆"嘎啦嘎啦"的金属敲击响,好像几个钢球撞击的声音,随转速升高而逐渐消失。

2. 故障原因

汽油机点火敲击响是由突爆和早燃引起的。突爆发生在火花塞点火之后,而早燃发生在火花塞点火之前,突爆可引起早燃,早燃又促进突爆,两者相互促动,因此很难进行区别。其主要原因为混合气过稀、汽油质量差、辛烷值太低、点火时间过早、压缩比过高、燃烧室积炭过多、发动机过热和负荷过大等。

3. 故障诊断

路试是诊断点火敲击响常用的可靠方法。热车后以最高档最低稳定车速行驶,然后将加速踏板急速踩到底,如在急加速中发出"嘎啦嘎啦"的强烈响声并长时间不消失,而当稍抬加速踏板时响声又会立即减弱或消失,再加速时又重新出现,即可确诊为点火敲击响。

诊断中应注意点火敲击响与气门座响的区别。气门座响可发生在任何转速下(包括空转转速),而点火敲击响发生在汽车加速行驶、爬坡和满载等情况下。发动机产生点火敲击响后,只要适当推迟点火正时,即可继续运行。如响声仍不消除,应进一步查明原因,检查是否有发动机过热或积炭过多等现象。

任务实施

以发动机异响的故障诊断为任务,采用行动导向教学法,引导学生按照汽车维修工作过程(资讯、决策、计划、实施、检查、评估)检测并排除故障,在此过程中学习相关理论知识,掌握发动机异响的故障诊断方法。

任务工单2.2

发动机异响检测与故障诊断

工作任务	发动机异响检测与故障诊断			学时	4
姓名		学号		班级		日期	

1. 咨询
(1) 车辆信息

车型		生产年代		制造厂	
车辆识别码			发动机型号		

(2) 故障描述

(3) 相关问题
①发动机异响的类型有哪些?

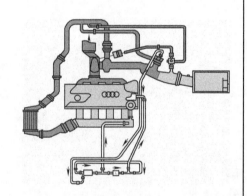

②机械异响的主要原因是什么?

2. 决策
提出诊断排除故障的方案:

3. 计划

人员分配	
时间安排	
工作步骤	
设备和工具	

(续)

4. 实施

检查项目	听诊部位	特性分析	诊断方法	故障原因
主轴承响				
连杆轴承响				
活塞敲缸				
活塞销响				
活塞环响				
气门座响				
液压挺杆响				
凸轮轴响				
点火敲击响				
回火放炮				
发动机爆燃				
气缸垫漏气响				

5. 检查

检查汽车修复质量及汽车性能：

6. 评估

	考评项目	自我评估	组长评估	教师评估	备注
素质考评 10	劳动纪律 5				
	环保意识 5				
工单考评 20					
实操考评 40	工具使用 5				
	任务方案 10				
	实施过程 20				
	完成情况 5				
	其他				
合计 70					
综合评价 70					

组长签字：　　　　　　　　　教师签字：

任务2.3　润滑系统检测与故障诊断

  任务要求

1. 通过学习，了解润滑油压力异常、润滑油变质和润滑油消耗量过大等故障的原因。
2. 通过学习，掌握润滑油压力异常、润滑油变质和润滑油消耗量过大等故障分析和诊断排除方法。
3. 通过新技术的引导，激发学生学习专业课的兴趣。

  任务描述

发动机润滑系统的技术状况，直接影响整机的工作性能和使用寿命。润滑系统如果出现润滑油压力异常、润滑油变质和润滑油消耗异常等故障，均会对发动机的机械部件产生严重的影响，严重时会导致烧瓦抱轴和发动机拉缸等致命的后果。

相关知识

发动机润滑系统润滑油压力的正常范围和测量方法，润滑油压力异常的故障原因和排除，润滑油异常消耗和变质的原因等。

发动机润滑系统的技术状况，直接影响整机的工作性能和使用寿命。摩擦阻力是发动机起动和运转时的主要阻力，润滑不良会使摩擦阻力大大增加，机械效率下降。此外，发动机工作时，各运动副之间，如气缸、活塞与活塞环，各轴颈与轴承，气门与气门导管都以很小的间隙做高速运动，如润滑不好各相对表面磨损加剧，过早地破坏了其配合精度。摩擦产生的热量使零件受热膨胀，导致配合间隙消失而"卡死"，严重时还会使曲轴轴承产生"烧瓦"现象。

汽车在运行中，润滑系统的主要问题是产生润滑油压力的变化、润滑油品质变化或润滑油消耗量增加过快等异常现象。这除与润滑系统本身技术状况有关外，还与曲柄连杆机构、配气机构等有关。因此，检测润滑油压力、润滑油品质变化程度和润滑油消耗量，既能表征润滑系统的技术状况，又可直接或间接说明其他相关配合副的技术状况。

2.3.1　润滑油压力过低

1. 故障现象

当发动机在正常工作时，机油压力表的读数低于规定值或油压报警器报警。

2. 故障原因

1）机油泵工作不良，机油集滤器滤网堵塞。
2）机油滤清器堵塞。
3）润滑油数量过少。
4）润滑油黏度降低。
5）机油限压阀弹簧失效或调整不当。
6）润滑油压力指示有误。如油压表、传感器、油压开关、油压指示灯和油压报警器失效等。
7）发动机各轴承轴颈配合间隙过大，轴承盖松动，造成泄油量过大，导致润滑油压力过低。

8）润滑油品质、标号等。

3. 故障诊断

1）试车检查，利用机油压力表、警告灯或报警器确诊。

2）检查润滑油油面、润滑油黏度和油质。

3）区分润滑油压力指示系统和润滑系统油路故障。若怀疑指示系统有故障，可检查油压表与传感器的连接状况，若正常，拆下传感器导线，打开点火开关，使导线与机体搭铁。若油压表指针急速上升，说明油压表良好；如油压表指针不动或微动，说明油压表失效。若油压表良好，应检查传感器的工作性能。

4）检查机油滤清器的滤芯、旁通阀是否堵塞，机油滤清器是否漏油等。

5）对于外装式限压阀，应进行检查和调整。

6）拆检机油泵，检查机油泵齿轮副的端面间隙、径向间隙和啮合间隙，并进行油压和泵油量等性能检测。

7）检查曲轴主轴承、连杆轴承和凸轮轴轴承等配合间隙。

2.3.2 润滑油压力过高

1. 故障现象

发动机在正常的工作温度下，机油压力表读数始终高于规定值。

2. 故障原因

1）润滑油黏度过大，润滑油量过多。

2）油压表、传感器及油压指示装置失效。

3）机油压力限压阀调整不当或卡滞。

4）机油滤清器滤芯堵塞，且旁通阀开启困难。

5）润滑油道、气缸体主油道堵塞、积垢过多。

6）发动机各轴承间隙过小。

3. 故障诊断

1）试车检查，根据故障征兆进行分析和诊断。

2）检查油面高度，若油面正常，应检查润滑油黏度、牌号是否符合要求。

3）检查油压指示系统装置。若接通点火开关就有压力指示，则说明油压表或传感器有故障。

4）检查、调整限压阀，对于与机油泵一体的限压阀，则应拆检机油泵。

5）拆检发动机，检查、清洗润滑油道，并用压缩空气吹通。同时检查曲轴主轴承、连杆轴承和凸轮轴轴承等各配合间隙是否过小。

2.3.3 润滑油变质

1. 故障现象

润滑油呈黑色，用手捻试无黏性，并有杂质感；润滑油高度增加，且呈浑浊乳白色，伴有发动机过热或个别缸不工作现象；润滑油变稀，高度增加，且有汽油味，并伴有混合气过稀等现象。

2. 故障原因

润滑油使用时间过长，在高温和氧化作用下，加快了润滑油的氧化和炭化，使润滑油逐渐变质；活塞和气缸间隙大，活塞环漏气，燃油下泄稀释润滑油；气缸垫密封不严或缸体有裂纹等造成冷却液漏入曲轴箱，使润滑油与冷却液搅拌后乳化；曲轴箱通风不良，润滑油中混杂有废气中的燃油，使润滑油变质；机油滤清器堵塞，润滑油未过滤而直接通过旁通阀造成润滑油内杂质过多；机油泵磨损，供油能力下降，润滑油散热不良使发动机过热，润滑油温度超过70℃，润滑油高温氧化。

3. 故障诊断

根据润滑油颜色和症状特征判断润滑油是否变质，或利用润滑油清净性分析仪、润滑油黏度检测仪测定润滑油的黏度、颜色，是否混有汽油或水等杂质，根据润滑油变质后的征兆，确定故障原因和部位。若润滑油呈浑浊乳白色且油面增高，说明气缸内进水。如果润滑油中掺有汽油，应检查曲轴箱通风是否良好、曲轴箱通风阀是否失效。检查机油滤清器是否失效及油道是否堵塞。检测气缸压力，判断气缸活塞组是否漏气窜油。

2.3.4　润滑油消耗过多

1. 故障现象

润滑油消耗超过0.5L/100km，排气管大量排蓝烟，积炭增加，火花塞油污现象严重等。

2. 故障原因

润滑油消耗过大的主要原因是漏油和烧润滑油，具体原因如下：

1）气门室盖、油底壳、放油塞、正时齿轮（链轮、带轮）、曲轴前后油封、凸轮轴油道堵塞、机油滤清器及汽油泵等各部位的油封或密封垫损坏漏油。

2）活塞环与气缸壁间隙过大、活塞环密封不良、气门与气门导管间隙过大、气门油封失效或脱落以及曲轴箱通风阀失效等均使润滑油进入燃烧室被烧掉，其明显故障征兆是排气管大量排蓝烟。

3. 故障诊断

1）首先根据故障现象进行确诊。如每天检查润滑油时，油面高度逐渐降低、排气管大量排蓝烟、火花塞积炭严重等。也可采用机油标尺测定法和质量测定法，测出发动机规定行驶里程（如100km）的油耗，若超过0.5L/100km，说明油耗过大。

2）检查发动机前、后、上、下及侧部有无明显漏油痕迹。

3）若排气管排蓝烟，说明润滑油被吸入燃烧室，应根据故障现象确定具体故障部位。

检测缸压，若缸压过低，同时加润滑油口也脉动冒烟，说明气缸活塞组磨损过大、密封不良而导致气缸窜油，也可用加润滑油法确诊。

若排气管排蓝烟，加润滑油口无脉动冒烟现象，说明故障在气门导管处，应检查气门与气门导管间隙是否过大、气门油封是否失效等。

检查曲轴箱通风阀是否黏结而不能移动等。

任务实施

以发动机润滑系统的故障诊断为任务，采用行动导向教学法，引导学生按照汽车维修工作过程（资讯、决策、计划、实施、检查、评估）检测并排除故障，在此过程中学习相关理论知识，掌握发动机润滑系统的故障诊断方法。

任务工单 2.3

润滑系统检测与故障诊断

工作任务		润滑系统检测与故障诊断		学时	4
姓名		学号		班级		日期	

1. 咨询
（1）车辆信息

车型		生产年代		制造厂	
车辆识别码			发动机型号		

（2）故障描述

（3）相关问题
①简述发动机润滑系统的组成和各冷却循环。

②发动机润滑系统压力异常的原因有哪些？

2. 决策
提出诊断排除故障的方案：

3. 计划

人员分配	
时间安排	
工作步骤	
设备和工具	

(续)

4. 实施

检查项目	性能要求	检查结果	修复方法
检查润滑油油量和品质			
区分电路指示报警错误故障			
检查润滑油压力			
检查机油泵及限压阀			
检查润滑油消耗是否异常			
检查是否发动机工作不良			

典型故障小试牛刀

故障现象	诊断思路步骤	故障点

5. 检查
检查汽车修复质量及汽车性能：

6. 评估

考评项目		自我评估	组长评估	教师评估	备注
素质考评 10	劳动纪律5				
	环保意识5				
工单考评20					
实操考评 40	工具使用5				
	任务方案10				
	实施过程20				
	完成情况5				
	其他				
合计70					
综合评价70					

组长签字：　　　　　　　　　　　教师签字：

任务 2.4 冷却系统检测与故障诊断

任务要求

1. 通过学习，了解冷却系统温度异常和冷却液消耗量过大等故障的原因。
2. 通过学习，掌握冷却系统工作温度异常和冷却液消耗量过大等故障分析和诊断排除方法。
3. 通过新技术的引导，激发学生学习专业课的兴趣。

任务描述

冷却系统是保证发动机在最佳工作温度条件下工作的系统，直接影响整机的工作性能。冷却系统如果出现温度异常和冷却液消耗异常等故障，均会对发动机的工作条件产生严重的影响，严重时会导致燃油消耗量过大、起动困难和冷却液温度开锅等后果。

相关知识

发动机冷却系统正常工作条件和诊断方法，温度过高过低的故障原因和排除，冷却液异常消耗的原因等。

2.4.1 冷却液温度过高（发动机过热）

1. 故障现象

运行中的汽车，冷却液温度表指针经常指在100℃以上或指针长时间处在红区，冷却液温度警告灯闪亮，并伴随有冷却液沸腾现象，且发动机易产生突爆或早燃、熄火困难等。

2. 故障原因

1）冷却液液面过低，循环水量不足，或冷却系统严重漏水。
2）冷却液中水垢过多，致使冷却效能降低。
3）冷却液温度表或警告灯指示有误，如感应塞损坏、电路搭铁、脱落或指示表失灵等。
4）散热器芯管堵塞、漏水、水垢过多或散热器片变形导致冷却效果下降。
5）风扇传动带松弛或因油污打滑，风扇离合器失效，温控开关、风扇电动机损坏，叶片变形等。
6）水泵泵水量不足，水泵传动带过松或油污打滑，轴承松旷，水泵轴与叶轮脱转，水泵叶轮、叶片破损，水泵密封面、水封漏水，水泵内有空气等。
7）节温器失效，不能正常开启，致使冷却液大循环工作不良。
8）冷却水套、分水管等积垢过多、堵塞和锈蚀等。
9）点火过迟或过早、混合气过稀或过浓、润滑不良等。
10）压缩比过大，缸压过高，突爆或进、排气不畅，使用不合理，如经常超负荷工作等。

3. 故障诊断

在诊断过程中，应视具体故障征兆进行分析和判断。

1）检查冷却液液面高度，其规格、牌号是否符合要求，检查液质。检查冷却液中锈皮或水垢是否过多等。

2）检查冷却液指示装置。

3）检查风扇传动带是否过松、叶片有无变形和风扇离合器是否失效等。对电动风扇，应先检查温控开关，若将其短接后风扇立即转动，说明温控开关损坏；若风扇仍然不转，应检查电路熔断器、继电器和电动机等是否损坏。

4）检查散热器是否变形、漏水，并触摸散热器，检查其各部温度是否均匀。

5）触摸散热器及上下通水管，若温度较低，说明节温器大循环阀门打不开，应拆检节温器。

6）检查水泵。先检查水泵传动带是否过松、轴承是否松旷和水泵是否漏水等，再就车检测水泵的泵水能力。检查时用手握住发动机顶部至散热器的通水管，然后由急速加速到某一高速，如感到通水管内的流速随发动机转速的增加而加快，说明水泵工作正常，反之，说明水泵工作不良，应拆检水泵。

7）检查发动机点火系统、供给系统、机械系统、润滑系统及使用方面的故障。

2.4.2 冷却液温度过低或升温缓慢

1. 故障现象

运行中的汽车，冷却液温度表指针经常指在75℃以下（冷却液温度过低），发动机工作时，冷却液温度表指针长时间达不到90~100℃正常位置（升温缓慢）。

2. 故障原因

冷却液温度过低或升温缓慢的主要原因为节温器不良、冷却液温度指示装置失效。

1）冷却液温度表或冷却液温度感应器损坏，指示有误。

2）当在冬季或寒冷地区行驶时，未采取车身保温措施。

3）节温器漏装或阀门黏结不能闭合。

4）冷车快怠速调整过低。

3. 故障诊断

1）若环境温度较低，是否采取了保温措施。

2）检查冷却液温度表、传感器及电路是否正常。

3）拆检节温器，若损坏应更换。

2.4.3 冷却液消耗过多

1. 故障现象

发动机有漏水现象，冷却液液面下降过快，需经常添加冷却液。

2. 故障原因

1）散热器损坏，水泵密封不良和管路接头损坏、松动等造成冷却系统外部渗漏。

2）气缸垫损坏、缸体缸盖水套破裂、气缸盖翘曲、缸盖螺栓松动等造成冷却系统内部渗漏。

3. 故障诊断

1）检查冷却系统有无外部渗漏现象。重点检查软管、接头、散热器芯和水泵等部位。

2）检查冷却系统有无内部渗漏。一般内部渗漏时会伴随有发动机无力、排气管排白烟、散热器有气泡、机油液面升高和机油呈乳白色等现象，应拆检缸体、缸盖和缸垫。

任务实施

以发动机冷却系统的故障诊断为任务，采用行动导向教学法，引导学生按照汽车维修工作过程（资讯、决策、计划、实施、检查、评估）检测并排除故障，在此过程中学习相关理论知识，掌握发动机冷却系统的故障诊断方法。

任务工单2.4

冷却系统检测与故障诊断

工作任务	冷却系统检测与故障诊断			学时	4
姓名		学号	班级	日期	

1. 咨询

（1）车辆信息

车型		生产年代		制造厂	
车辆识别码			发动机型号		

（2）故障描述

（3）相关问题
①简述该车冷却系统的组成和各冷却循环。

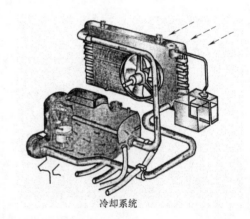

冷却系统

②发动机过热的原因有哪些？

2. 决策
提出诊断排除故障的方案：

3. 计划

人员分配	
时间安排	
工作步骤	
设备和工具	

（续）

4. 实施

检查项目	性能要求	检查结果	修复方法
检查冷却液			
区分电路指示报警错误故障			
检查温控装置、电动风扇			
检查散热器			
检查节温器			
检查水泵			
拆检水套水道水管			
检查是否发动机工作不良			

典型故障小试牛刀

故障现象	诊断思路步骤	故障点

5. 检查

检查汽车修复质量及汽车性能：

6. 评估

考评项目		自我评估	组长评估	教师评估	备注
素质考评 10	劳动纪律 5				
	环保意识 5				
工单考评 20					
实操考评 40	工具使用 5				
	任务方案 10				
	实施过程 20				
	完成情况 5				
	其他				
合计 70					
综合评价 70					

组长签字： 　　　　　　　　　教师签字：

项目 3　发动机电控系统检测与故障诊断

任务 3.1　发动机电控系统的故障诊断方法

任务要求

1. 通过学习，了解发动机电控系统的检测原则及注意事项。
2. 通过学习，了解发动机电控系统的基本诊断方法。
3. 通过新技术的引导，激发学生学习专业课的兴趣。

任务描述

发动机电控系统是发动机的控制核心，只有了解电控系统的检测原则及相关注意事项，运用正确的设备和方法对相应的故障进行科学的诊断，并结合理论知识进行严谨的分析，才能更快速地找到故障，并排除相关问题。

相关知识

发动机电控系统最突出的优势就是能实现空燃比的高精度控制。喷油器布置在发动机各缸比较靠近进气门的位置处，这样每一缸都可以得到相同的燃油量，使进入气缸内的混合气一致，因此，发动机可以在稀薄的混合气下工作，排气中有害物质的排放减少且节省燃油。发动机电控系统主要有：电控燃油喷射系统、电控点火装置（ESA）、怠速控制系统（ISC）、排放控制系统、可变进气控制系统、增压控制系统、巡航控制系统、警告提示、自诊断与报警系统、失效保护系统和应急备用系统等。

汽车运行中，发动机电控系统中的各种传感器和开关，能将各种状态参数，诸如发动机转速、进气流量、节气门位置、进气温度、冷却液温度、曲轴位置、排气氧含量、爆燃、起动、变速器档位、转向助力器工作情况、点火开关和空调开关等，转变为电信号输入 ECU。电信号经放大处理后，再由 ECU 计算、比较，然后发出指令信号给喷油器、点火器和怠速控制阀等执行器，使发动机得到最佳混合比、最佳点火时间和最稳定的怠速，即使发动机的动力性、经济性和排气净化性等处于最佳状态。

发动机电控系统的工作状况对发动机的运转性能有很大的影响，不论是该系统的 ECU、控制线路还是其他任何一个传感器、执行器出现故障，都会在一定程度上影响发动机的起动性、运转稳定性、动力性和经济性等。因此，当电控发动机出现故障或性能下降时，首先应检查该发动机的电控系统有无故障。由于电控系统的构造和工作原理比较复杂，不同车型的电控系统往往有很大的差异，其故障形式既可能是电子方面的，也可能是机械方面的，因此给故障的检查与排除带来一定的困难。在检查与排除电控系统的故障时，必须了解各种电控系统的工作原理和构造特点，参阅需修车型的详细技术资料，充分并合理地利用各种检测工具和手段。除此之外，掌握分析各种故障原因的方法，遵循合理的诊断程序和步骤，也是十分重要的。

3.1.1 发动机电控系统的故障诊断原则及注意事项

1. 发动机电控系统的故障诊断原则

电控发动机的电子控制系统是一个精密而复杂的系统，其故障的诊断也较为困难。而造成电控发动机不工作或工作不正常的原因可能是电子控制系统，也有可能是电子控制系统外其他部分的问题，故障检查的难易程度也不一样。如果能够遵循故障诊断的一些基本原则，就可能以较为简单的方法准确而迅速地找出故障所在。电控发动机故障诊断排除的基本原则可概括为以下几点：

1）先外后内。在发动机出现故障时，先对电子控制系统以外的可能故障部位予以检查。这样可避免本来是一个与电子控制系统无关的故障，却对系统的传感器、ECU、执行器及电路等进行复杂且又费时费力的检查，即真正的故障可能是较容易查找到却未能找到。

2）先简后繁。能以简单方法检查的可能故障部位先予以检查。比如直观检查最为简单，可以用看（用眼睛观察电路是否有松脱、断裂，油路是否漏油，进气管路有无破损漏气等）、摸（用手摸一摸可疑线路连接处有无不正常的高温，以判断该处是否接触不良等）、听（用耳朵或借助于螺钉旋具、听诊器等听一听有无漏气声，发动机有无异响，喷油器有无规律的"咔嗒"声等）等直观检查方法将一些较为明显的故障迅速地找出来。直观检查未找出故障，需借助于仪器仪表或其他专用工具来进行检查时，也应对较容易检查的先予以检查。能就车检查的项目先进行检查。

3）先熟后生。由于结构和使用环境等原因，发动机的某一故障现象可能是以某些总成或部件的故障最为常见，应先对这些常见故障部位进行检查，若未找出故障，再对其他不常见的可能故障部位予以检查，这样做，往往可以迅速地找到故障，省时省力。

4）代码优先。电子控制系统一般都有故障自诊断功能，当电子控制系统出现某种故障时，故障自诊断系统就会立刻监测到故障并通过"检测发动机"等警告灯向驾驶人报警，与此同时以故障码的方式储存该故障的信息。但是对于有些故障，故障自诊断系统检查前，应先按制造厂提供的方法，读取故障码，并检查和排除故障码所指的故障部位。待故障码所指的故障消除后，如果发动机故障现象还未消除，或者开始就无故障码输出，则再对发动机可能的故障部位进行检查。

5）先思后行。对发动机的故障现象先进行故障分析，在了解了可能的故障原因有哪些的基础上再进行故障检查。这样，可避免故障检查的盲目性：既不会对与故障现象无关的部位做无效的检查，又可避免对一些有关部位翻检而不能迅速排除故障。

6）先备后用。电子控制系统的一些部件性能好坏、电气电路正常与否，常以其电压或电阻等参数来判断。如果没有这些数据资料，系统的故障检测将会很困难，往往只能采取新件替换的方法，这些方法有时会造成维修费用猛增且费工费时。所谓先备后用是指在检修该型车辆时，应准备好维修车型的有关检修数据资料。除了从维修手册、专业书刊上收集整理这些检修数据资料外，另一个有效的途径是利用无故障车辆对其系统的有关参数进行测量，并记录下来，作为日后检修同类型车辆的检测比较参数。如果平时注意做好这项工作，会给系统的故障检查带来方便。

2. 电控发动机故障诊断注意事项

1）当接通点火开关时，不允许拆开任何 12V 电器装置，防止电器装置中的线圈自感作用产生的瞬时电压损坏 ECU 或传感器。

2）当发动机发生故障时，忌盲目拆检。确定机械部分无故障后再检查电控系统。

3）当发动机故障诊断时，先根据"故障指示灯"工作情况进行相应检查。

4）注意检查线束插接器是否清洁、连线是否可靠。

5）对燃油系统检修前应拆开蓄电池负极，以免损坏电控系统元件。

6）维修中，注意各车型线束插接器的锁扣形式，不可盲目用力硬拉。安装时要插接到位，锁扣锁住。

7）当对电控系统电路或元件进行检查时，必须使用高阻抗数字万用表检查电压、电阻或电流。

8）发动机熄火后，燃油供给系统残余压力仍较高，对该系统进行拆检前，必须释放燃油系统的残余压力。

9）蓄电池的极性不能接反，不准在无蓄电池（如蓄电池无电）的情况下，用外接电源起动发动机，以免电压过高烧毁电控元器件。

3.1.2 发动机电控系统的故障诊断基本方法

电控发动机控制系统故障诊断按其诊断的深度可分为初步诊断和深入诊断。初步诊断是根据故障的现象，判断出故障产生原因的大致范围。深入诊断是根据初步诊断的结果对故障原因进行分析、查找，直到找出产生故障的具体部位。

电控发动机故障诊断按诊断故障所采用的方法，可分为：直观诊断、利用自诊断系统诊断、简单仪表诊断和专用诊断仪器诊断等。

1. 直观诊断

直观诊断就是通过人的感觉器官对汽车故障现象进行看、问、听、试、嗅等，了解和掌握故障现象的特点，通过人的大脑进行分析、判断得出结论的诊断方法。

直观诊断方法也称为经验诊断或人工诊断，在对传统化油器式发动机故障进行的诊断中，占有相当重要的地位。随着科学技术的发展，汽车结构越来越复杂，尤其是电子技术在汽车上越来越被广泛地应用，使得直观诊断方法越来越不能满足汽车故障诊断的要求。另外，直观诊断方法的诊断效率和准确性与诊断者的工作能力、工作经验有相当大的关系。因此，这种单纯的直观故障诊断方法，在现代电控汽车故障诊断中，运用得越来越少，但是，由于直观诊断方法不需要任何仪器设备，只要对汽车结构和常见故障现象有一定的了解，就可以随时随地进行诊断。并且直观诊断对操作者没有什么具体要求，所以只要经常接触汽车，便可或多或少地掌握一定程度的直观诊断方法和经验。因此直观诊断的范围随诊断者的经验而定，没有绝对的界限。而仪器诊断不同，再先进的诊断仪器都会受到自身功能的限制，同时，仪器诊断也有其一定的局限性，对于某些故障，仪器诊断远不如直观诊断方法来得容易。比如：对明显机械零部件的裂纹、变形所引起的故障，密封件的泄漏问题以及电子控制系统中线路连接件的松动等故障，直观诊断就显示出了采用仪器诊断所无法相比的效果。正因为如此，至今乃至未来，直观诊断都不会被仪器诊断所完全取代。

直观诊断方法的基础是：进行故障诊断操作的人员必须首先掌握被诊断系统的结构和工

作原理，对其可能产生故障的现象、原因有一定的了解，并能掌握关键部件的检查方法。对于电控发动机，当发动机工作不正常，而自诊断系统却没有故障码输出时，尤其需要操作人员以直观诊断法进行检查、判断，以确定故障的性质和产生的部位。直观诊断方法是根据诊断者的经验和对诊断车辆的熟悉程度，在运用的范围上有极大的差别。经验丰富的诊断专家，可以利用直观诊断方法诊断发动机可能出现的绝大多数故障，包括对确定故障性质的初步诊断和确定具体故障原因的深入诊断。

直观诊断的主要内容如下：

看。即目测检查，其目的是了解电控发动机的电控系统类型、车型，在进入更为细致的测试和诊断之前，能消除一些一般性的故障原因。

问。为了迅速地查找故障源，首先必须了解故障出现时的情形、条件、如何发生及是否已检修过等与故障有关的情况和信息。

听。主要是听发动机工作时的声音有无爆燃、有无敲缸、有无失速、有无进气管或排气管放炮等。

试。主要是维修人员根据前述检查，有针对性地试车，以便进一步确定故障。

2. 利用随车故障自诊断系统诊断

随车诊断是利用汽车上电控系统所提供的故障自诊断功能对电控发动机故障进行诊断的方法，即使用故障自诊断系统调取发动机电控系统的有关故障码，然后根据故障码表的故障提示，找出故障所在的方法。随着电子技术的发展与进步，发动机电控技术所占的比例越来越大，由于电量在测量方面的优越性，使得越来越多的电控系统在设计时，已经考虑到了故障诊断问题，即发动机电控系统中设计有故障自诊断功能，这就为发动机故障诊断提供了极大的方便。

随车自诊断系统通常只能提供与电控系统有关的电气装置或电路故障，一般只能做出初步诊断结论，具体故障原因，还需要通过直接诊断和简单仪器进行深入诊断。

随车故障自诊断虽然可以对系统的故障进行自诊断，在电控发动机故障诊断中是一种简便快捷的诊断方法，但是其诊断的范围和深度远远满足不了实际使用中对故障诊断的要求，常常出现发动机运行不正常的故障，产生的原因可能与发动机电控系统无关，另一方面则是由随车自诊断功能的局限性造成的，不可能设计出一种自诊断系统对其所有可能产生的故障都能进行诊断。因此，以直观诊断方法为主进行检查和判断的工作在任何时候对任何系统来说都是不可替代的。

3. 利用简单仪表诊断

利用简单仪表诊断，就是利用以万用表和示波器为主的通用仪表，对电控发动机故障进行诊断的方法。因为电控系统的各部件均有一定的电阻值范围，工作时有输出电压信号范围和输出脉冲波形，因此，用万用表测量元件的电阻或输出电压，用示波器测试元件工作时的输出电压波形，用万用表测量导通性等可判断元器件或电路是否正常。

这种诊断方法的特点是：诊断方法简单、设备费用低，主要用于对电控系统和电气装置的诊断，因此，这种诊断方法可用于对故障进行深入诊断。其缺点是：对操作者的要求较高，在利用简单仪表诊断时，操作者必须对系统的结构和线路连接情况有相当详细的了解，才可能取得满意的诊断效果。

4. 利用专用诊断仪器诊断

汽车的电子化迫使对汽车故障的诊断手段进行变革，随着汽车电子化的进程，各种汽车专用诊断仪器应运而生。这些专用诊断仪器大多数为带有微处理器的电子计算机系统，对汽车故障的诊断十分有效，其中包括各种大大小小的电控发动机故障分析仪、发动机计算机综合分析仪，尤其以发动机计算机综合分析仪所占比例最大，诊断效果最好。专用诊断仪器根据其体积大小可分为：台式计算机分析仪、便携式计算机分析仪和袖珍型计算机分析仪。在对发动机电控系统进行的故障诊断中，使用最多的是便携式计算机分析仪。采用计算机分析仪后，大大提高了对电子控制系统的诊断效率。但是由于专用诊断仪器成本较高，因此，各种计算机分析仪一般适用于专业化的故障诊断和修理厂家。

5. 故障征兆模拟试验方法

在故障诊断中最困难的情形是有故障，但没有明显的故障征兆。在这种情况下，必须进行彻底的故障分析，然后模拟与用户车辆出现故障时相同或相似的条件和环境。无论维修人员经验如何丰富，也无论技术如何熟练，如果对故障征兆不经验证就进行诊断，则将会在维修工作中忽略一些重要的东西，以及在有些方面会猜错，这必将导致车辆的运行故障。例如，对于那些只在发动机冷态下才出现的问题，或者由于车辆行驶时振动引起的问题等，这些问题绝不能仅仅依靠发动机热态和车辆停驶时故障征兆的验证来确诊。因此，振动、高温和渗水（受潮）可能引起难以再现的故障。这里介绍的故障征兆模拟试验是一种有效的措施，它可以在停车条件下在车辆上施加外部作用力。

在故障征兆模拟试验中，故障征兆固然要验证，而且故障部位或零件也必须找出。为了做到这一点，在预先连接试验和开始试验之前，必须把可能发生故障的电路范围缩小，然后再进行故障征兆模拟试验，判断被测试的电路是否正常，同时也验证了故障征兆。在缩小故障征兆可能性时应参考电控发动机"故障诊断表"。

（1）振动法　当怀疑振动可能是引起故障的原因时，即可采用振动法进行试验。基本试验方法如下：

1）插接器。在垂直和水平方向轻轻摇动插接器。

2）配线。在垂直和水平方向轻轻地摆动配线。插接器的插头、振动支架和穿过开口的插接器体都是应仔细检查的部位。

3）零件和传感器。用手指轻拍装有传感器的零件，检查是否失灵。切记不可用力拍打继电器，否则可能会使继电器断路。

（2）加热法　当有些故障只是在热车时出现，可能是因为有关零件或传感器受热引起的。可用电吹风或类似加热工具加热可能引起故障的零部件或传感器，检查是否出现故障。但必须注意：加热温度不得高于60℃（温度限制在不致损坏电子元器件的范围内），不可直接加热计算机中的零件。

（3）水淋法　当有些故障是在雨大或高湿度的环境下产生时，可用水喷淋在车辆上，检查是否发生故障。但应注意：不可将水直接喷淋在发动机电控零件上，而应喷淋在散热器前面，间接改变湿度和温度；不可将水直接喷在电子器件上；尤其应该防止水渗漏到计算机内部（如果车辆漏水，漏入的水可能侵入计算机内部，所以在试验车辆漏水故障时必须特别注意）。

（4）电器全接通法　当怀疑故障可能是因用电负荷过大而引起的，可接通车上全部电气设备（包括加热器鼓风机、前照灯和后窗除雾器等），检查是否发生故障。

6. 计算机数值分析法

计算机数值分析法是用汽车计算机检测仪（或解码器）将电喷发动机计算机在工作中各个输入、输出信号的数值以数据表的方式显示出来，并通过定量、定性地分析各个信号数值在不同工况下的变化情况，判断发动机控制系统有无故障及故障部位的一种方法。这种方法适合于查找电控系统中几乎所有与计算机连接的电子部件的各种形式的故障以及电路故障，特别是对无法用计算机故障自诊断法测出的电子部件的机械故障等，也能通过计算机数值分析判断出来。此外，电喷发动机在运行中偶尔产生的故障，也可以从故障瞬间各个信号数值的变化中找出故障的原因。

计算机数值分析法是现代高科技技术在汽车维修上应用的结果，采用这种方法，由于故障结论不是由仪器自动给出，而是靠维修人员通过分析得到的，因此，这就要求维修人员不但要熟悉仪器的使用，还要对各种车型电喷发动机控制系统的计算机信号数值，在各种工况下的标准值十分熟悉，这样才能充分发挥仪器的作用，完成故障诊断任务。

7. 计算机信号波形分析法

信号波形分析法是用示波器对电喷发动机控制系统中电信号的波形进行检测，并通过对测得的波形进行分析来判断故障的一种方法。这种方法主要用于判断传感器或计算机的故障，特别是产生脉冲电信号的传感器（如车速传感器、爆燃传感器等），它弥补了其他仪器无法对脉冲电信号进行全面检测和分析的缺陷。此外，由于示波器的反应速度极快，因而对于传感器或电路的瞬时故障也可以从其信号波形的瞬时异常上反映出来。

信号波形分析法适用范围广，不受车型及电喷发动机种类的限制。该方法的缺点是技术难度较大，要求操作者有较高的知识和技术水平。不但要熟练使用示波器，还要熟悉各种信号的标准波形，并能从实际波形和标准波形的差别中分析出故障所在。

8. 部件互换法

部件互换法是将怀疑有故障的电子部件用正常的电子部件替代，以判断故障原因的一种方法。如果更换部件后故障消失，则说明被换下的部件有故障；反之，若更换部件后故障仍存在，则说明该部件正常，应进一步查找其他故障原因。这种方法简单易行，效率较高，经常在缺少被修车型技术资料或检测工具的情况下使用，无法用测量的方法判定的故障，如控制系统中执行器的机械故障等也可以用这种方法。此外，在怀疑计算机有故障时，往往也用这一方法来确认。

9. 资料分析法

资料分析法是在故障诊断过程中，以汽车制造厂提供的有关电喷发动机控制系统结构、原理及故障索引等技术资料为参考依据，对故障进行分析，从而查找出故障原因的一种方法。由于电控发动机控制技术发展很快，维修人员很难做到对所有车型的各种电控发动机结构、原理都十分熟悉，因此，在故障诊断过程中，充分合理地利用厂家提供的技术资料，往往能收到事半功倍的效果。在许多情况下，掌握足够的技术资料是进行故障诊断工作的必要条件。

当然，并不是所有故障现象都能在技术资料中找到现成的答案，资料都只能对故障诊断工作起一个辅助的作用，以科学客观的态度对待技术资料并合理地加以利用，才能解决实际中千变万化的故障诊断问题。

10. 经验分析判断法

在全面掌握电喷系统的工作原理及各种元件结构的情况下，通过故障表现出来的现象，进行综合分析，去伪存真地抓住故障的实质。

在上述几种主要诊断手段中，经验法是在任何情况下都必不可少的一种方法。尽管有先进的仪器，但仪器不是万能的，仪器只能从宏观角度提出一个总的方向，而对具体故障的肯定和排除，最终还是要依靠人的因素来解决。因此，掌握电喷系统的类型、结构与工作原理是十分必要的。

任务3.2　发动机电控燃油喷射系统的检测与故障诊断

任务要求

1. 通过学习，掌握发动机电控燃油喷射系统典型传感器的检测方法。
2. 通过学习，掌握发动机电控燃油喷射系统主要执行器的检测方法。
3. 通过学习，了解发动机电控燃油喷射系统常见故障的原因及诊断排除方法。
4. 通过新技术的引导，激发学生学习专业课的兴趣。

任务描述

发动机电控燃油喷射系统是精确控制喷油量的系统，当传感器或者执行器出现故障时，会导致相关控制功能出现异常，只有掌握了汽车故障产生的原因及变化规律，运用先进诊断设备通过对相关电控部件进行科学诊断，并结合理论知识进行严谨的分析，才能更快速地找到故障，并排除相关问题。

相关知识

发动机电控燃油喷射系统的主要功能是通过控制不同工况下精确的空燃比对喷油量和喷油正时进行控制，保证发动机的动力性、经济性和排放性达到最佳工作状态。其系统结构主要由传感器、ECU和执行器组成。

3.2.1　电控燃油喷射系统传感器检测

1. 冷却液温度传感器的检测

冷却液温度传感器一般安装在发动机冷却液通道上，与发动机冷却液直接接触，将发动机冷却液温度转变为电压信号传递给发动机控制单元（ECU），现代汽车上的冷却液温度传感器基本上都是采用的负温度系数热敏电阻（NTC），低温条件下传感器电阻值大，信号电压高；温度升高，传感器阻值减小，信号电压降低。如图3-1所示。

（1）就车检测　脱开冷却液温度传感器插头，打开点火开关，但不要起动发动机。用万用表测量导线一侧THW与E2端的电压，应为5V。若无电压，则应检查ECU插接器端子THW与E2的电压。若无5V电压，应检查发动机ECU的电源电路和搭铁电路，若正常，则更换ECU。连接冷却液温度传感器连接插头，起动发动机，测量传感器端子THW与E2之间在不同温度下的电压，其电压值应随冷却液温度的升高而逐渐降低。对丰田车，当冷却液温度在20℃时，电压值为1~3V；80℃时电压为0.2~1.0V。

（2）元件检测　拆下冷却液温度传感器，将冷却液温度传感器置于热水中。用万用表测量不同温度下冷却液温度传感器两端子之间的电阻值，其值应符合规定，否则应更换传感器，如图3-2所示。丰田汽车冷却液温度传感器在20℃时，电阻为2.2kΩ；80℃时电阻为0.25kΩ。

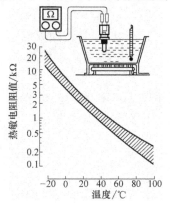

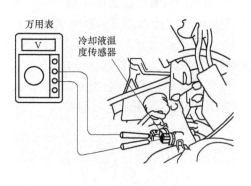

图3-1　冷却液温度传感器阻值与温度的关系　　　图3-2　冷却液温度传感器的电阻检测

（3）检测仪检测　用V.A.G1552检测仪检测大众车系冷却液温度传感器。输入地址码01，进入发动机电子系统测试，输入08读取测量数据组，输入组号03读取基本功能数据。显示如下：

```
Read measuring value block 3    HELP
800r/min   14.000V   93.6℃   30.1℃
```

解读为：

```
读测量数据块3          帮助
800r/min   14.000V   93.6℃   30.1℃
```

显示屏第二行显示的含义为：发动机转速为800r/min，蓄电池电压为14V，冷却液温度为93.6℃（若冷却液温度小于80℃，则为暖机过程），进气温度为30.1℃。

桑塔纳2000GSi轿车AJR型发动机冷却液温度传感器是一个负温度系数的热敏电阻，其连接电路图如图3-3所示。冷却液温度传感器出现故障，发动机会出现冷车或热车起动困难，油耗增加，排放超标。

发动机怠速工况，进入08功能"读测量数据块"，选择03显示组检查冷却液温度传感器，如果显示数据不真实，关闭点火开关，检查传感器插头上端子（图3-4）和发动机ECU线束插头间的电路是否有断路或短路，如果电路正常，则更换冷却液温度传感器。

2. 进气温度传感器的检测

进气温度传感器也叫作进气歧管空气温度传感器。进气温度传感器的安装位置有以下几种：拧入进气歧管内，或安装在进气歧管的某一个空气流道中，也有安装在空气滤清器内、空气流量传感器后面的连接软管。进气温度传感器中也有一个负温度系数的热敏电阻，其阻值和电压降与冷却液温度传感器相近。

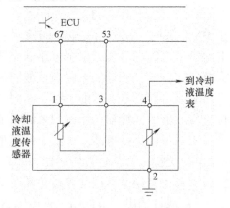

图3-3　冷却液温度传感器电路图

与检测冷却液温度传感器的方法一样，在盛有冷水的容器中，检测进气温度传感器在不同温度下的电阻值,如果传感器没有显示出应有的电阻值(图3-4),将测得的电阻值与标准数值进行比较。如果测量结果不符合要求,应更换传感器。

把进气温度传感器装在发动机上,在传感器两个接线端之间用电压表测量电压降。对应任一温度,传感器都应有确定的电压降。

3. 节气门位置传感器的检测

节气门位置传感器安装在节气门体上,将发动机节气门的开度信号转换成电信号,输送给ECU,修正点火正时和喷油时刻。节气门位置传感器有开关触点式、线性式、综合型(怠速开关、节气门位置电位计)。

(1) 线性输出型节气门位置传感器的检测(以富康轿车TU3JP-Ⅱ发动机节气门位置传感器为例) 图3-5所示为富康轿车TU3JP-Ⅱ发动机节气门位置传感器的电路。

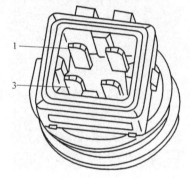

图3-4 进气温度传感器插头端子图

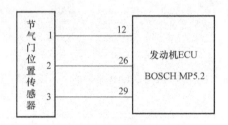

图3-5 富康轿车TU3JP-Ⅱ发动机节气门位置传感器的电路

1) 节气门位置传感器电阻检查。点火开关置于OFF位置,拔下节气门位置传感器的导线插接器,用万用表欧姆档测量信号端子与搭铁端子之间的电阻,该电阻应随节气门开度的增大而呈线性增大;电源端子与搭铁之间的电阻不随节气门开度变化,如图3-6所示。

2) 节气门位置传感器电压检查。插好节气门位置传感器的导线插接器,当点火开关置于ON位置时,用万用表电压档检测节气门位置传感器插接器上1、2和3三个端子处与蓄电池负极之间的电压,根据电路连接图判断电源端子、信号端子和搭铁端子,如无电压应根据节气门位置传感器的电路查找故障。

3) 电路检查。关闭点火开关,拆下蓄电池负极线,拆下ECU的插接器,再拆下节气门位置传感器的插接器,用万用表测量节气门一侧和ECU一侧插接器对应端子之间是否导通,如果不导通应更换电线。一般电线阻值小于0.5Ω。

4) 更换节气门位置传感器。如果检查电阻正常,电压正常,电路正常,但是数据流不正常,考虑更换节气门位置传感器。如果更换的是电子式节气门组件,必须要做基本设定。

5) 线性输出型节气门位置传感器信号波形检测

①连接好波形测试设备,探针接传感器信号输出端子,鳄鱼夹搭铁。

②打开点火开关,发动机不运转,慢慢地让节气门从关闭位置到全开位置,并重新返回至节气门关闭位置。慢慢地反复这个过程几次。这时波形应如图3-7所示铺开在显示屏上。

6) 线性输出型节气门位置传感器信号波形分析。图3-8所示为线性输出型节气门位置传感器的波形对比分析。

项目3　发动机电控系统检测与故障诊断

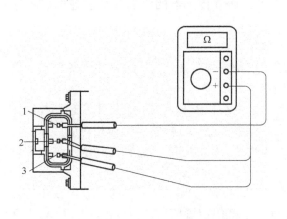

图 3-6　线性节气门位置传感器电阻检测

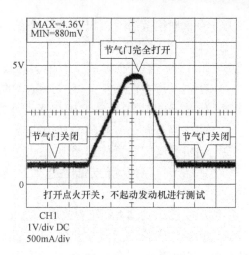

图 3-7　线性输出型节气门位置传感器信号波形

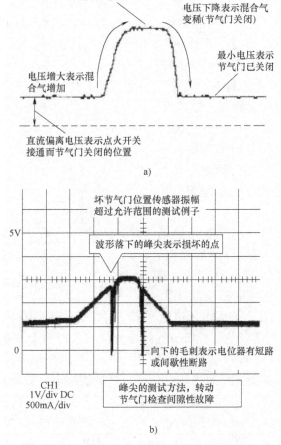

图 3-8　线性输出型节气门位置传感器的波形对比分析
a) 正常波形分析　b) 典型故障波形

① 查阅车型规范手册,以得到精确的电压范围,通常传感器的电压应从急速时的低于 1V 到节气门全开时的低于 5V。

② 波形上不应有任何断裂、对地尖峰或大跌落。

③ 应特别注意在前 1/4 节气门开度中的波形,这是发动机在运行中最常用到传感器炭膜的部分。传感器前 1/8~1/3 的碳膜通常首先磨损。

④ 有些车辆有两个节气门位置传感器。一个用于发动机控制,另一个用于变速器控制。

⑤ 发动机节气门位置传感器传来的信号与变速器节气门位置传感器操作相对应。

⑥ 变速器节气门位置传感器在急速运转时产生低于 5V 的电压,在节气门全开时变到低于 1V。

特别应注意达到 2.8V 处的波形,这是传感器的碳膜容易损坏或断裂的部分。在传感器中磨损或断裂的碳膜不能向发动机 ECU 提供正确的节气门位置信息,所以发动机 ECU 不能为发动机计算正确的混合气命令,从而引起汽车驾驶性能问题。如果波形异常,则更换线性输出型节气门位置传感器。

(2) 综合式节气门位置传感器的检测(以丰田皇冠 3.0 轿车 2JZ-GE 发动机为例)

1) 急速触点导通性检测。点火开关置于 OFF 位置,拔去节气门位置传感器的导线插接器,用万用表电阻档在节气门位置传感器插接器上测量急速触点 IDL 的导通情况。当节气门全闭时,IDL 与 E_2 端子间应导通(电阻为 0);当节气门打开时,IDL 与 E_2 端子间应不导通(电阻为 ∞)。否则应更换节气门位置传感器。

2) 节气门位置传感器电阻检查。点火开关置于 OFF 位置,拔下节气门位置传感器的导线插接器,用万用表电阻档测量 V_{TA} 与 E_2 端子之间的电阻,该电阻应随节气门开度增大而呈线性增大;在节气门限位螺钉和限位杆之间插入适当厚度的塞尺,用万用表电阻档测量此传感器插接器上各端子间的电阻,如图 3-9 所示。

3) 电压检查。插好节气门位置传感器的导线插接器,当点火开关置于 ON 位置时,发动机 ECU 插接器上 IDL、V_C、V_{TA} 三个端子处应有电压,用万用表电压档检测 IDL-

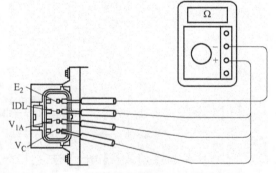

图 3-9 节气门位置传感器电阻的检测

E_2、V_C-E_2、V_{TA}-E_2 间的电压,如无电压应根据节气门位置传感器的电路查找故障。

4) 节气门位置传感器的调整。拧松节气门位置传感器的两个固定螺钉,在节气门限位螺钉和限位杆之间插入 0.50mm 的塞尺,同时用万用表电阻档测量 IDL 与 E_2 的导通情况。逆时针转动节气门位置传感器,使急速触点断开,然后按顺时针方向慢慢转动节气门位置传感器,直至急速触点闭合为止(万用表有读数显示),拧紧节气门位置传感器的两个固定螺钉。再先后用 0.45mm 和 0.55mm 的塞尺插入节气门限位螺钉和限位杆之间,测量急速触点 IDL 和 E_2 之间的导通情况。当塞尺为 0.45mm 时,IDL 和 E_2 端子间应导通;当塞尺为 0.55mm 时,IDL 和 E_2 端子间应不导通,否则应重新调整节气门位置传感器。

(3) 节气门控制组件的检测 测量桑塔纳 2000GSi 节气门控制组件供电电压,即是测量节气门定位电位计和节气门电位计的电源电压,节气门组件电路如图 3-10 所示。

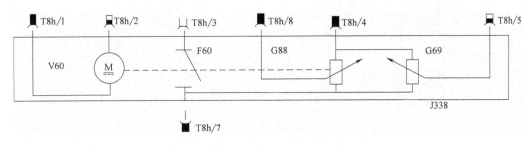

图 3-10 节气门组件电路

1）检测节气门控制组件的工作电压。检测节气门（定位）电位计的工作电压：拔下节气门控制组件的插头，用汽车万用表连接插头端子 4 和 7，打开点火开关，其电压值应为 5V。节气门控制组件插接器插头如图 3-11 所示。

检测节气门控制组件怠速装置的供电电压：拔下节气门控制组件的插头，用汽车万用表连接插头端子 3 和 7，打开点火开关，其电压值应大于 9V。

2）检测节气门控制组件的电阻值。检测节气门电位计的电阻：拔下节气门控制组件的插头，用汽车万用表连接节气门控制组件插座端子 5 和 7。缓慢关闭节气门，阻值应平稳变大；缓慢打开节气门，阻值应平稳变小。

当节气门关闭时，端子 5 和 7 之间的电阻为 1.349kΩ，缓慢打开节气门，阻值应平稳变小。

检测怠速开关：拔下节气门控制组件的插头，用汽车万用表连接节气门控制组件插座端子 3 和 7。关闭节气门，怠速开关闭合，阻值应小于 1Ω；打开节气门，怠速开关断开，阻值应为无穷大。

检测节气门定位器（怠速电动机）电动机绕组的电阻：拔下节气门控制组件的插头，用汽车万用表连接节气门控制组件插座端子 1 和 2，阻值应为 3~200Ω。

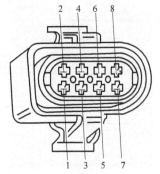

图 3-11 节气门控制组件插接器插头

当节气门关闭时，端子 4 和 8 之间的电阻为 0.66kΩ，端子 4 和 7 之间的电阻为 0.921kΩ，端子 8 和 7 之间的电阻为 1.053kΩ。

4. 空气流量传感器的检测

空气流量传感器的作用是用来测量发动机吸入的空气量，并将信号输入发动机 ECU，作为燃油喷射和点火控制的主控制信号。

L 型空气流量传感器有翼片式、卡门涡旋式、热线式和热膜式。翼片式、卡门涡旋式空气流量传感器属于体积流量测量方式，可直接测量空气体积流量。热线式、热膜式空气流量传感器属于质量流量测量方式，可直接测量空气质量流量。

（1）翼片式空气流量传感器的检测　翼片式空气流量传感器有 5 线与 7 线两种，5 线翼片式空气流量传感器内没有油泵开关，7 线翼片式空气流量传感器内装有油泵开关。7 线翼片式接线插头和电路原理图如图 3-12 所示，各接线端名称和作用见表 3-1。

翼片式空气流量传感器根据信号变化情况有两种类型，一种随进气量增大而信号电压升高，另一种随进气量增大而信号下降。下面以丰田翼片式空气流量传感器为例介绍检测方法。

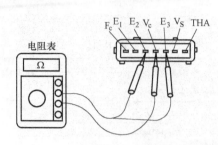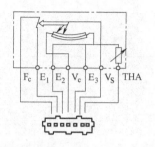

图 3-12　7 线翼片式接线插头和电路原理图

表 3-1　接线端名称和作用

端子名称	THA	V_S	V_C	V_B	E_2	F_C	E_1
作用	进气温度传感器信号	输出信号	输入信号	电源电压	搭铁	油泵开关	油泵开关搭铁

拔下空气流量传感器插头，用万用表电阻档测量各端子之间的电阻值，应符合表 3-2 的电阻值。用万用表直流电压档测量各端子之间的电压值，应符合表 3-3。

表 3-2　各端子之间的电阻值

端子	电阻值/kΩ	条件	温度/℃
F_C-E_1	∞	测量翼片全关闭	
	0	测量翼片非全关闭	
V_S-E_2	0.200~0.600	测量翼片全关闭	
	0.020~0.200	测量翼片从全关到全开	
V_C-E_2	0.200~0.400		
THA-E_Z	10~20		-20
	4~7		0
	2~3		20
	0.9~1.3		40
	0.4~0.7		60

表 3-3　端子之间的电压值

端子	电压值/V		
F_C-E_1	12	测量翼片全关闭	
	0	测量翼片非全关闭	
V_S-E_2	3.7~4.3	点火开关"ON"	测量翼片全关闭
	0.2~0.5		测量翼片全开
	2.3~2.8	怠速	
	0.3~1.0	3000r/min	
V_C-E_2	4~6	点火开关"ON"	

（2）热线式空气流量传感器的检测（以日产车为例）　热线式空气流量传感器制造成本低，寿命长，使用较为广泛。桑塔纳时代超人、SGM 别克和日产等车均使用这种空气流量传感器。日产 MAXIMA（千里马）轿车 VG30E 发动机热线式空气流量传感器的电路图如图 3-13 所示。

单件检查：拔下空气流量传感器的导线插接器，拆下空气流量传感器；将蓄电池的电压施加于空气流量传感器的 D 和 E 端子之间,E 接电源正极,D 接电源负极。用万用表电压档测量端子 B 和 D 之间的电压应在 2~4V 范围内;如其电压值不符合规定,则需更换空气流量传感器,其方法如图 3-14a 所示。在完成上面检查后,接着用电吹风机给空气流量传感器吹风(不能拆卸电源),测量端子 B 与 D 之间的电压应在 1~1.5V 范围内变化。如果不正常,更换空气流量传感器,其方法如图 3-14b 所示。

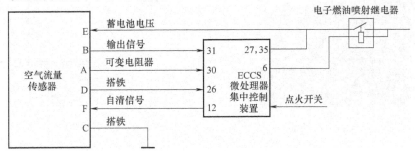

图 3-13 日产 MAXIMA(千里马)轿车 VG30E 发动机
热线式空气流量传感器的电路图

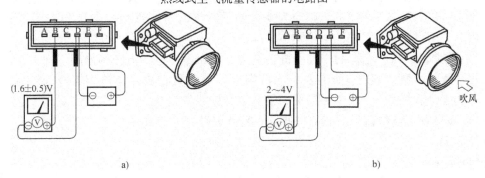

图 3-14 热线式空气流量传感器的检查
a)测量端子 B 与 D 之间的电压 b)用电吹风机给空气流量传感器吹风

就车检测:接通点火开关,不起动发动机,拔下插接器,测量线束一侧 E 与 D 之间的电压应为 12V;若无电压,再测量端子 E 与 C 之间的电压,若测量读数为 12V,说明 D 端搭铁不良,检查 D 与 ECCS 之间的导线和 ECCS 的搭铁线。测量端子 B 与 D 之间的电压应为 2~4V,起动发动机后端子 B 与 D 之间的电压应在 1~1.5V 范围为。

检查自清洁功能:拆下空气滤清器及空气流量传感器的防尘网,起动发动机并加速到 2500r/min 以上,发动机停转 5s 后,可以看见空气流量传感器的热线自动加热烧红约 1s,如图 3-15 所示。

(3)热膜式空气流量传感器的检修

1)桑塔纳 2000GSi 轿车 AJR 型发动机热膜式空气流量传感器电路。图 3-16 所示为桑塔纳 2000GSi 轿车 AJR 型发动机热膜式空气流量传感器电路,空气流量传感器的 1 为空脚,2 脚为 12V,3 脚为 ECU 内搭铁,4 脚为 5V 参考电压,5 脚为传感器信号。在急速时 5 脚电压为 1.5V 左右,急加速时电压为 2.8V 左右。

2)桑塔纳 2000GSi 型轿车 AJR 发动机热膜式空气流量传感器电阻的检测

①线束导通性测试:将数字万用表旋转到电阻档,按电路图找到空气流量传感器图形下

面的针脚号与 ECU 信号测试端口图相应的针脚号，分别测试空气流量传感器 3、4、5 号针脚对应至 ECU12、11、13 号针脚的电阻，所有的电阻都应低于 0.5Ω。

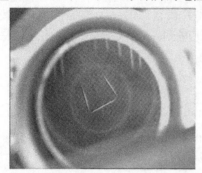

图 3-15 热线自清洁功能

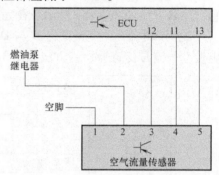

图 3-16 桑塔纳 2000GSi 轿车 AJR 型发动机热膜式空气流量传感器电路

②线束短路性测试：将数字万用表设置在电阻 200kΩ 档，测量空气流量传感器针脚 2 与 ECU 针脚 11、12、13 之间的电阻应为 ∞。测量空气流量传感器针脚与 ECU 针脚：3-11、13，4-12、13，5-11、12 之间的电阻均应为 ∞。

3）桑塔纳 2000GSi 轿车 AJR 发动机热膜式空气流量传感器电压的检测

①电源电压检测：打开点火开关，将数字万用表设置在直流电压 20V 档，红色表针置于空气流量传感器针脚 2，黑色表针置于蓄电池负极或发动机进气歧管壳体，点火时应显示 12V；红色表针置于空气流量传感器针脚 4，黑色表针置于蓄电池负极或发动机进气歧管壳体，应显示 5V。

②信号电压检测。

单件检测：取一空气流量传感器总成部件，将 12V/5V 变压器 12V 电压或蓄电池电压施加在空气流量传感器电器插座针脚 2 上，将 5V 电压施加在空气流量传感器电器插座针脚 4 上，将数字万用表设置在直流电压 20V 档，测量空气流量传感器电器插座针脚 3 和针脚 5，应有 1.5V 左右的电压；使用吹风机从空气流量传感器隔栅一端向空气流量传感器吹入冷空气或加热的空气，测量空气流量传感器电器插座针脚 3 和针脚 5 之间的电压，电压应瞬时上升至 2.8V 回落。不能满足上述条件，可以判定空气流量传感器有故障。

就车测试：起动发动机至工作温度，将数字万用表设置在直流电压 20V 档，测量空气流量传感器针脚 5 的反馈信号，红色表针置于空气流量传感器针脚 5，黑色表针置于空气流量传感器针脚 3、蓄电池负极或进气歧管壳体，急速时应显示电压在 1.5V 左右；当急踩加速踏板时应显示 2.8V 变化。若不符合上述变化，或电压反而下降，则在电源电压与参考电压完好的前提下，可以断定空气流量传感器损坏，必须更换。

4）桑塔纳 2000GSi 轿车 AJR 发动机热膜式空气流量传感器波形检测与分析。

波形检测方法如下：

①连接好波形测试设备，探针接信号输出端子，鳄鱼夹搭铁。

②关闭所有附属电气设备，起动发动机，并使其急速运转，当急速稳定后，检查急速时输出信号电压，如图 3-17 所示左侧波形。做加速和减速试验，应有类似图中的波形出现。

将发动机转速从急速加至节气门全开（加速过程中节气门应以中速打开），节气门全开后持续 2s，但不要使发动机超速运转；再将发动机转速降至怠速运转，并保持 2s；再从怠速工况急加速发动机至节气门全开，然后再关小节气门使发动机转速回至怠速；稳定住波形，仔细观察空气流量传感器波形。

波形分析：热膜式空气流量传感器信号波形的含义及相关说明如图 3-18 所示。

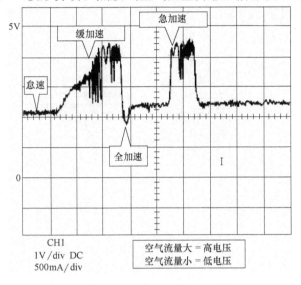

图 3-17　热膜式空气流量传感器信号实测波形

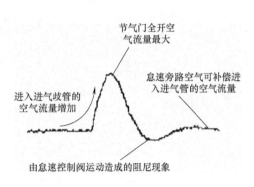

图 3-18　热膜式空气流量传感器信号波形的含义及相关说明

a. 从维修资料中找出输出信号电压参考值进行比较，通常热线（热膜）式空气流量传感器输出信号电压范围是从怠速时超过 0.2V 变至节气门全开时超过 4V，当急减速时输出信号电压应比怠速时的电压稍低。

b. 当发动机运转时，波形的幅值看上去在不断地波动，这是正常的，因为热线式空气流量传感器没有任何运动部件，因此没有惯性，所以它能快速地对空气流量的变化做出反应。在加速时波形所看到的杂波实际是在低进气真空之下各缸进气口上的空气气流脉动，发动机 ECU 中的超级处理电路读入后会清除这些信号，所以这些脉冲没有关系。

c. 不同的车型输出电压将有很大的差异，在怠速时信号电压是否为 0.25V，也是判断空气流量传感器好坏的方法，另外，从燃油混合气是否正常或是否冒黑烟也可以判断空气流量传感器的好坏。

d. 如果信号波形与上述情况不符，或空气流量传感器在怠速时输出信号电压太高，而节气门全开时输出信号电压又达不到 4V，则说明空气流量传感器已经损坏。如果在车辆急加速时空气流量传感器输出信号电压波形上升缓慢，而在车辆急减速时空气流量传感器输出信号电压波形下降缓慢，则说明空气流量传感器的热线（热膜）脏污。出现这些情况，均应清洁或更换热线（热膜）式空气流量传感器。

（4）卡门涡旋式空气流量传感器的检测（以雷克萨斯 LS400 1UZ-FE 发动机为例）　电阻的测量：关闭点火开关，拔下空气流量传感器的导线插接器，用万用表电阻档测量 THA 与 E_1 端子之间的电阻，如图 3-19 所示。温度不同电阻值不相同，选取不同的进气温度测量 THA 与 E_1 之间的电阻，将测量结果记录下来。再与标准的电阻值比较，如果不符合要求，则更换空气流量传感器。

卡门漩涡式空气流量传感器电路原理与电插头外形如图 3-20 所示。ECU 向 VC 端子提供断路值为 +5V 的电压，E_2 为信号搭铁，KS 为进气量信号输出端，THA 为进气温度信号，E_1 为搭铁。无空气流动时，反光镜不产生振动，光敏晶体管因得不到光信号而截止，KS 端一直为高电平。当空气流过时，反光镜的振动使光敏晶体管交替地导通和截止，从而在 KS 端输出脉冲信号。进气量越大，信号频率越高。

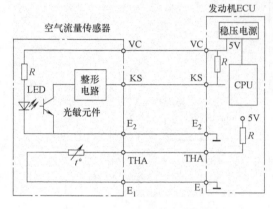

图 3-19　雷克萨斯 LS400 卡门漩涡式
空气流量传感器的电路

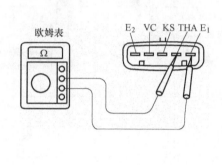

图 3-20　卡门漩涡式空气流量
传感器电路原理与电插头外形

对反光镜式卡门漩涡空气流量传感器的车上检查，可以脱开电插头，用欧姆表检查进气温度传感器是否正常；然后拆下空气流量传感器，直观地检查其是否有损坏或变形。反光镜式空气流量传感器的电路检查方法如下：

①脱开流量传感器的电插头，检测流量传感器 THA 和 E_1 之间的电阻，应符合维修手册的规定。

②找出 ECU，测 ECU 插接器端子 KS 和 E_2 间的电压。点火 ON，不起动，电压应为 4～6V；当发动机运转时，电压应在 2～4V 范围内。如正常，转步骤④。

③检查和修理空气流量传感器和 ECU 之间的线束和插接器。

④测 ECU 插接器端子 VC 和 E_2 间的电压。如为正常值 4～6V，则修理或更换空气流量传感器；如不正常，则检查或更换 ECU。

⑤若自诊断系统仍显示空气流量传感器电路故障码，则检查更换 ECU。

5. 进气歧管绝对压力传感器的检测

进气歧管绝对压力传感器用于 D 型电控汽油喷射系统，一般安装在发动机的进气管内，感知进气流量形成的真空压力，并转换成电信号输入 ECU，作为燃油喷射和点火控制的主控制信号。

进气歧管绝对压力传感器种类很多，其中电容式和半导体压敏电阻式进气歧管绝对压力传感器在当今发动机电子控制系统中应用较为广泛。压敏电阻式进气歧管绝对压力传感器的信号是电压型的，电容式进气歧管绝对压力传感器的信号是频率型的。

进气歧管绝对压力传感器都是三线的，一根电源线，一根信号线，另一根搭铁线。由于传感器内部有放大电路，故其电插头有三个端子，分别为搭铁、电源和信号线。拔下进气歧管绝对压力传感器的插头，接通点火开关，电源线的断路电压约为 +5V。用万用表检测时因信号类型不同,应选用不同的档位,电压信号选用直流电压档,频率信号选用频率档。

丰田皇冠3.0轿车2JZ-GE发动机进气歧管绝对压力传感器电路如图3-21所示。各端子名称及作用如下:

PIM——信号输出端子,即进气压力信号电压。

VC——5V电源端子。

E_2——传感器通过ECU搭铁。

半导体压敏电阻式进气歧管绝对压力传感器的检测(以丰田皇冠3.0轿车2JZ-GE发动机为例)

(1) 电源电压的检测 点火开关置于OFF位置,拔下进气歧管绝对压力传感器的导线插接器;将点火开关置于ON位置(不起动发动机),用万用表电压档测

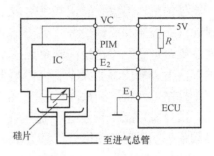

图3-21 丰田皇冠3.0轿车2JZ-GE发动机进气歧管绝对压力传感器电路

量导线插接器中电源端VC和搭铁端E_2之间的电压,如图3-22所示,其电压值应为4.5~5.5V。如果测量的电压值不符合要求,应检查进气歧管绝对压力传感器与ECU之间的电路是否导通。

(2) 输出电压的检测 将点火开关置于ON位置(不起动发动机),拆下连接进气歧管绝对压力传感器与进气歧管的真空软管,使之与大气相通,如图3-23所示。

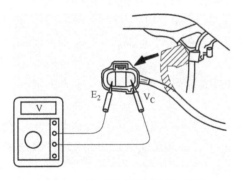

图3-22 传感器电源电压的测量

图3-23 真空软管与大气相通

用万用表电压档测量进气歧管绝对压力传感器PIM与E_2端子在大气压力状态下的输出电压,如图3-24所示,PIM与E_2之间的电压为3.3~3.9V。

再用真空泵向进气歧管绝对压力传感器内施加真空,从13.3kPa(100mmHg)起,每次递增13.3kPa(100mmHg),一直增加到66.7kPa(500mmHg)为止,然后测量在不同真空度下进气歧管绝对压力传感器(PIM-E_2端子间)的输出电压。该电压值应该随真空度的增大而下降。

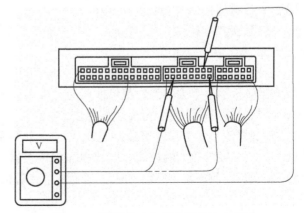

图3-24 测量在大气压力下的输出电压

6. 氧传感器的检测

氧传感器根据空燃比和排气流中的含氧量向 ECU 输送一个模拟电压信号，作为燃油喷射和点火控制的反馈信号。氧传感器（也称为 λ 传感器）比较空气中的氧含量和废气中的残余氧含量，并输送给控制单元一个电压信号，如果传感器头部的孔堵塞、传感器受到过度的热应力、氧传感器太冷或氧传感器加热传感器不工作、空燃比反馈控制关闭（在喷射系统中控制单元检测到故障），将使电压不变化或者缓慢变化，发动机可能出现怠速不稳定、油耗上升和排放超标等现象。AJR 型发动机氧传感器的连接电路如图 3-25 所示。

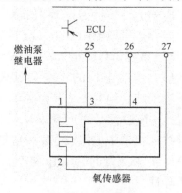

图 3-25　AJR 型发动机氧传感器的连接电路

（1）氧传感器加热线圈的检查

1）将点火开关置于 OFF 位，脱开氧传感器电插头。

2）用欧姆表测量加热线圈的电阻，线圈阻值应符合要求，否则更换氧传感器。（加热线圈的一端在怠速时有电压，在发动机高速运转时无电压。）

（2）氧传感器反馈信号电压的检测

1）将点火开关置于 OFF 位，脱开氧传感器电插头，并从信号输出端引出一根细导线。将指针式电压表的负表笔搭铁，正表笔接细导线。

2）起动发动机，完成暖机后以 2500r/min 的转速空转 2min 以上。

3）使发动机的转速保持在 2500r/min，观测氧传感器的信号电压。10s 内指针摆动的次数不少于 8 次，否则表明氧传感器有故障。

4）松开进气管上的 PCV 软管或其他真空管，以形成稀混合气。这时电压表的读数应下降，否则说明氧传感器有故障。

5）恢复以上管路连接。将点火开关置于 OFF 位，脱开冷却液温度传感器电插头。在线束插头两端子之间连接一较大阻值（2kΩ 左右）的电阻代替冷却液温度传感器，以形成浓混合气，再次起动发动机。

6）这时电压表的读数应上升，否则说明氧传感器有故障。

7）从排气管上拆下，检查氧传感器的通气孔是否堵塞、瓷芯是否破裂等。如有，更换损坏的氧传感器。

（3）氧传感器使用与检测的注意事项

1）使用某些室温硫化密封剂会污染氧传感器，应使用汽车制造厂家推荐的室温硫化密封剂。

2）如果含铅汽油用于装有氧传感器的发动机中，氧传感器上很快会出现铅沉积层，这样，传感器信号不会令人满意，很可能要更换氧传感器，所以应使用无铅汽油。

3）冷却液漏进燃烧室会污染氧传感器。

4）测试氧传感器必须使用数字电压表。一定不要用模拟电压表检查氧传感器的电压，因为这类仪表会吸收较大的电流，以致损坏氧传感器。

5）在安装之前，氧传感器的螺纹表面应涂上防粘结剂，否则下次要拆除氧传感器会很困难。

7. 曲轴凸轮轴位置传感器的检测

曲轴位置传感器（CKP）用于检测曲轴转角信号（转速信号），是电控系统点火和燃油喷射的主控制信号；凸轮轴位置传感器（CMP）用于检测凸轮轴位置信号，是点火主控制信号。当发动机无法起动、怠速不稳或加速不良时，应检测曲轴位置传感器和凸轮轴位置传感器。曲轴位置传感器安装位置一般在分电器内、曲轴带轮后或飞轮旁。凸轮轴位置传感器一般安装在分电器内或凸轮轴前端。目前使用的曲轴位置传感器和凸轮轴位置传感器大都是磁感应式和霍尔效应式两种，光电式目前应用较少。

（1）磁感应式传感器的检测　桑塔纳时代超人轿车的曲轴位置传感器，SGM别克车的曲轴位置传感器（7X）和丰田公司生产的皇冠、雷克萨斯等车均采用磁感应式传感器。检测磁感应式传感器是否良好，应检查磁感应线圈阻值与交流信号电压。线圈阻值应符合厂家规定，各车型曲轴/凸轮轴位置传感器线圈电阻值见表3-4。

表3-4　各车型曲轴/凸轮轴位置传感器线圈电阻值

车型	曲轴位置传感器/Ω	凸轮轴位置传感器/Ω
丰田皇冠3.0	155～240（冷机）	155～190（冷机）
丰田雷克萨斯LS400	835～1400（冷机） 1060～1645（热机）	835～1400（冷机） 1060～1645（热机）
SGM别克	500～1500	
桑塔纳时代超人	480～1000	

磁感应线圈良好，但信号电压不一定良好，所以还应检测交流信号电压，交流信号电压随信号转子转速的增加而增大。用万用表检测磁感应式传感器信号，万用表档位应置交流电压20V档，脱开磁感应式传感器的插接器，用万用表两根表棒接触传感器的两个端子，起动时观察有无交流电压信号。丰田车（四缸）分电器内的曲轴位置传感器（NE）信号在怠速时约为0.77V，2000r/min时约为1.3V，凸轮轴位置传感器（G）信号在怠速时约为0.45V，2000r/min时约为1V。当分电器从发动机上拆下，用手快速转动分电器轴，也能测试信号电压，NE信号约为0.08V，G信号约为0.04V。

AJR型发动机转速传感器连接电路如图3-26所示。

观察发动机转速传感器的工作情况，可查看08功能读测量数据块03显示组发动机转速显示。

关闭点火开关，拔下发动机转速传感器插头（灰色插头），如图3-27所示。测量传感器插座上端子2和3之间的电阻，其电阻值应为480～1000Ω，否则应更换转速传感器。

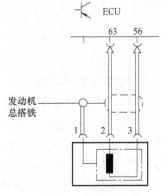

图3-26　AJR型发动机转速传感器连接电路

（2）霍尔效应式传感器的检测　霍尔效应式传感器信号是频率调制信号，其波形是方波，所以可用直流电压档检测平均电压，以判别霍尔效应式传感器有无信号输出。

桑塔纳时代超人车的凸轮轴位置传感器，SGM别克车的曲轴位置传感器（24X）、凸轮轴位置传感器均采用霍尔效应式传感器。克莱斯勒2.5L发动机上的曲轴位置传感器与凸轮轴位置传感器也是采用霍尔效应式传感器。

桑塔纳时代超人发动机凸轮轴位置传感器其电路如图3-28所示，霍尔效应式传感器发送第1缸点火位置，如果霍尔效应式传感器发生故障，爆燃控制关闭，点火提前角稍微推迟，避免产生爆燃。如果没有霍尔效应式传感器信号，发动机仍然将继续运行，并且能再次起动，这是因为在双火花点火系统中发动机每一转各缸产生1次火花，不是像通常情况每2转各缸产生1次火花。另外，由于没有霍尔效应式传感器信号，只是产生一转的偏差，对喷射来说影响不大。

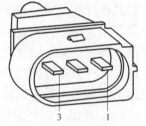

图3-27 曲轴位置传感器端子

不拔下霍尔效应式传感器插头，用测试灯从背面连接插头端子1和2（图3-29），接通起动机几秒钟，发动机每转2转测试灯必须闪一下，如果测试灯不闪，拔下霍尔效应式传感器插头，打开点火开关，测量插头端子1和3的电压（量程为20V电压档），标准值应为约5V；测量插头端子2和3的电压，电压标准值应接近蓄电池电压。如果测量值符合标准，更换霍尔效应式传感器；如果测量值不符合标准，应按图3-28所示检查霍尔效应式传感器与控制单元的电路是否有断路或短路。

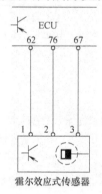

图3-28 桑塔纳时代超人发动机凸轮轴位置传感器其电路

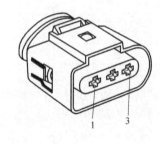

图3-29 霍尔效应式传感器插头端子

8. 爆燃传感器的检测（以桑塔纳AJR发动机为例）

爆燃传感器安装在发动机体、气缸盖或进气歧管上。为了更好地控制爆燃，许多发动机上安装两个爆燃传感器。当发动机爆燃时，缸体和缸盖会产生振动，爆燃传感器内有一个压电敏感元件，它把这种振动变成电压信号，输送给ECU，ECU接收到这一信号后，就会减小点火提前角，以消除爆燃。

桑塔纳2000GSi型发动机采用两爆燃传感器，分别安装在气缸体进气管侧第1、2缸和第3、4缸之间。当爆燃传感器发生故障时，发动机ECU能检测到故障信息，并能使发动机进入紧急状态下运行，此时各缸都相应推迟点火提前角约15°，发动机输入功率明显下降。爆燃传感器的连接电路如图3-30所示。

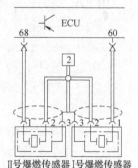

图3-30 爆燃传感器的连接电路

（1）爆燃传感器电阻的检测 点火开关置于OFF位置，拔下爆燃传感器导线插头，用万用表电阻档检测爆燃传感器的接线端子与外壳间的电阻，应为∞（不导通）；若为0（导通）则需更换爆燃传感器。

对于磁致伸缩式爆燃传感器，还可应用万用表电阻档检测线圈的电阻，其阻值应符合规定值（具体数据见具体车型维修手册），否则更换爆燃传感器。

（2）爆燃传感器输出信号的检查　拔下爆燃传感器的连接插头，在发动机怠速时用万用表电压档检查爆燃传感器的接线端子与搭铁间的电压，应有脉冲电压输出。若没有，应更换爆燃传感器。

9. 车速传感器的检测

车速传感器向 ECU 提供一个与车速有关的电压信号，ECU 通过这个信号来控制发动机怠速和减速的空燃比，并用于控制自动变速器变矩器的锁止、自动变速器的换档、发动机冷却风扇的开闭和巡航定速等。

当车速传感器有故障时，会引发离合器锁死、行驶时汽车不能正常换档和测速表不准确等。

检测车速传感器之前，应先把汽车升起，使驱动轮能自由转动。刺破传感器上的黄色导线，在传感器的信号线和搭铁线之间连上一个电压表，然后起动发动机。

让变速器处于驱动状态，使驱动轮转动。如果车速传感器的电压信号不大于 0.5V，则需更换传感器。如果传感器提供的电压符合要求，在 PCM 的 GD14 引脚处测量电压，如果电压大于 0.5V，那么问题可能出在 PCM 上。

当在这个引脚上测得的电压低于 0.5V 时，断开点火开关，拆下传感器 400 引脚与 PCM 间的导线，在这之间接一只万用表，表的电阻读数应为 0；在 401 与 GD13 之间的导线上测量，电阻也应为 0，否则应更换导线。

3.2.2　燃油供给系统的检测

燃油供给系统的作用是向气缸内供给燃烧所需要的汽油。燃油供给系统包括燃油箱、燃油泵、燃油压力调节器、燃油滤清器和喷油器等部件（车型不同，其燃油供给系统在结构上有差异）。检测发动机运转时燃油管路内的油压，可以判断电动燃油泵或油压调节器有无故障，燃油滤清器是否堵塞等。

1. 检测注意事项

在检修汽油供给系统时，应先注意以下事项切不可轻易大拆大卸，那样可能会造成新的故障。

（1）泄压方面　在拆卸燃油管道时，首先应泄压，防止大量汽油喷出。泄压的方法有以下几种：

1）从燃油滤清器的入口管接头处泄压。
①用吸油类物品（如棉纱、毛巾等）捂住接头螺母。
②旋松接头螺母，汽油被吸收后，安全放置吸油物品。
③重新接好管接头。

2）利用泄压单向阀泄压。许多美国车的供油管路上的油压检测孔兼有泄压的作用。泄压时用十字螺钉旋具压下孔内的单向阀，同时用棉纱等物品垫在检测孔处。

3）动态泄压（不适用于高级车），方法如下：
①在发动机运转时拆下油泵电插头，使发动机自行熄火。
②发动机熄火后再起动 1~2 次，确保完全泄压。

③点火开关置于 OFF，重新接好电插头。

4）用喷油器泄压。在发动机和燃油泵停止工作的情况下，人为地给喷油器供 12V 脉冲电压，喷油器喷油从而卸除压力。注意：这种泄压方法对三元催化转化器（TWC）不利。

5）用手动真空泵泄压。在油压调节器的真空管上连接一手动真空泵，利用真空泵提供的真空使油压调节器打开回油管路，汽油流回燃油箱。从节能和环保的角度来讲，这种方法最好。

（2）零部件的更换方面

1）当拆卸喷油器时，操作过程必须严格保持清洁，防止脏物、油垢掉入油管或进气歧管中。切勿重复使用 O 形密封圈。安装前，用汽油润滑 O 形密封圈，切不可使用机油、齿轮油或其他润滑油。

2）燃油软管夹头不可重复使用。

（3）装配方面

1）安装在油管中的燃油泵在燃油箱无油或拆离油管后，不得开动燃油泵，防止烧毁燃油泵。

2）检修后，应检查其是否有漏油现象。

2. 燃油压力的检测

在燃油喷射发动机中，燃油泵提供一定压力的燃油。燃油泵及其控制电路的故障将直接影响发动机的工作性能，该部分的故障在电控发动机故障中占据了较大的比例，因此对燃油泵及控制电路检测是十分重要的。油压检测包括系统油压检测和熄火后系统残余压力检测。

检测发动机运转时燃油管路内的油压可以判断油路有无故障。当检测燃油压力时，应准备一个量程为 1MPa 左右的油压表及专用的油管接头，按下列步骤检测燃油压力：

1）将燃油系统卸压，拆下蓄电池负极电缆线。

2）拆除喷油器油管接头螺栓，将油压表和油管一起安装在发动机喷油器油管接头上，如图 3-31a 所示；油压表也可以安装在燃油滤清器油管接头、分配油管进油接头，或用三通接头在燃油管道上便于安装和观察的任何部位，如图 3-31b 所示。

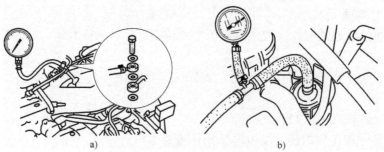

图 3-31　油压表的安装

3）重新装上蓄电池负极电缆线。

4）测量燃油系统的静态油压。

起动发动机，使之怠速运转，或用一跨接导线将电动燃油泵的两个检测插孔短接，打开点火开关（不要起动发动机），让燃油泵运转。观察表上的油压值，应符合规定值，若油压过高，应检查油压调节器；若油压过低，应检查电动燃油泵、燃油滤清器和油压调节器。

5）测量燃油系统的保持压力。测量静态油压结束后，过5min再观察油压表指示的油压（此时的压力称为燃油系统保持压力），其值应不低于规定值（如147kPa）。若油压过低，应进一步检查电动燃油泵保持压力、油压调节器保持压力及喷射器有无泄漏。

6）发动机运转时燃油压力的测量。起动发动机，让发动机怠速运转，测量此时的燃油压力，如图3-32a所示；缓慢开大节气门，测量在节气门接近全开时的燃油压力；拔下油压调节器上的真空软管，并用手堵住，如图3-32b所示，让发动机怠速运转，测量此时的燃油压力。该压力和节气门全开时的燃油压力基本相等，若测得的油压过高，应检查油压调节器及其真空软管；若测得的压油过低，则应检查电动燃油泵、燃油滤清器及油压调节器。

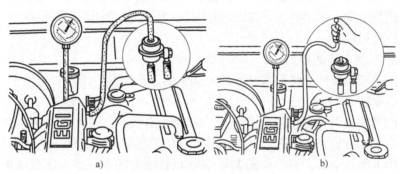

图3-32 燃油压力的测量
a）怠速及节气门全开时的燃油压力
b）拔下油压调节器真空软管后的燃油压力

7）电动燃油泵最大压力和保持压力的测量。将油压表接在燃油管路上，并将出油口堵住，如图3-33所示。用一根跨接线将电动燃油泵的两个检测插孔短接，打开点火开关，持续10s左右（不要起动发动机），使电动燃油泵工作，同时读出油压表的压力，该压力称为电动燃油泵的最大压力，它应当比发动机运转时燃油压力高200~300kPa，通常可达490~640MPa。如不符合标准值，应更换电动燃油泵。关闭点火开关5min后再观察油压表压力，此时的压力称为电动燃油泵的保持压力，其值应大于340kPa，如不符合标准值，应更换电动燃油泵。

8）油压调节器工作状况的检查。如前述方法，测量发动机运转时的燃油压力，然后拔下油压调节器上的真空软管，并检查燃油压力，此时的燃油压力应比发动机怠速运转时的燃油压力高50kPa左右，如果压力变化不符合要求，即说明油压调节器工作不良，应更换。

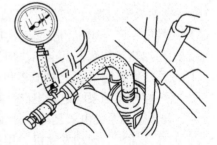

图3-33 电动燃油泵最大压力的测量

9）油压调节器保持压力的测量。当燃油系统保持压力不符合标准值时，应做此项检查，以便找出故障原因，其检查方法如下：

将油压表接入燃油管路，用一根短导线将电动燃油泵的两个检测插孔短接，打开点火开关，并保持10s，让电动燃油泵运转，然后关闭点火开关，拔去检测插孔上的短接导线，用包上软布的钳子将油压调节器的回油管夹紧，使回路停止回油，5min后观察燃油压力，该压力称为油压调节器保持压力。如果该压力仍然低于燃油系统保持压力的标准值，说明燃油系统保持压力过低的故障不在油压调节器；相反若此时压力大于标准值，则说明油压调节器有泄漏，应更换。

10）在测量燃油系统怠速运转时的压力时，夹住油压调节器回油管，使回路停止回油，此时油压表的指示压力应比没有夹住回油管时高2~3倍，否则说明燃油泵泵油不足。将各缸喷油器电线插头拔下，接通点火开关并连续起动15s，观察油压表指示压力，待30s后，再次观察油压表的指示压力，其值不应回落；若油压值明显回落，则重新起动15s，然后夹住油压调节器的回油管；若30s后油压不回落，则为油压调节器泄漏。如果夹住油压调节器回油管，油压仍然下降，则夹住油压调节器的进油口，如此时油压不再回落，则为燃油泵单向阀不良，应更换燃油泵。

3. 燃油泵及控制电路的检测

燃油泵及其控制电路的故障将直接影响发动机的工作性能，因此对燃油泵及其控制电路的检测是十分必要的。

燃油泵的控制电路因车型不同而异，有"燃油泵开关控制型""燃油泵ECU控制型""电阻器式"和"燃油泵驱动模块式"等。在诊断故障之前一定要分清楚燃油泵控制电路的类型。控制的类型虽然不同，但诊断的基本方法和思路大同小异。下面以AJR发动机燃油泵控制电路（图3-34）为例介绍检测方法。

（1）燃油泵电路的检查　接通点火开关，应该能够听到燃油泵起动的声音，若用手指捏住输油管应能感到油压。测试燃油泵工作状况时应保证蓄电池电压正常，燃油泵熔丝正常，燃油滤清器正常。

1）接通点火开关。应该能够听到燃油泵起动的声音。

2）如果汽油泵没有起动，应关闭点火开关，从中央电路板上拔下燃油泵继电器，使用插头导线V.A.G1348/3-2将遥控器V.A.G1348/3A接到燃油泵继电器的触点和蓄电池正极端子上，起动发动机。如果燃油泵工作，应检查燃油泵继电器。

3）燃油泵继电器（J17）在中央电器继电器板2号位（图3-35），燃油泵继电器熔丝在熔丝盒5号位，S5=10A。燃油泵继电器控制着燃油泵、喷油器、空气质量传感器、活性炭罐电磁阀和加热氧传感器的电压供应。检查前应确保蓄电池电压正常，燃油泵继电器熔丝正常。用测试线短接测试盒上端子2和4（图3-36），接通点火开关，燃油泵继电器必须有动作声，否则检查燃油泵继电器电路，如果电路正常，更换燃油泵继电器。

4）如果燃油泵继电器良好，燃油泵仍然不工作，打开行李箱饰板，从密封凸缘拔下三个端子的导线插头。起动发动机，用万用表测量导线上端子1和端子3之间的电压，如图3-37所示。电压的额定值约为蓄电池的电压（12V左右）。

如果电压额定值没有达到，则根据电路图查找并消除电路中的断路故障；如果达到了额定值，旋下密封凸缘紧固大螺母，检查密封凸缘和燃油泵之间的导线是否有断路故障，如图3-38所示。如果没有发现断路情况，说明燃油泵有故障，应更换燃油泵。

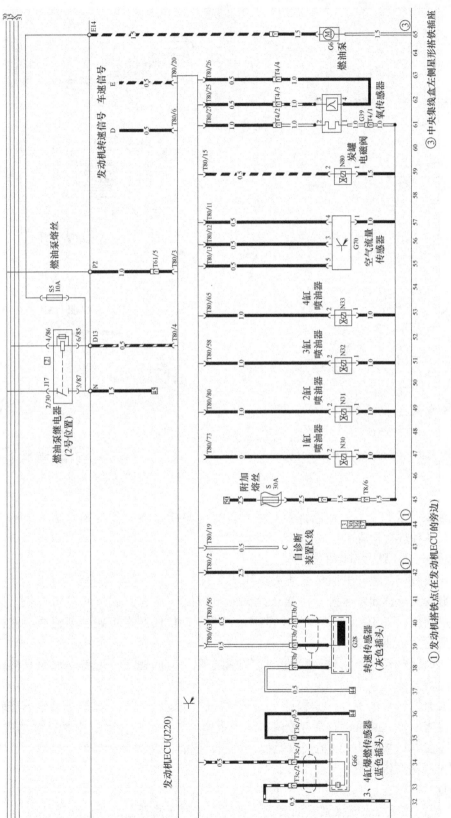

图 3-34 AJR 发动机燃油泵控制电路（部分）

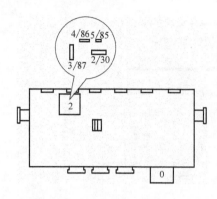

图 3-35　燃油泵继电器（J17）在中央电器继电器板 2 号位

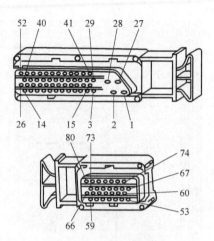

图 3-36　测试盒端子图

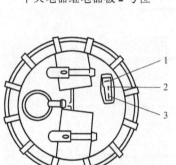

图 3-37　燃油泵线束插头

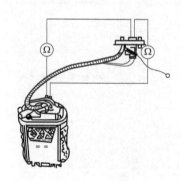

图 3-38　检查密封凸缘与燃油泵导线是否有断路故障

（2）燃油泵的检验　如果线路连接正常，而燃油泵就是不工作，则应从车上拆下燃油泵，对燃油泵单独进行检查。

1）燃油泵电动机线圈电阻的检测。

①点火开关 OFF，脱开燃油泵电插头。

②用欧姆表测量燃油泵插接器两端子之间的电阻值（注意测试时间不可过长，以免烧坏线圈），一般为 $0.5 \sim 3\Omega$。如不在规定范围，说明电动机线圈有短路、断路或电刷接触不良的故障，则更换燃油泵总成。

2）燃油泵工作情况检测。当确认燃油泵线圈电阻没有问题后，可将燃油泵直接接在蓄电池上进行运转试验。

给燃油泵加上 12V 电源（注意极性），检查燃油泵的运转情况。如果燃油泵不能转动或转动缓慢、转速不匀，说明燃油泵有故障，应予更换。如不正常，则更换燃油泵总成。（注意：本试验应在 10s 内完成，以免烧毁燃油泵线圈，同时使燃油泵远离蓄电池。）

（3）测量燃油泵供油量

1）关闭点火开关。

2）泄压后，将压力表连接到输油管上。将软管接到回油管上，并伸到量杯内。

3）使用插头导线短接燃油泵继电器的触点和蓄电池正极端子，使燃油泵运转建立系统油压后断电。

4）倒空量杯。

5）接通燃油泵，使之运转。测量规定时间内的泵油量，与规定值进行比较，如果没有达到最低的输油量，故障原因可能为输油管弯曲或阻塞、燃油滤清器阻塞和燃油泵故障等。

4. 喷油器的检测

当喷油器发生堵塞、发卡和滴漏时，ECU 不能检测到，必须人工检查和排除。如果有一个喷油器不工作，发动机可能会产生起动困难、怠速不稳或加速不良、动力差等现象。当喷油器控制电路短路或断路时，ECU 能检测到，使用故障检测仪可对喷油器进行测试。

（1）喷油器的就车检查 在发动机怠速运转时，用听诊器来检查喷油器是否能听到有节奏的"嗒嗒"声，或用手触摸喷油器能否感受到喷油的脉动。如不正常，则检查喷油器或 ECU 输出的喷油信号。

如果喷油器难以接近，可以用断火的方法来检查。检查时动作要快，否则长时间断缸将加速 TWC 的失效。

（2）喷油器线圈阻值的检测

1）关闭点火开关，拔下喷油器插接器。

2）用万用表测量喷油器两接线柱的电阻值，其值应在 13～18Ω（高阻型）或 3～5Ω（低阻型）范围内。如超出范围，则更换，如图 3-39 所示。

（3）拆下喷油器检测（喷油量、雾化情况和泄漏的检查）

方法一（以丰田车为例）：断开点火开关，拆下蓄电池搭铁线；将进油管与分油管拆开，装上丰

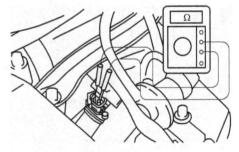

图 3-39 喷油器电阻万用表检测

田专用的软管连接头和检查用的软管，连接头和油管旋紧；把喷油器、压力调节器和油管用连接头和连接卡夹连接好，如图 3-40 所示。将喷油器喷口置入量筒中；用连接线把连接插头中 +B 与 FP 端子连接起来，重新装上蓄电池搭铁线。

接通电源 15s，检查喷油器喷油雾化情况，用量筒测出喷油量，如图 3-41 所示。每个喷油器测 2～3 次，标准喷油量 70～80mL/15s，各喷油器允许误差 9mL。

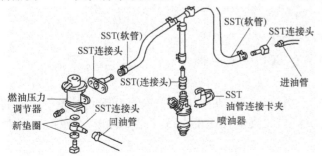

图 3-40 安装喷油器测试部件

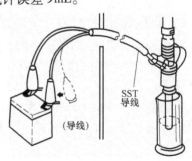

图 3-41 测试喷油量

停止喷油后检查喷油器喷口处有无漏油，每分钟漏油不允许多于一滴。

方法二：将各喷油器拆下全部放置在超声波喷油器清洗机上，直接观测喷油状况和喷油量，如图 3-42 所示。

方法三：有的气动式或电动式燃油喷射清洗机有专门检测单个喷油器喷油情况的油管、接头或喷油脉冲发生器。将单个喷油器安装在清洗机（图 3-43）的出油管上，喷油器插座接上喷油脉冲发生器的控制线插头，调节清洗机输出油压，观察喷油状况和是否有漏油。

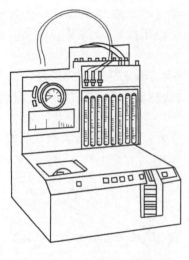

图 3-42　超声波清洗仪测量

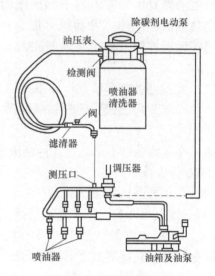

图 3-43　清洗机的结构

（4）喷油器电路的检查（以桑塔纳 AJR 发动机为例）　AJR 发动机的喷油器控制电路如图 3-44 所示。

1）检查电源。

①将点火开关置于 OFF 位，脱开喷油器电插头。

②将点火开关置于 ON 位，将电压表的负表笔搭铁，正表笔先后测量线束电插头的两个端子，其中的一个端子应有 12V 电压。否则应检查端子 1 到附加熔丝 S 间的电路有无断路或接触不良。

2）检查 ECU 控制端。喷油器是脉冲式的功率元件，为了避免损坏 ECU 中的电子电路，在 ECU 插接器上设有专门的引脚搭铁，已自成回路。因此还应检查 ECU 中喷油器的搭铁是否良好。

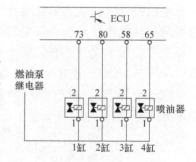

图 3-44　AJR 发动机的喷油器控制电路

①自制一个串联有 330Ω 左右电阻的二极管试灯，在点火开关置于 OFF 位的情况下，将试灯的正极与蓄电池正极相连，试灯的负极与线束电插头的 ECU 控制端相连，如图 3-45 所示。

②接通起动机，试灯应闪烁，否则应检查喷油器电插头的控制端到 ECU 之间的电路及连接情况。

③如果所有缸喷油器电插头上的试灯都不亮，则检查与喷油控制相关的传感器输入信号（如曲轴和凸轮轴位置传感器）。

④如检查部分喷油器时试灯未闪亮，则在检查完该喷油器的控制端连接情况后，检查控制ECU中的功率晶体管（在此可以做一个试验来判断是否有喷油信号：拆下喷油器控制端至ECU的导线，人工脉冲搭铁使喷油器喷油。但装复后用起动机起动时，喷油器不喷油，则说明ECU没有输出喷油信号）。

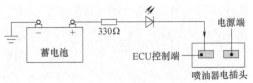

图3-45 喷油器控制端检测

⑤拆下ECU，开盖检查晶体管的工作情况是否正常。

⑥如果晶体管良好，则说明ECU有故障。

5. 油压调节器检测

油压调节器一般安装在分油管的末端。油压调节器的作用是调节燃油供给系统油压，保持喷油器内与进气歧管内的压力差为一个恒定值。油压调节器检测如下：

1）泄放燃油压力，将燃油压力表接在进油管中。

2）打开燃油压力表，起动发动机。

①怠速运转时：标准压力为（250±20）kPa。拔下油压调节器下的真空管，这时油压应在（300±20）kPa范围内。

②加速时：油压应在280~300kPa范围内。

3）发动机熄火10min后，燃油保持压力应不小于150kPa。

4）如果燃油保持压力小于150kPa，起动发动机并怠速运转。

5）一般燃油系统油压过高、过低、不稳或残压保持不住都与油压调节器有关。

判断油压调节器是否良好可用如下方法：

当系统油压过高时，首先对系统卸压，拆下油压调节器上的回油管，套上准许的容器，接通点火开关或起动一下发动机，观看油压调节器回油管，如回油少或没有回油，则油压调节器不良，应更换。

当系统油压过低时，首先起动发动机怠速运行，夹住回油软管，如油压立即上升至400kPa以上，则说明油压调节器不良，应更换。注意不要使系统油压高于450kPa以上，否则容易损坏油压调节器。

起动发动机怠速运行，拔去油压调节器上的真空管，油压应上升50kPa左右，如不符合，则说明油压调节器不良，应更换。油压调节器内的膜片损坏，应更换油压调节器。

3.2.3 空气供给系统的检测

空气供给系统的作用是根据发动机运行工况提供适量的空气，并根据ECU的指令完成空气量的调节。

1. 传感器的检测

空气流量传感器信号弱的原因，除了空气流量传感器本身的故障，进气系统故障也会造成空气流量传感器信号弱。常见的进气系统故障原因有空气流量传感器滤网堵塞，空气滤清器脏堵或被吸入的杂物堵塞，空气流量传感器后方进气管路有漏气，进气管积炭，节气门体积炭、怠速空气通道积炭、怠速控制阀不灵、发动机气缸压缩压力低、排气管（主要是三元催化转化器）堵塞、废气再循环（EGR）控制系统漏气、曲轴箱通风阀有故障等。

进气歧管压力传感器信号取决于进气歧管内的压力（真空），所有进气压力传感器信号偏离标准值的原因，除了进气压力传感器本身故障外，还与进气歧管真空度有关，所以必须检查发动机真空度，如真空度不正常，则应检查影响真空度的原因。

节气门位置传感器监测节气门开度，节气门位置传感器信号偏离正常值，除了节气门位置传感器本身故障外，常见的故障原因有安装位置不正确、节气门卡滞、节气门拉索过紧或过松、节气门限位高速螺钉不当等。

上述各种传感器的具体检测方法详见前述。

2. 怠速控制阀的检测

在汽车使用中，发动机怠速运转的时间约占30%，怠速转速的高低直接影响燃油消耗和排放污染。怠速控制的实质就是控制怠速时的空气吸入量，所以也将怠速系统称为空气控制系统（Idle Air Control system，IAC），ECU根据发动机工作温度和负荷，自动控制怠速工况下的空气供给量，维持发动机的稳定运转。

怠速空气量控制方式有两种：一种是怠速时节气门关闭，空气由怠速空气旁通道通过，怠速空气旁通道开启截面由怠速控制器控制；另一种没有怠速空气旁通道，怠速空气量由节气门控制部件直接控制节气门的开度。

（1）节气门直动式怠速控制机构的检测　节气门直动式怠速控制机构是通过节气门体怠速稳定控制器，控制节气门的开启来实现怠速稳定控制的，它没有怠速空气旁通道。怠速稳定控制器由一个直流电动机通过齿轮传动，控制节气门开启。桑塔纳2000GSi、捷达GT等车，采用了节气门直动式怠速控制执行机构，由节气门组件J338对怠速进行综合控制。节气门控制组件的电路原理前面已有详细说明，下面介绍其节气门电动机的检测方法。

检查怠速控制电动机绕组的电阻。将点火开关置于OFF位，拔下节气门控制组件电插头。测量怠速控制电动机绕组的电阻，其阻值应符合要求，否则应更换节气门控制组件。

检查供电电压。将点火开关置于OFF位，脱开节气门控制组件电插头。将点火开关置于ON位，测量线束插头1和2端子之间的电压，应达到规定标准。

（2）步进电动机式怠速控制阀的检修　旁通空气式怠速控制阀的种类较多，目前主要使用的有步进电动机型和旋转电磁阀型等。步进电动机（以丰田车系为例）的检测方法如下：

1）就车检查。当发动机熄火时，步进电动机会发出"咔嗒"的响声，使阀门开度退到最大开度位置。如果听不到复位时的"咔嗒"响声，应对步进电动机进行检查。

2）检查怠速控制阀的电阻。将点火开关置于OFF位，脱开步进电动机电插头，测量各相定子绕组的阻值（B1-S1、B1-S3、B2-S2、B2-S4），均应符合规定（10~30Ω），否则更换步进电动机。

3）步进电动机工作情况检查。从节气门体上拆下步进电动机，将其电插头的B1和B2端子与蓄电池正极连接，将端子S1、S2、S3、S4依次与蓄电池负极连接，此时步进电动机应转动，阀芯伸出，如图3-46所示。若按S4、S3、S2、S1的顺序与蓄电池负极连接，步进电动机应反向转动，阀芯缩回。

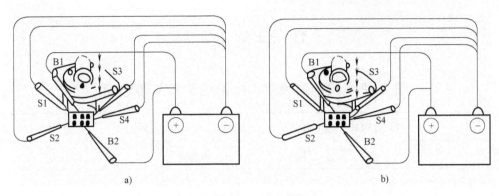

图 3-46 步进电动机型怠速控制阀工作情况检查
a) 接蓄电池正极　b) 接蓄电池负极

任务实施

以发动机电控燃油喷射系统的故障诊断为任务，采用行动导向教学法，引导学生按照汽车维修工作过程（资讯、决策、计划、实施、检查、评估）检测并排除故障，在此过程中学习相关理论知识，掌握发动机电控燃油喷射系统的故障诊断方法。

任务工单 3.2

发动机电控燃油喷射系统的检测与故障诊断

工作任务	发动机电控燃油喷射系统的检测与故障诊断					学时	8
姓名		学号		班级		日期	

1. 咨询

（1）车辆信息

车型		生产年代		制造厂	
车辆识别码			发动机型号		

（2）故障描述

（3）相关问题
①描述发动机电控燃油喷射系统的组成及工作原理。

②结合具体电控发动机描述电控燃油喷射系统的传感器、ECU 和执行器的作用和工作原理。

2. 决策
提出诊断排除故障的方案：

3. 计划

人员分配	
时间安排	
工作步骤	
设备和工具	

（续）

4. 实施
典型电控燃油喷射系统的故障诊断思路及步骤：

5. 检查部件

检查部位	检查方法	检查结果	修复措施
主要传感器检测			
燃油泵及工作电路检测			
喷油器及电路检测			
线路检测			
其他			

典型故障小试牛刀

故障现象	诊断思路步骤	故障点

6. 检查
检查汽车修复质量及汽车性能：

7. 评估

考评项目		自我评估	组长评估	教师评估	备注
素质考评 10	劳动纪律 5				
	环保意识 5				
工单考评 20					
实操考评 40	工具使用 5				
	任务方案 10				
	实施过程 20				
	完成情况 5				
	其他				
合计 70					
综合评价 70					

组长签字：　　　　　　　　　　教师签字：

任务3.3 点火系统的检测与故障诊断

任务要求

1. 通过学习，掌握发动机点火系统典型参数的检测方法。
2. 通过学习，掌握发动机点火系统主要部件的检测方法。
3. 通过学习，了解发动机点火系统常见故障的原因及诊断排除方法。
4. 通过新技术的引导，激发学生学习专业课的兴趣。

任务描述

发动机点火系统是精确控制汽油机点火时刻和能量的系统，当点火系统出现故障时，会导致发动机无法起动或者运转性能异常，只有运用先进诊断设备通过对相关参数和点火系统部件进行科学诊断，并结合理论知识进行严谨的分析，才能快速地找到故障并排除。

相关知识

汽油发动机在运行过程中出现故障，大多数都是由燃油供给系统和点火系统引起的。一般情况下发动机在运转中突然熄火并发动不着，多为点火系统故障；发动机在运转过程中逐渐熄火，多为燃油供给系统故障。

在汽油发动机各系统中点火系统对发动机性能的影响最大，统计数字表明：汽油机有将近一半的故障是因为电气系统工作不良而引起的，在点火系统的故障中，主要的故障有无火、缺火、乱火、火花弱及点火正时失准等。这些故障将会造成发动机不能起动或发动机工作不正常。

3.3.1 点火系统的常见波形

1. 直列波

在进行测试时，先将示波器的信号线和电源线接好，打开示波器电源，调整示波器的上下、左右旋钮，使屏幕上的光点位于屏幕的中央，然后起动发动机，使发动机的转速保持在1500r/min。调整各旋钮，使各气缸直列波形显示在坐标刻度内。

当发动机工作时，其次级电压的波形即为直列波，调整示波器的左右旋钮，使要观察某一缸的波形位于屏幕标线的适当位置，此时屏幕上所显示的波形即为单缸直列波，其波形如图3-47所示。此波形反映了点火系统次级电压在点火工作过程中各个阶段的变化情况。波形各阶段的含义如下：

OA 段：为断电器触点闭合，初级电流增长的阶段。E 点为触点闭合的瞬间，因触

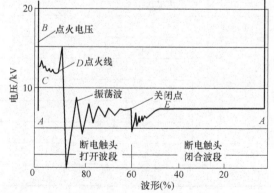

图3-47 单缸直列波正常波形

点闭合时初级电流的突然增加，在次级绕组中会出现一个小而向下的振荡波形（第二次振荡），随着初级电流变化率的减小，次级电压即成为一条水平线。

AB 段：为触点断开、次级电压上升的阶段。A 点为触点断开的瞬间，AB 垂线表示点火线圈所产生的击穿电压。

BC 段：为电容放电阶段的电压。

CD 段：为电感放电阶段的电压。在电感放电的同时，伴随有高频振荡波的发射。

DE 段：为火花消失后剩余能量所维持的低频振荡波（第一次振荡）。

2. 无触点点火系统波形

图 3-48 所示为无触点的电子点火系统的正常点火波形，与有触点者相比，因其初级电路的通断不是机械触点的合与开，而是晶体管的导通持续期内初级电压没有明显的振荡，而充磁过程中因限流作用电压有所提高，这一变动因点火线圈的感应引起次级电压线相应的波动（图 3-48 中点 2 所示），这是无触点点火波形的正常现象，检测时需注意这一点。

3. 无分电器点火系统波形

无分电器点火系统中两缸共用一个点火线圈将会发生一个缸在循环中点火两次，一次在压缩过程末期，如图 3-49a 所示，是有效点火，该工况下因气缸的充量为新鲜可燃混合气的电离程度低，因此击穿电压和火花电压较高；另一次是在排气过程末期，如图 3-49b 所示，是无效点火，该工况下因气缸为燃烧废气，电离程度较高，因为击穿电压及火花电压较低，检测时应加以区分。

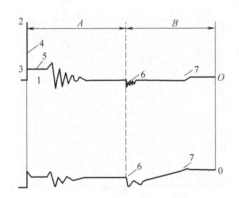

图 3-48 无触点的电子点火系统的正常点火波形

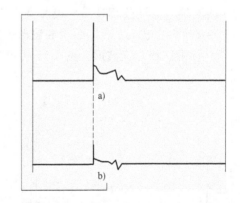

图 3-49 无分电器式点火系统的两次点火过程
a）做功过程点火波形 b）排气过程点火波形

4. 点火波形的各种组合

当气缸点火波形采集完成后，检测分析仪采集系统计算机软件将捕捉的点火波形进行不同类别的排列与组合，以供检测人员快捷而准确地判断故障的成因。

（1）平列波 按点火次序将各缸点火波形首尾相连排成一字开来，称为平列波，图 3-50 所示为一四缸发动机的平列波形，其作用主要用以分析次级电压的故障，各缸次级击穿电压是否均衡，火花电压是否均衡，火花电压是否有差异，在平列波图上一目了然。

（2）并列波 如将各缸的点火波形始点对齐而由上至下按点火次序排列而形成的波形称为并列波，图 3-51 所示为一个四缸发动机的初级电压并列波形。这一波形图可以看到各缸的全貌，分析各缸闭合角和开启角以及各缸火花塞的工作状态十分方便，如使用 TDC（凸轮轴）传感器或频闪灯将上止点信号标于一缸电压波形上，则可以检测到点火提前角。

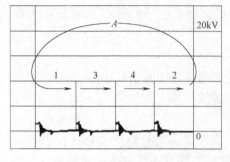

图 3-50　四缸发动机的平列波形

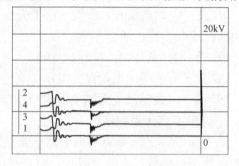

图 3-51　一个四缸发动机的初级电压并列波形

（3）重叠波　将各缸的点火波形起始点对齐，全部重叠在一个水平位置上称为重叠波，如图 3-52 所示。如果触点式点火系统的分电器凸轮磨损不均匀或凸轮轴磨损严重将会造成波形重叠不良，一般重叠角不能超过周期的 5%。

3.3.2　点火系统的常见波形分析

1. 次级点火波形的分析

发动机的点火线圈由两部分的线圈组成：低压部分的初级线圈和高压部分的次级线圈。当初级线圈的电流被截断时，初级线圈会产生 200~300V 的电压，而在次级线圈上将产生高达 15~20kV 的电压，所以两者的波形有所不同。

（1）标准次级点火波形　图 3-53 所示为单缸标准次级点火波形。

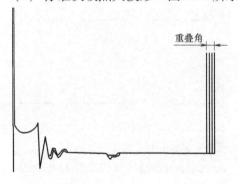

图 3-52　次级电压重叠波形

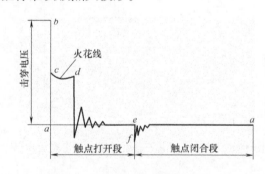

图 3-53　单缸标准次级点火波形

图中，标准波形上的各点意义如下：

a 点：断电器的触点断开或电子点火器晶体管没有导通，点火线圈初级突然断电，使次级电压急剧上升。

ab 段：为火花塞的击穿电压，即在断电器打开的瞬间，由于初级电流下降至零，磁通也迅速减小，于是次级产生的高压急剧上升，当次级电压还没有达到最大值时，就将火花塞的间隙击穿，所以 ab 段也称为点火线。

bc 段：当火花塞的间隙被击穿时，两电极之间要出现火花放电，同时次级电压骤然下降，bc 段为此时的放电电压。

cd 段：火花塞电极间隙被击穿后，通过电极间隙的电流迅速增加，致使两极间隙中的可燃气体粒子发生电离，引起火花放电。cd 的高度表示火花放电的电压，cd 的宽度表示火花放电的持续时间。cd 段被称为火花线。

在火花间隙被击穿的同时，储存在次级电容 C_2（指分布电容，即点火线圈匝间、火花塞中心电极与侧电极间、高压导线与机体间等所具有的电容量总和）的能量迅速释放，故 abc 段被称为电容放电。其特点是放电时间极短（1μs），放电电流很大（可达几十安），所以 a、c 两点基本是在同一条垂直线上。而电容放电时，伴有迅速消失的高频振荡，频率约为 $10^6 \sim 10^7$ Hz。但电容放电只消耗磁场能的一部分，其余磁场能所维持的放电称为"电感放电"，其特点是放电电压低，放电电流小，持续时间长，但振荡频率仍然较高，所以整个 $abcd$ 段波形称为高频振荡。

de 段：当保持火花塞持续放电的能量消耗完毕，电火花消失，点火线圈和电容器中的残余能量在线路中维持一段衰减振荡。这段振荡也称为第一次振荡。

ef 点：断电器触点闭合或电子点火器晶体管导通，是点火线圈初级突然闭合，初级电流开始增加，引起次级电压突然增大。值得注意的是：在 a 点，初级电流是急剧减小的，而在 e 点电流是逐渐增加的，所以这两点感应次级电压的方向相反，而且大小也不相同。

fa 段：触点闭合后，因初级电流接通而引起回路电压出现衰减振荡，称为第二次振荡，逐渐变化到零。当至 a 点时，触点又打开，次级电路又产生点火电压。

整个波形中，从 $a \sim e$ 点，对应于初级电流不导通、次级线圈放电阶段，对于传统点火系统为断电器触点张开阶段，即触点打开段；从 $e \sim a$ 点对应于初级电流导通、线圈储能阶段，也是传统点火系统的触点闭合时间，即触点闭合段。打开段加上闭合段等于一个完整的点火循环。

（2）分析次级点火波形的要点

①观察 efa 段，即点火线圈在开始充电时，波形的下降沿是否与标准波形一致：如果一致，表明闭合角正常，点火正时准确；如果不一致，表明闭合角出现问题，即电容器、点火线圈和断电器触点出现故障。

②观察 ab 段，即点火线。主要看点火线的高度是否符合该车技术参数，点火线的中后段是否有杂音。一般汽车在怠速时，次级点火电压为 10～15kV。如果点火电压过高，表明在次级电路中存在着高电阻，如火花塞、高压线断路或损坏，火花塞的电极间隙过大。如果点火电压过低，表明次级电路的电阻低于正常值，如火花塞污蚀或损坏，火花塞、高压线漏电等。

③观察 cd 段，即火花线是否近似水平，火花线的起点是否和火花放电电压一致且稳定，以及火花线是否有杂波。如果火花线近似水平，火花线的起点和火花放电电压一致且稳定，表明各缸的空燃比一致，火花塞是正常的。如果火花线的起点比正常火花放电电压低一些，说明混合比过稀；如果火花塞有污蚀或积炭，火花线的起点会上下跳动且火花线明显倾斜；如果火花线有过多的杂波，表明气缸点火不良，其为点火过早、喷油器损坏、火花塞污蚀或其他原因。

④观察 cd 段的宽度，即看火花线的火花放电持续时间是否符合该车的技术参数。火花放电持续时间表明气缸内混合气的浓与稀。火花放电持续时间过长（通常超过 2ms）表示混

合气过浓；相反，火花放电持续时间过短（通常少于 0.75 ms）表示混合气过稀。

⑤观察 efa 段的低频振荡，点火线圈振荡波最少为两个，最好多于三个，这表明点火线圈和电容器的工作正常。

2. 不同气缸次级点火电压波形的对比分析

在测试平列波时，正常情况下各缸击穿电压约为 10～20kV，各缸差别不超过 2kV，为了初步检测电压电路，简单易行的方法是首先逐个将各缸火花塞搭铁，第三缸火花塞短路的平列波如图 3-54 所示。正常情况下第三缸击穿电压应不小于 5kV，否则说明该缸高压系统搭铁或绝缘不良。

如果将第三缸的高压线取下使之断路，正常情况下该缸击穿电压应超过 10kV，如图 3-55 所示，如果明显高于这一值，则表明高压系统元件如高压线、点火线圈有断路现象，有时低压系统电容器严重漏电也会出现这一情况。

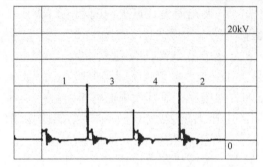
图 3-54　第三缸火花塞短路的平列波

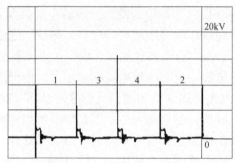
图 3-55　第三缸高压断路平列波

上面分析的初级故障波形必将在次级上有所反映。另外，二次波形还受火花塞、燃烧过程、混合气成分、发动机热状态和点火线圈等的影响，情况较为复杂。以下列举出大量实测的二次故障波形，因导致故障的因素是多方面的，如图 3-56 所示，故障解释只是故障成因的主要侧面。

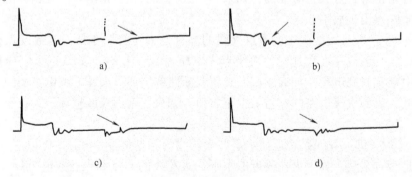
图 3-56　故障波形
a）低压搭铁不良　b）触点燃蚀或点火线圈　c）低压电路接触不良
d）触点弹簧太弱引起触点

3. 初级点火波形分析

（1）标准初级点火波形　标准初级点火波形如图 3-57 所示。

ab 段：为触点打开时，初级线圈上初级电压的迅速增长，而这时次级线圈的电压也迅速增长，当次级电压达到击穿电压的时候，两电压之和就可以击穿火花塞的电极间隙。

bc 段：当火花塞的电极间隙被击穿时，两电极之间要出现火花放电，使次级电压骤然下降，而由于点火线圈初级和次级之间的变压器效应，初级电压也迅速下降。

abc 段：当火花塞两电极间出现火花放电时，会伴随出现高频振荡，由于点火线圈初级和次级之间的变压器效应，初级波形中也会出现，也就是 *abc* 段，所以 *abc* 段称为高频振荡波形。

cd 段：在火花塞放电的持续时间里，初级线圈的电压变化，也反映了火花塞的火花放电持续时间。

de 段：当次级火花放电完毕时，点火线圈和电容器中的残余能量要继续释放，初级电路中出现低频振荡波形。*de* 振荡终了时为一段直线，高于基线的距离表示施加于初级电路上触点两端的电压，而触点在 *e* 点闭合。

fa 段：当触点闭合后，初级电压几乎降为零，显示如一条直线，一直延续到触点的下一次打开。

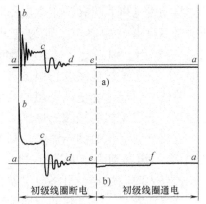

图 3-57 标准初级点火波形
a) 传统点火 b) 电子点火系统

（2）初级电压点火故障波形

1）初级电压波形在火花后期的衰减振荡明显减少，幅值变低，一般是与触点并联的电容漏电所致，如图 3-58 所示。

2）图 3-59 所示为电子点火系统的低压故障波形，与正常的波形比较，在充磁阶段（即 *ea* 段）的电压没有上升，其故障原因是电路的限流作用失效。当这一波形严重失常时，只能逐个检查点火线圈、点火器、点火信号发生器和凸轮轴位置传感器等的元件或模块。

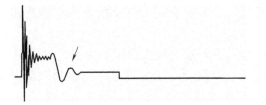

图 3-58 电容漏电波形图

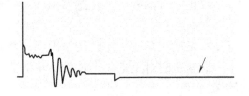

图 3-59 电子点火系统的低压故障波形

3.3.3 点火正时的检测

从点火开始到活塞到达上止点，曲轴转过的角度叫作点火提前角。调整正确的点火时刻叫作"点火正时"。点火正时对发动机的性能影响很大。最佳的点火提前角并非定值，它随转速、负荷及汽油辛烷值等因素的改变而变化，在传统点火系统和一般的电子点火系统中，点火提前角随转速的变化是通过分电器中的离心提前装置控制的；而随负荷的变化是由真空提前装置调节的。在无分电器计算机控制电子点火系统中，转速和负荷提前量是由计算机根据发动机转速传感器、节气门位置传感器、进气真空度、凸轮轴位置和冷却液温度等信号，从预先储存的数据中选取最佳的点火提前角,再向电子点火器发出指令控制点火线圈点火。

1. 点火正时的经验检查法

起动发动机并运转到正常工作状态,进行无负荷加速试验。当猛踩加速踏板时,发动机若加速不良并有爆燃声,则为点火过早,若发动机加速不良且声音发闷,甚至排气管有"突、突"声,则为点火过迟。无负荷加速试验不太准确,若要准确检查,应在底盘测功机上加上一定负荷试验或进行路试。

路试时,应选择坚硬平坦的路面,将全车运转至正常热状态后,高档位低速行驶,突然急加速,若发动机有轻微的爆燃声且随着车速的提高逐渐消失,则点火时刻正常,若爆燃强烈,且在高速下长时间不消失,则为点火时间过早;若无爆燃声但加速困难,甚至排气管有"突、突"声,则为点火时间过晚。

若点火时间过早,可将分电器壳顺着分火头旋转方向旋转调整;若点火时间过晚,可将分电器壳逆着分火头旋转的方向旋转调整结合路试反复调整直至加速正常。

2. 用闪光正时灯检测

用闪光正时灯检测点火正时的方法简单、准确,所以其在汽车检测维修中应用普遍。

点火正时灯是一种频率闪光灯,可以按照给定的信号频率同步闪光。一般在发动机的旋转部件(齿轮或飞轮)上,刻有正时记号,在相邻的固定机壳上也有一个标记。当曲轴转到两个标记对齐时,第一缸活塞正好达到上止点位置。如果没有点火提前,每次活塞到达上止点时点火,触发点亮的正时灯照射有标记处,可看到两个标记对齐。如果有点火提前,正时灯点亮时第一缸活塞还未到上止点,即活动标记还未转到固定标记处,两个标记没有对齐,它们之间相对应曲轴转角的角度差,就是点火提前角。用正时灯进行点火正时的检测方法如下:

1)擦拭曲轴带盘或飞轮上的标记处,使标记清晰可见。

2)运转发动机至正常工作温度。

3)将正时灯的两个电源夹,红色的夹在蓄电池的正极,黑色的夹在负极。

4)将正时灯的外卡式传感器卡在1缸的高压线上。同时将正时灯上的电位器的旋钮旋到"0"。

5)在发动机怠速稳定运转情况下,将正时灯打开并对准飞轮或曲轴上的标记。

6)调整正时灯上电位器使两标记对齐。此时,正时灯上指示的读数即为发动机怠速时的点火提前角。

由于在怠速时,离心提前和真空提前装置基本未起作用,此时测得的点火提前角为初始提前角。若拆去真空管路,此时测得某一转速下的点火提前角与初始点火提前角之差,即为该转速下的离心提前角。接上真空管路,再测同一转速下的点火提前角与离心提前角的差,即为该转速下的真空提前角。

若要得到准确的汽车实际运行中的点火提前角,需要路试或在底盘测功机上加载进行。

如果测得的点火提前角不准确,可松开分电器固定螺钉,按前述方法转动分电器调整。

3. 用缸压法检测点火正时

用缸压法制成的点火正时仪,由缸压传感器、点火传感器、中间处理环节和指示装置等组成。如果仪器带有油压传感器,还可以检测柴油发动机供油提前角。国产 QFC-5 型和 WFJ-1 型等发动机综合测试仪,都带有缸压法检测点火(供油)正时的装置,其测量的基本原理是采用缸压传感器找出某一缸压缩压力的最大点作为活塞上止点，同时用点火传感器（油压传感器）找出同一缸的点火（供油）时刻，两者之间的凸轮轴转角即为点火（供油）提前角，如图 3-60 所示。

用该仪器检测点火提前角时，应预热发动机，拆下任意一缸的火花塞，装上缸压传感器。在拆下的火花塞上插接点火传感器并接上原高压线，然后放置在机体上使之良好搭铁。起动发动机运转。由于被测缸不工作，因而缸压传感器采集的是气缸压缩压力信号，其压力最大点就是活塞压缩终了上止点。拆下的火花塞虽在缸外但仍在跳火，其上的点火传感器可采集到点火开始信号。此时，通过按键或输入操作码，即可从指示装置得到怠速、规定转速或任意转速下的点火提前角及对应的转速。测得的点火提前角如不符合规定，应在正时仪监测情况下重新调整，直到符合要求。

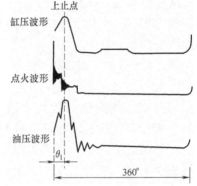

图 3-60　缸压法检测点火（供油）正时原理图

当缸压法和闪光法检测点火正时时，一般仅测得一个缸，一般可以认为各缸间的点火间隔是相等的，此时被测缸的点火提前角可认为是整台发动机的点火提前角。

电控燃油喷射发动机由电子控制器 ECU 控制点火系统，其点火提前角包括初始点火提前角、基本点火提前角和修正点火提前角。基本点火提前角是事先储存于 ECU 中的试验数据，汽车运行中根据有关传感器信号加以修正得到修正点火提前角。故其点火提前角一般是不可调的。此时检查点火提前角，可确定系统是否有故障及判断是微处理器损坏还是传感器失效。

3.3.4　点火系统的故障诊断方法

点火系统是汽油发动机非常重要的一个系统，其作用是在压缩行程终了，向火花塞提供点火高压，点燃气缸内的可燃混合气。点火高压必须准时、可靠，具有足够的能量，以适应发动机的不同工况。点火系统可分为传统触点式点火系统、半导体辅助点火系统、普通电子点火系统、微处理器控制点火系统和微处理器控制无分电器直接点火系统五个阶段，目前在用汽车中各种点火系统都存在，以普通电子点火系统保有量较大。若点火系统出现故障或技术状况不佳，将会导致发动机动力性、经济性下降，排放超标，起动困难甚至无法起动。

1. 桑塔纳 AFE 发动机点火系统检测

（1）分电器与霍尔传感器的结构与检修

发动机分电器内只有霍尔传感器。ECU 采用它的点火脉冲信号频率，并换算成转速信号和第一缸位置信号，用于控制顺序点火和喷油。图 3-61 所示为分电器的结构与霍尔传感器的电

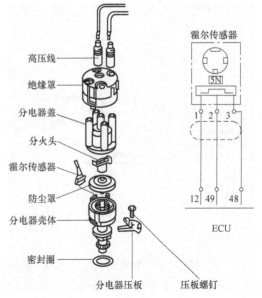

图 3-61　分电器的结构与霍尔传感器的电路

路，霍尔传感器不设点火提前装置，工作可靠性高，只需调整初始点火角。当霍尔传感器发生故障时，ECU不能检测，发动机立刻熄火或不能起动。

从分电器盖上部往下看，从左到右分别为1、2、3号脚，1号脚到ECU的12脚供电电压应约为5V，2号脚到ECU的49脚输出信号电压在0~5V之间变化，3号脚到ECU的48脚为搭铁。

通过拧松分电器的固定螺钉，可以调整点火时间。顺时针方向转动，点火时间推迟；逆时针方向转动则点火时间提前。

（2）点火线圈的结构与检修　点火线圈发生故障，发动机立即熄火，或不能起动。ECU不能检测到该故障信息。图3-62所示为ECU对点火线圈的控制电路。

打开点火开关，用万用表检测点火线圈2号正极搭铁电压，应为12V。关闭点火开关，拔下四个喷油器的接线和点火线圈的接线，用一发光二极管测试灯，分别连接发动机搭铁点和点火线圈上的1号插头，这时接通起动机数秒，测试灯应同时闪烁。

（3）爆燃传感器的结构与检修　爆燃传感器装在二缸与三缸间的气缸壁上，由压电元件、平衡块和外壳等构成。其结构及安装位置如图3-63、图3-64所示。

所谓爆燃是指燃烧室中的末端可燃混合气在正常燃烧火焰前锋未到达时的一种自燃现象。爆燃使发动机功率降低、油耗增加，发动机部件受损。点火时间过早是产生爆燃的主要原因。爆燃传感器将检测到的发动机爆燃信号——气缸体振动的压力波，转变为电信号传给ECU，ECU立即将点火时间推迟，避免爆燃。爆燃消失后，控制系统使点火提前角逐步恢复。

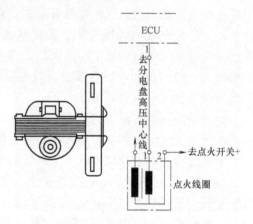

图3-62　ECU对点火线圈的控制电路

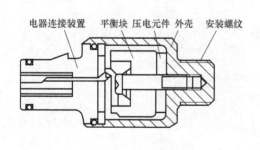

图3-63　爆燃传感器

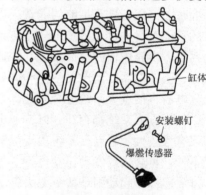

图3-64　爆燃传感器的安装位置

当爆燃传感器发生故障时，发动机在一定运转条件下，ECU才能够检测到，发动机转入故障应急状态下运行，此时会在加速时发生爆燃声。为了保证爆燃传感器检测功能完好，必须按规定的20N·m拧紧力矩把爆燃传感器紧固在气缸体上。使用专用故障检测仪可以检测该故障信息。爆燃传感器的连接电路如图3-65所示。

爆燃传感器的电阻检查。点火开关置于 OFF 位置，拔出传感器线插头，测量 1 号端子与 2 号端子之间的电阻应大于 1.0MΩ，爆燃传感器三个端子中任何两个端子间不能有短路产生。

2. 桑塔纳 AJR 发动机点火系统检测（点火系统主要组件的检修）

（1）具有两个点火线圈的双火花点火系统的测试　AJR 型发动机点火系统采用无分电盘双火花直接点火系统。点火线圈发生故障，发动机立即熄火或不能起动。ECU 不能检测到该故障信息。如果一个火花塞由于断路使这个点火回路断开，那么和它共用一个点火线圈的火花塞也因电气电路故障而不能跳火；如果一个火花塞由于短路而不能跳火，但电气回路没有断开，那么和它共用一个点火线圈的火花塞仍然能够跳火。图 3-66 所示为 AJR 型发动机点火系统电路接线图。

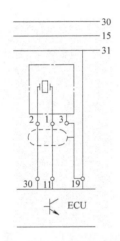

图 3-65　爆燃传感器的连接电路

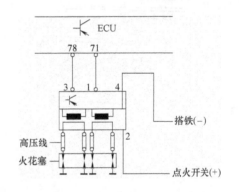

图 3-66　AJR 型发动机点火系统电路接线图

拔下点火线圈 4 针插头，用发光二极管测试灯连接蓄电池正极和插头上端子 4（图 3-67），发光二极管测试灯应亮。如果测试灯不亮，检查端子 4 和搭铁点的电路是否有断路。

测试点火线圈的供电电压：拔下点火线圈的 4 针插头，用发光二极管测试灯连接在发动机搭铁点和插头上端子 2 之间，打开点火开关，发光二极管测试灯应亮。如果测试灯不亮，检查中央电器 D 插头 23 端子与 4 针插座端子 2 之间电路是否断路。

测试点火线圈工作：拔下 4 个喷油器的插头和点火线圈的 4 针插头，打开点火开关，用发光二极管测试灯连接发动机搭铁点和插头上端子 1，接通起动机数秒，测试灯应闪亮，然后用测试灯连接发动机搭铁点和端子 3，接通起动电动机数秒，测试灯应闪亮。如果测试灯不闪，检查点火线圈插头上端子和发动机 ECU 线束的插头间导线是否断路或短路，如果电路正常，应更换发动机 ECU。

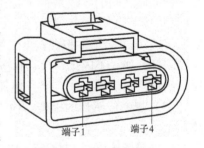

图 3-67　点火线圈 4 针插头

（2）爆燃传感器的测试　为了试验爆燃传感器的工作情况，可用 08 功能"读测量数据块"，选择 13、14、15、16 显示组。如果在 08 功能中不能实现爆燃传感器的测试，可查询故障码。为了确保爆燃传感器功能完好，必须按规定拧紧力矩（20N·m）紧固。

爆燃传感器的三个端子之间（图3-68）不应有短路现象，否则，更换爆燃传感器。传感器插头和发动机ECU线束插头间的电路若有断路或短路，应排除故障。

3. 大众帕萨特独立点火系统检测（点火系统主要零部件的检查）

（1）霍尔效应式传感器的检修　检查条件：蓄电池电压至少为11.5V。拔下霍尔效应式传感器的三针插头，如图3-69所示。用万用表连接插座的端子1和3，打开点火开关，测量其电压。其允许值为至少4.5V。如果不在允许范围内，检查控制单元到插座之间的导通性及导线之间是否相互短接。如在导线中未发现故障，且在三针插座端子1和3之间有电压，则更换霍尔效应式传感器G40；如果在导线中未发现故障，且在端子1和3之间无电压，则更换发动机ECU。

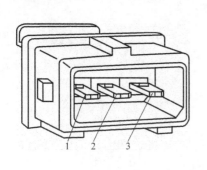

图3-68　爆燃传感器端子图

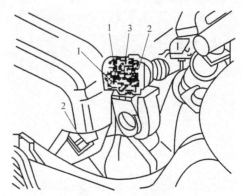

图3-69　霍尔效应式传感器插头

（2）带功率终极端点火线圈的检修　检查条件：蓄电池电压为11.5V，霍尔效应式传感器正常，发动机转速传感器正常。

1）将点火线圈的功率终极端2和三针插头拔下，用导线将万用表连接到中间的端子和搭铁点，打开点火开关，测量供电电压，其允许值至少为11.5V。如无电压，检查控制单元和三针插座之间的导线是否导通及三针插座端子2和继电器板间是否导通。

2）拔下喷油器插头及点火线圈终极端的三针插座，用辅助导线连接二极管灯V. A. G1527于端子1和搭铁点之间，起动电动机，检查发动机ECU的点火信号。二极管灯应当闪烁，如果不闪烁，检查相应的导线。如未找到导线的故障，而端子2和搭铁点间有电压，则更换发动机ECU。如果电压和动作控制正常，更换带功率终极端的点火线圈。

（3）爆燃传感器的检修　检查条件：自诊断系统能识别一个或两个爆燃传感器上的故障。

拔下爆燃传感器1（G61）或爆燃传感器2（G66）的三针插头。在爆燃传感器插头上测量端子1和2、1和3、2和3的电阻，其阻值应为无穷大。检查控制单元至三针插座之间导线的导通性及导线之间是否有短接。如导线中无故障，松开爆燃传感器，并重新以20N·m的力矩旋紧。进行一次试车行驶后，然后查询故障存储器是否有故障码，若仍有故障，更换爆燃传感器。

4. 点火正时失准故障诊断

为使发动机在工作时获得最佳点火时刻，点火提前角必须随发动机的工况变化而变化，分电器内装置的离心式点火调节器和真空点火调节装置可以自动完成点火提前角的调整，但初始点火提前角的检查调整（点火正时）需人工进行。

(1) 经验法检查点火正时　　将发动机运转至正常温度，在车速为 25~30km/h（试验车速因车型而不同）时突然急加速，若能听到短促而轻微的爆燃声并很快消失，表明点火正时准确；若无爆燃声为点火过迟；若爆燃声严重为点火过早。

点火过迟或点火过早均应进行调整。松开分电器固定板，若点火过迟，可逆着分火头旋转方向转动分电器外壳少许；若点火过早，则顺着分火头旋转方向转动分电器外壳可减小点火提前角。当再次检查点火正时，若不合适再次调整，直至点火正时准确后将分电器固定。

(2) 利用点火正时灯检查点火正时　　经验法检查调整点火正时准确性较差，不能测量点火提前角的具体数值。利用点火正时灯可以测量不同转速下的点火提前角，准确地调整点火正时。

点火正时灯是一种频率闪光灯，当延时电位器处于零位时，闪光与一缸点火时刻同步。通过调整延时电位器可推迟闪光时刻，当闪光时刻与上止点标记对正时，电位器上的指示值就是点火提前角。测量怠速时的点火提前角，可得到该发动机的初始点火提前角。测量不同工况的点火提前角，还可以反映出离心式点火调节器和真空点火调节装置的工作情况。将测量的值与标准值相比较，就可以判断点火正时是否准确，并为点火正时调整提供技术数据。

任务实施

以发动机电控点火系统的故障诊断为任务，采用行动导向教学法，引导学生按照汽车维修工作过程（资讯、决策、计划、实施、检查、评估）检测并排除故障，在此过程中学习相关理论知识，掌握发动机电控点火系统的故障诊断方法。

任务工单3.3

点火系统的检测与故障诊断

工作任务	点火系统的检测与故障诊断		学时	6
姓名		学号	班级	日期

1. 咨询

（1）车辆信息

车型		生产年代		制造厂	
车辆识别码			发动机型号		

（2）故障描述

（3）相关问题

①根据简图描述点火系统的工作原理。

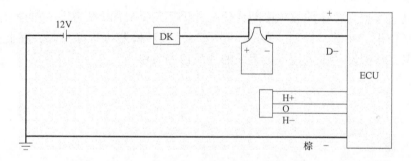

②画简图描述车辆点火系统的组成及工作原理。

（续）

2. 决策

提出诊断排除故障的方案：

3. 计划

工作分配	
时间安排	
工作步骤	
设备和工具	

4. 实施

（1）诊断

检查部位	检查方法	检查结果	修复措施
低压线路			
点火器（模块）			
点火传感器			
点火线圈			
高压线			
火花塞			
点火正时			
其他			

(续)

(2) 典型故障小试牛刀

故障现象	诊断思路步骤	故障点

5. 检查

检查汽车修复质量及汽车性能：

6. 评估

考评项目		自我评估	组长评估	教师评估	备注
素质考评 10	劳动纪律 5				
	环保意识 5				
工单考评 20					
实操考评 40	工具使用 5				
	任务方案 10				
	实施过程 20				
	完成情况 5				
	其他				
合计 70					
综合评价 70					

组长签字： 教师签字：

任务3.4 电控发动机辅助控制系统的检测与故障诊断

任务要求

1. 通过学习，掌握发动机典型辅助控制系统的检测方法。
2. 通过学习，掌握发动机典型辅助控制系统常见故障的原因及诊断排除方法。
3. 通过新技术的引导，激发学生学习专业课的兴趣。

任务描述

为了进一步提升发动机的性能，发动机应用的电控辅助控制系统越来越多，主要包括进气控制、怠速控制、排放控制和自诊断等。各个系统的结构和原理因厂家而异，只有掌握了各个系统产生故障的原因及规律，运用先进诊断设备通过对相关电控部件进行科学诊断，并结合理论知识进行严谨的分析，才能更快速地找到故障，并排除相关问题。

相关知识

发动机电控系统除了电控燃油喷射系统和电控点火系统两个核心系统外，为了进一步提升发动机的性能，在此基础上还增加了进气控制（含怠速控制）和排放控制等辅助控制技术，本节主要介绍相关辅助控制系统的检测。

3.4.1 怠速控制系统检测

怠速控制系统是发动机辅助控制系统之一，其功能是在发动机怠速工况下，根据发动机冷却液温度、空调压缩机是否工作、变速器是否挂入档位等实际情况，通过怠速控制阀对发动机进气量进行控制，使发动机随时以最佳怠速稳定运转。怠速是指加速踏板完全松开，节气门关闭，且发动机对外无功率输出并保持最低转速稳定运转时的工况。

1. 步进电动机式怠速控制阀的检测

（1）在检修时应注意

1）不要用手推拉控制阀，以免损坏丝杠机构的螺纹。
2）不要将控制阀浸泡在任何清洗液中，以免损坏步进电动机。
3）安装时，检查密封圈好坏，并在密封圈上涂少量润滑油。

（2）检修步进电动机型怠速控制阀的方法

1）拆下控制阀线束插接器，点火开关置于 ON 位置，不起动发动机，分别检测 B1 和 B2 与搭铁间的电压，应为蓄电池电压。

2）在起动发动机后再熄火时，2~3s 内在怠速控制阀附近应能听到内部发出的"嗡嗡"响声。

3）拆下控制阀线束插接器，测量 B1 与 S1 和 S3，B2 与 S2 和 S4 之间的电阻值，应为 10~30Ω。

4）拆下怠速电磁阀，将蓄电池正极接至 B1 和 B2 端子，负极按顺序依次接通 S1—S2—S3—S4 端子时，随步进电动机的旋转，控制阀应向外伸出，如图 3-46 所示。若负极按反方向接通 S4—S3—S2—S1 端子，则控制阀应向内缩回。

2. 旋转电磁阀型怠速控制阀的检修

1）拆下控制阀线束插接器，打开点火开关但不起动发动机，分别检测电源端子与搭铁间的电压，应为蓄电池电压。

2）当发动机达到正常的工作温度、变速器处于空档位置时，使发动机维持怠速运转，用专用跨接线接故障诊断座上的 TE_1 与 E_1 端子，发动机转速应保持在 1000～1200r/min 范围内，5s 后转速下降约 200 r/min。

3）拆下怠速控制阀上的三端子线束插接器，在控制阀侧分别测量中间端子（+B）与两侧端子（ISC1 和 ISC2）的电阻应为 18.8～22.8Ω 范围内。

3. 占空比控制型怠速阀检修

1）拆下控制阀线束插接器，点火开关置于 ON 位置，不起动发动机，分别检测电源端子与搭铁间的电压，应为蓄电池电压。

2）拆下怠速控制阀上的两端子线束插接器，在控制阀侧分别测量两端子之间的电阻应为 10～15Ω。

4. 电子节气门检修

以大众车系为例介绍电控节气门系统的故障诊断及检修。

1）检查供电电压应为 5V，搭铁线要良好，信号电压随踏板位置改变而改变；检查导线连接（短路/断路检测）；检测传感器的阻值，电阻是接近线性变化。

2）用 V. A. G1551 进入读取数据流功能，输入数据号 062，读取数据流，应符合表 3-5 数据标准，如不符合，根据图 3-70 的端子标定对节气门控制单元进行检修。

表 3-5　062 组数据流

显示组 062 电子节气门电位计	显示区			
	1	2	3	4
显示屏	××%	××%	××%	××%
表示	节气门角度传感器 1	节气门角度传感器 2	加速踏板位置传感器 1	节气门角度传感器 2
工作范围	最小：0% 最大：100%	最小：0% 最大：100%	最小：0% 最大：100%	最小：0% 最大：100%
规定值	3%～93% 怠速值：8%～18%	3%～97% 怠速值：80%～90%	12%～97%	4%～49%

3.4.2　可变气门正时系统的检测

可变气门正时系统是发动机辅助控制系统之一，为了保护环境以及为了人类可持续发展，实现低能源消耗和低排放污染已成为汽车发动机的发展方向，这就要求发动机在保证良好动力性的同时，又要降低燃油消耗量，需要某种可变配气相位机构能使气门正

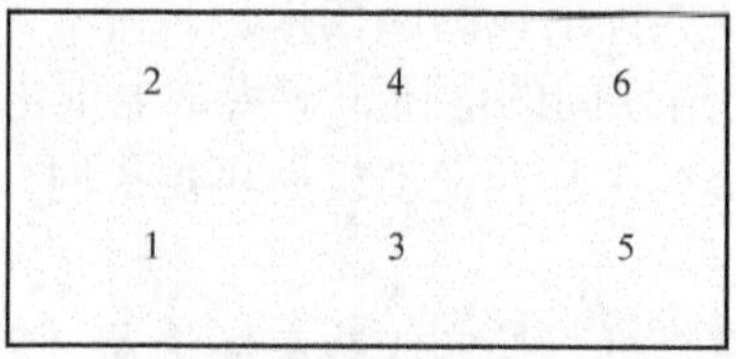

图 3-70　节气门控制单元插接器
1—TPS1　2—5V　3—电动机 M+　4—TPS2
5—电动机 M-　6—ECM（-）

时、气门开启持续时间及气门升程等参数中的一个或多个随发动机的工况变化实时进行调节，即配气相位角也应该随之改变。最佳的配气相位能使发动机在很短的换气时间内充入最多的新鲜空气（可燃混合气），并使排气阻力减小，废气残留量最少，从而获得更好的燃油经济性、更高的转矩和功率特性，提高汽车怠速稳定性和降低排放污染。

目前，可变气门正时系统应用的车型比较多，名称也不尽相同，如本田汽车的 VTEC、i-VTEC，丰田汽车的 VVT-i，日产汽车的 CVVT，三菱汽车的 MIVEC 和现代汽车的 VVT 等。其检修方法也根据结构上的差异不同，下面就以丰田汽车的 VVT-i 和本田汽车的 VTEC 可变气门正时系统为例说明其检修的方法。

1. 丰田 VVT-i 可变气门正时系统检修

凸轮轴正时机油控制阀（OCV）的电路如图 3-71 所示。

1）检测 OCV 的电阻。拆下 OCV，测量两端子间的电阻，如图 3-72 所示。测量 1 与 2 端子的电阻，在 20℃ 的时候，标准值应为 6.9~7.9Ω 范围内。

2）检查 OCV 的工作状态。将蓄电池正极电压施加到端子 1，负极电压施加到端子 2 时，正常状态下 OCV 应迅速移动，如图 3-73 所示。如果检测结果异常，应更换总成。

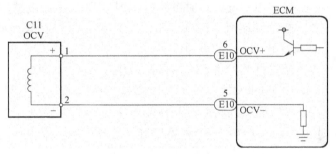

图 3-71 OCV 的电路

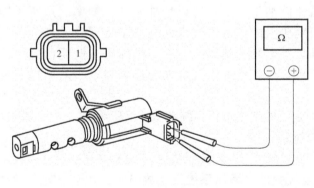

图 3-72 检测 OCV 的电阻

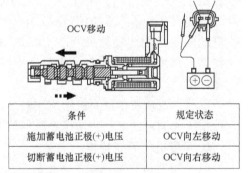

图 3-73 检查 OCV 的工作状态

3）检查 OCV 滤清器。拆下 OCV 滤清器，检查滤清器是否堵塞，如果堵塞，应清洗 OCV 滤清器，然后重新安装 OCV 滤清器。

2. 可变气门正时系统的检修

（1）可变气门正时系统电磁阀的检查　拆下 VTEC 电磁阀总成后，检查电磁阀滤清器是否有堵塞现象，如有堵塞应更换滤清器和发动机润滑油。应注意电磁阀密封垫一经拆下，必须更换新件。拆开可变气门正时系统电磁阀，用手指检查阀是否能自如运动，若有发卡现象，应更换电磁阀。

（2）可变气门正时系统电磁阀电阻的检测　从可变气门正时系统电磁阀上拆下线束插

接器，测量电磁阀电阻，标准值为 14~30Ω。测量电磁阀连接导线与 ECM A4 的端子应导通。

(3) 可变气门正时系统电磁阀或电路故障的检修 如果可变气门正时系统在发动机低速状态下一直工作，发动机就会因进气量不足而无力；如果一直在高速状态下工作，发动机燃油消耗量就会增加。一旦可变气门正时系统出现故障时，发动机故障指示灯（MIL）就会点亮，显示出故障码。其中故障码 21 就说明可变气门正时系统电磁阀或电路有故障，按以下步骤进行检查：

1) 清除故障码，再重新调取故障码。
2) 关闭点火开关，拆开可变气门正时系统电磁阀插接器，测量电磁阀线圈的电阻应为 14~30Ω。
3) 检查可变气门正时系统电磁阀与 ECU 之间的线束是否有断路。
4) 起动发动机，达到正常的工作温度后，检查发动机转速分别为 1000r/min、2000r/min 及 4000r/min 时的机油压力。
5) 用换件法检查 ECM 是否有故障。

(4) 摇臂的检查 拆下气门室盖，在压缩行程上止点时，用手推动三个摇臂，应能独立自由动作而不应联锁。用 400kPa 左右的压缩空气从检查油孔处注入，同时堵住泄油孔，这时同步活塞应能把三个摇臂联锁；当不注入压缩空气时，三个摇臂又分开独立动作。

3.4.3 增压控制系统的检测

增压就是将空气预先压缩然后再供入气缸，以期提高空气密度、增加进气量的一项技术。由于进气量增加，可相应地增加循环供油量，从而可以增加发动机功率。众所周知发动机是靠燃料在气缸内燃烧做功来产生功率的，由于输入的燃料量受到吸入气缸内空气量的限制，因此发动机所产生的功率也会受到限制，如果发动机的运行性能已处于最佳状态，再增加输出功率只能通过压缩更多的空气进入气缸来增加燃料量，从而提高燃烧做功能力。

目前，发动机增压系统中应用较多的是可变进气增压系统和涡轮增压系统，下面就以这两种系统为例说明发动机增压系统的检修过程。

1. 可变进气系统检修

(1) 可变进气增压系统常见故障 当可变进气增压系统发生故障时，常会出现车辆油耗过高、动力不足等症状。可变进气增压系统的常见故障如下：

1) 机械故障。可变进气增压系统可能的机械故障有：因积炭产生阀门关闭不严或不能开启等。
2) 膜片转换阀及真空管路的故障。膜片转换阀可能出现的故障有膜片破裂、拉杆变形等。真空管路则可能出现泄漏和堵塞等故障。
3) 电磁阀及控制电路故障。电磁阀可能会出现线圈断路、阀芯卡滞及通气口堵塞等故障。控制电路则可能会出现断路、短路、接触不良及接触电阻过大等故障。

(2) 可变进气增压系统的检修 下面以宝来 1.8L AGN 发动机为例介绍可变进气增压系统的检修。发动机可变进气增压系统出现故障可能的影响是汽车加速性变差和油耗增加等。

1) 可变进气转换电磁阀检修。

①使用故障检测仪进行执行元件的诊断,触发进气歧管转换电磁阀,应一直"咔嗒"响,直到切换到下一个执行元件。否则应检查电路及进气歧管转换阀。

②检查电磁阀线圈阻值,应符合规定。否则更换进气歧管转换阀。

③在断电状态下,用压缩空气从电磁阀的通大气口处吹入,空气应不能通过,如图3-74所示;用压缩空气从电磁阀的通真空口(通进气管口)处吹入,空气应从通膜片式转换阀的接口处流出,否则更换进气歧管转换阀。

④在通电状态下,用压缩空气从电磁阀的通大气口处吹入,空气应从通膜片式转换阀的接口处流出;用压缩空气从电磁阀的通真空口处吹,空气应不能通过,否则更换进气歧管转换阀。

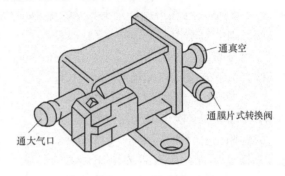

图3-74 进气歧管转换电磁阀

2) 电路检修。检查进气歧管转换电磁阀控制线路有无断路、短路及接触不良等故障,否则应修复或更换线束,检查熔丝34是否断路,否则更换一相同规格的熔丝。

3) 膜片式转换阀的检修。

①检查膜片式转换阀是否有卡死和变形等现象。

②检查膜片式转换阀是否有泄漏现象,可以用手动真空泵连接到膜片式转换阀的膜片室,并施加真空到一定值,然后观察在一定的时间内真空度变化情况。如果真空度下降,说明存在泄露,需要更换膜片式转换阀。

(3) 进气惯性增压控制系统的检修

皇冠2JZ-GE型发动机谐波增压系统控制电路如图3-75所示,主继电器触点闭合后,通过3号端子给真空电磁阀供电,ECU通过ACIS端子控制真空电磁阀的搭铁回路。

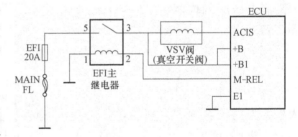

图3-75 皇冠2JZ-GE型发动机谐波增压系统控制电路

维修时,检查真空电磁阀的电阻,正常应为38.5~44.5Ω;当点火开关在ON位置时,检查真空电磁阀的电压应为12V。

2. 废气涡轮增压系统检修

下面以一汽奥迪A6 1.8T废气涡轮增压器检修为例,一汽奥迪A6 1.8T带废气涡轮增压器的增压进气系统总体构成如图3-76所示。

(1) 基本检查

1) 检查增压器的涡轮壳,应无因过热、咬合、变形或其他损伤而产生的裂纹,否则更换废气涡轮增压器。

2) 检查涡轮油孔,应无淤积或堵塞。

3) 检查废气涡轮增压装置的进油管和回油管,应无堵塞、压瘪和变形等损坏。

4)检查增压器,应不漏机油。

5)检查安装在活性炭罐和增压器前部进气软管之间的活性炭罐单向阀、制动助力器和进气歧管之间的单向阀,应安装正确,箭头应指向导通方向。

6)检查所有管路,应连接牢固、无泄漏和老化等。

(2)机械式空气再循环阀的检修 机械式空气再循环阀装在增压器前面,在增压器空气再循环阀的真空控制下,在发动机超速切断、急速及部分负荷时打开,使节气门前面存在的增压压力卸压,涡轮增压器保持在较高的转速。一般在发动机功率不足或有负荷变化冲击时应检查机械式空气再循环阀。

(3)涡轮增压器空气再循环阀(N249)的检修 检查增压器空气再循环阀的内阻。拔下增压器空气再循环阀的导线插接器,用万用表电阻档在增压器空气再循环阀侧导线插接器处检查增压器空气再循环阀的电阻,其值应为27～30Ω。增压器空气再循环阀由燃油泵继电器供电。

(4)增压压力限制电磁阀(N75)的检修 增压压力限制电磁阀检修过程和方法与增压器空气再循环阀的检修过程和方法完全一样,只是增压压力限制电磁阀的内阻为23～35Ω,如图3-77所示。

(5)增压最高压力测试 将变速器挂入3档,发动机转速为2000r/min时,以节气门全开进行加速,观察仪表板上发动机转速表。在发动机转速约为2500r/min时,压力表上显示的值应为1.6～1.7bar(160～170kPa),VAS5051或V·A·G1551上显示组115的显示区4上显示的数据为1.6～1.7bar。

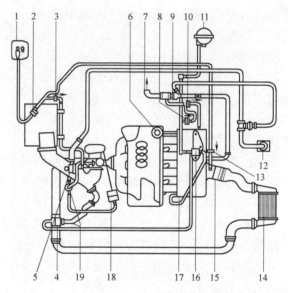

图3-76 一气奥迪A6 1.8T带废气涡轮增压器的增压进气系统总体构成

1—活性炭罐(N80) 2—活性炭罐电磁阀 3—活性炭罐单向阀涡轮增压器 4—机械式空气再循环阀 5—曲轴箱通风压力调节阀 6—燃油压力调节器 7—接制动助力器管口 8、10、13—单向阀 9—抽气泵 11—真空罐 12—曲轴箱通风装置 14—增压空气冷却器 15—节气门控制单元 16—增压器空气再循环阀(N249) 17—进气歧管 18—增压压力调节单元 19—增压压力限制电磁阀(N75)

(6)增压压力传感器 当增压压力过高时,ECU将切断发动机燃油供给,以保护发动机。检查增压压力传感器的信号电压,插上增压压力传感器导线插接器,用万用表测量增压压力传感器导线插接器信号端子和搭铁端子之间的电压。当发动机急速运转时,信号电压值应约为1.90V;当发动机急加速时,信号电压值应在2.00～3.00V范围内。

(7)海拔传感器检测 拔下海拔传感器插接器,打开点火开关,用万用表测量端子1与端子3、端子2与端子3之间的电压值。端子1与端子3之间的电压应为5V,端子2与端子3之间的电压应在4～5V范围内,如图3-78所示。

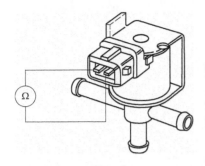

图 3-77 增压压力限制电磁阀电阻的测量

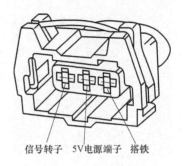

图 3-78 海拔传感器的检测

3.4.4 EGR 控制系统检测

EGR 控制系统即发动机 ECU 根据发动机的转速、负荷（节气门开度）、温度、进气流量、排气温度控制电磁阀适时地打开，进气管真空度经电磁阀进入 EGR 阀真空膜室，膜片拉杆将 EGR 阀门打开，排气中的少部分废气经 EGR 阀进入进气系统，与混合气混合后进入气缸参与燃烧。少部分废气进入气缸参与混合气的燃烧，降低了燃烧时气缸中的温度，因 NO_x（氮氧化合物）是在高温富氧的条件下生成的，故抑制了 NO_x 的生成，从而降低了废气中 NO_x 的含量。

1. EGR 控制系统的检修

（1）一般检查 拆下 EGR 阀上的真空软管，发动机的转速应无变化，用手触摸真空软管应无真空吸力；发动机温度达到正常工作温度后，怠速时检查的结果应与冷机时相同，若转速提高到 2500 r/min 左右，拆下真空软管，发动机转速应有明显提高。

（2）EGR 电磁阀的检查 冷态测量电磁阀的电阻应为 33~39Ω。当电磁阀不通电时，从进气管侧吹入空气应畅通，从滤网处吹应该不通；当接上蓄电池电压时，应相反。

（3）EGR 阀的检查 用手动真空泵给 EGR 阀膜片上方施加约 15kPa 的真空度时，EGR 阀应能开启；当不施加真空度时，EGR 阀应能完全关闭，如图 3-79 所示。

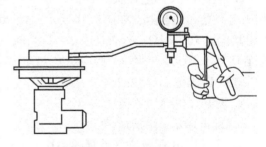

图 3-79 EGR 阀的检查（一）

2. 长安汽车 SC6350B/SC1015XB 型 EGR 控制系统的检修

1）长安汽车 SC6350B/SC1015XB 型 EGR 控制系统的电路如图 3-80 所示。

EGR 阀步进电动机从 ECM 中接收到开（关）的信号后，它就根据步距数转到开（关）位置，并推出（拉起）与步进电动机相啮合螺杆的杆。当安装到 EGR 阀上的此杆与 ECM 发出的信号步距数相符的数打开时，废气就会从排气歧管流入进气歧管。

2）EGR 控制系统的检修（以长安汽车 SC6350B/SC1015XB 型为例）。

①使用 SUZUKI 检测仪检测 EGR 控制系统

a. 点火开关处于关闭状态，将 SUZUKI 检测仪接到数据传输的插接器（DLC）上。

b. 起动发动机并运行到正常工作温度。

c. 发动机转速在 1500~3000r/min 范围内，使用"MISC. TEST"模式打开 EGR 阀。在

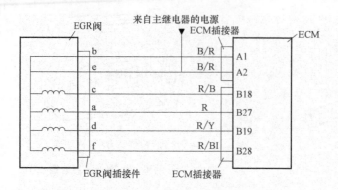
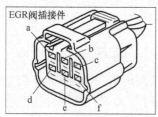
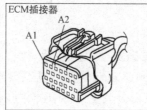
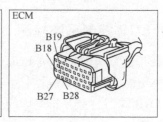

图3-80 长安汽车SC6350B/SC 1015XB型EGR控制系统的电路

此状态下，随着EGR阀开度增大，发动机的怠速将下降。

②EGR阀的就车检查。

a. 断开蓄电池的负极线。

b. 断开EGR阀插接件。

c. 检查EGR阀上插头A与B、插头C与B、插头F与E、插头D与E之间的电阻，如图3-81所示。在20℃时上述插头之间的电阻均应为20~24Ω。检查插头B、D与阀体之间的电阻，电阻值为无穷大。若发现有故障，则应更换EGR阀总成。

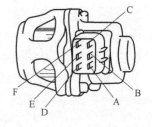

图3-81 EGR阀插头

③EGR阀的拆卸/安装

a. 断开蓄电池的负极线。

b. 断开EGR阀的插接件。

c. 拆下EGR阀及进气歧管的垫片。

d. 拆下EGR阀。

EGR阀的安装步骤与拆卸步骤是相反的，但操作时注意以下事项：将EGR阀与进气歧管配合表面擦洗干净，使用新的垫片。

④EGR阀的检查

a. 从EGR阀气体通道上拆下炭精棒。注意不能使用边缘尖锐的工具拆卸炭精棒。不要损坏或弯曲EGR阀、阀座及阀杆。

b. 检查EGR阀、阀座和阀杆是否有断裂、裂纹、弯曲或其他损坏等情况，如图3-82所示。

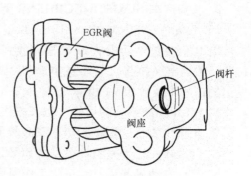

图3-82 EGR阀的检查（二）

c. 检查 EGR 通道是否有堵塞或漏气。如果发现有故障，应进行修理或更换。

3.4.5 燃油蒸发排放控制系统检测

燃油蒸发排放（EVAP）控制系统又叫作汽油蒸汽排放控制系统，是汽车发动机辅助控制系统之一，也是汽车发动机排放控制系统之一。其主要是收集汽油箱的汽油蒸气，并将汽油蒸气导入气缸参加燃烧，从而防止汽油蒸气直接排出大气，防止造成污染，同时，根据发动机工况，控制导入气缸参加燃烧的汽油蒸气量。

1. EVAP 控制系统的维护与检测

1）一般维护。检查管路有无破损及漏气，炭罐壳体有无裂纹，每行驶 20 000km 左右应更换活性炭罐底部的进气滤芯。

2）真空控制阀的检查。拆下真空控制阀，用手动真空泵由真空管接头给真空控制阀施加约 5kPa 左右的真空度时，从活性炭罐侧孔吹入空气，应畅通；当不施加真空度时，吹入空气则不通。

3）电磁阀的检查。拆开电磁阀进气管一侧的软管，用手动真空泵由软管接头给控制电磁阀施加一定的真空度，电磁阀不通电时应能保持真空度，若接蓄电池电压，真空度应释放。测量电磁阀两端子间的电阻应为 36~44Ω。

2. 典型 EVAP 控制系统检测

（1）长安 SC6350B/SC1015XB 型汽车 EVAP 控制系统的检修

1）EVAP 控制系统的软管和管道检查，检查 EVAP 控制系统软管和管道连接、泄漏、堵塞及损坏等情况。若有必要应进行更换。

2）活性炭罐排气阀的检查。

①点火开关处于关闭的状态，从活性炭罐排气阀上断开插接件。

②检查活性炭罐排气阀两插头间的电阻，如图 3-83 所示，活性炭罐排气阀的电阻值在 20℃（68 ℉）下应在 30~34Ω 范围内。如果电阻在规定范围内，则进入下一步骤的检查，否则进行更换。

③从进气歧管及其管道上取下软管。

④在插接件断开情况下，向"A"管中吹气，如图 3-84a 所示。空气不应从"B"管中出来。

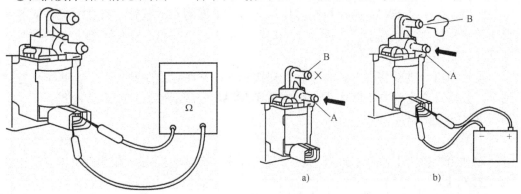

图 3-83 检查活性炭罐排气阀两插头间的电阻

图 3-84 检查活性炭罐排气阀导通情况
a）不通电时 b）通电时

⑤将12V的蓄电池接到活性炭罐排气阀插头上,如图3-84b所示。在这种状态下,向"A"管吹气,空气应该从"B"管吹出。如果检查结果不是这样,则更换活性炭罐排气阀。

⑥将软管连接上。

⑦将活性炭罐排气阀的插接件紧紧地插入阀上。

3) 活性炭罐的检查。

①从活性炭罐上取下软管,并拆下活性炭罐。

②当空气吹进油箱管时,排气管道及空气管道中不应有阻力存在,如图3-85所示。若存在阻力,则应更换活性炭罐。

③安装活性炭罐并将软管接到炭罐上。

注意不要在活性炭罐排气管处抽吸空气,因为活性炭罐内的燃油蒸发物对人体是有害的。

(2) 广州本田雅阁轿车EVAP控制系统的检测方法

1) 活性炭罐的检测

①拆下燃油加注口盖子。

②起动发动机,并使其怠速运转。

③断开EVAP净化控制膜片阀上的真空软管,同时将真空表连接到真空软管上。如果没有真空,则检查真空软管是否堵塞或有裂纹;或者拆下真空软管,同样检查真空进口是否堵塞。

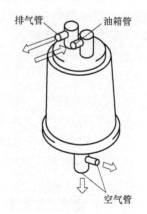

图3-85 检查活性炭罐

④拆下真空表,重新连接好EVAP净化控制膜片阀真空软管。

⑤将真空表连接到EVAP控制活性炭罐净化空气软管上。

⑥将发动机加速至3500r/min左右,真空度应在1min内显示在真空表上。如真空度在1min内显示在真空表上,则拆下真空表,检测完毕;如真空表上不显示真空度,则拆下真空表,重新安装燃油加注口盖。

⑦拆下EVAP控制活性炭罐,检查是否损坏或有其他故障。如有故障,则更换EVAP控制活性炭罐。

⑧关闭发动机,从EVAP净化控制膜片阀上拆下上部的真空软管,将真空泵与下部的真空软管连接,并抽真空,真空度应能保持稳定。如果真空度降低,则应更换EVAP控制活性炭罐并重新检测。

⑨起动发动机,重新将上部的真空软管连接到EVAP净化控制膜片阀上。此时真空度应下降到零。如果真空度没有下降为零,则应更换EVAP控制活性炭罐并重新检测。

2) EVAP双通阀的检测。

①拆下燃油加注口盖子。

②从燃油箱上拆下EVAP双通阀的燃油蒸气管路,将其连接在与真空表和真空泵相连的"T"形管接头上。

③持续缓慢地施加真空,同时观察真空表,真空度应该短暂地稳定在0.7~2.0kPa范围内。如果真空度在低于0.7kPa或者高于2.0kPa时稳定(阀开启),则应安装一个新的EVAP双通阀并重新检测。

④将真空泵软管的真空接头转换到压力管接头,并且将真空表软管从真空端转换到压力端。

⑤缓慢地给燃油蒸发管路加压,同时观察压力表。压力应稳定在 1.3~4.7kPa 范围内。如果压力短暂地稳定（阀开启）在 1.3~4.7kPa,则表示 EVAP 双通阀工作正常;如果压力在低于 1.3kPa 或者高于 4.7kPa 时稳定,则应安装一个新的 EVAP 双通阀并重新检测。

3.4.6 三元催化转化与空燃比反馈控制系统检测

汽车三元催化转化器是安装在汽车排气系统中最重要的机外净化装置,它可将汽车尾气排出的 CO、HC 和 NO_x 等有害气体通过氧化和还原作用转变为无害的二氧化碳、水和氮气（N_2）。由于这种催化器可同时将废气中的三种主要有害物质转化为无害物质,故称为三元催化转化器（TWC）。

1. TWC 检测前的准备工作

TWC 的任务是降低排气中的 CO、HC 和 NO_x,但如果车辆的状况很差,排出 CO 的值高于 1%,那么再有效的 TWC 也无能为力。所以在检查 TWC 性能之前,必须首先用汽车尾气分析仪测量汽车尾气中 CO、HC 和氧气的含量,以判断混合气的浓度是否合适,如果合适才能进行 TWC 性能的检测。在测量尾气的时候,先脱开 TWC 进气口,使发动机运转至正常的温度,将测量管插入排气管中至少 400mm,按照怠速法进行测量（注意:该项测试应该在 3min 内完成）。若测量值不正常,应该先检修发动机的工作性能,直至数值在规定范围内。待数值正常后,装复 TWC 进气口,在发动机温度正常时检测 TWC 的工作性能。

2. TWC 性能的检测方法

(1) 简单人工检查 通过人工的检查可以从一开始判断 TWC 是否有损坏。用橡皮槌轻轻敲打 TWC,听有无"咔嗒"的声响,并伴随有散碎物体落下。如果有此异响,则说明 TWC 内部催化物质剥落或蜂窝陶瓷载体可能破碎,那么就必须更换整个 TWC 了。如果没有上述异响,应该检查 TWC 是否有堵塞。TWC 芯子堵塞是比较常见的故障,可以用下面两种方法进行:

一种方法是检测进气歧管的真空度法。将 EGR 阀上的真空管取下,将管口塞住,避免产生虚假的真空泄漏现象。将真空管接到进气歧管上,让发动机缓慢加速到 2500r/min。若真空表读数瞬间又回到原有水平（47.5~74.5kPa）并能维持 15s,说明 TWC 没有堵塞。否则应该怀疑是 TWC 或排气管有堵塞。

另一种方法是检测排气背压法。从二次空气喷射管路上脱开空气泵单向阀的接头,再在二次空气喷射管路中接上一个压力表。在发动机转速为 2500r/min 时观察压力表读数,此时读数应该小于 17.24kPa,如果排气背压大于或等于 20.70kPa,则表明排气系统有堵塞。若观察 TWC、消声器及排气管没有外伤,可将 TWC 出口和消声器脱开后观察压力表读数是否有变化。若压力表显示排气背压仍较高,则为 TWC 损坏;若压力表显示排气背压陡然下降,则说明有堵塞发生在 TWC 出气口后面的部件。

(2) 怠速试验法检查 让发动机怠速运转,使用尾气分析仪测量此时排气的 CO 值。当发动机正常工作的时候（空燃比为 14.7:1）,这时的 CO 典型值为 0.5%~1%,当使用二次空气喷射和 TWC 技术可以使怠速时的 CO 值接近于 0,最大不应超过 0.3%,否则说明 TWC

已经损坏。另外，据经验分析，怠速时 NO_x 的排放量也能给一些帮助。通常在怠速的时候，NO_x 数值应不高于 100×10^{-6}，而在稳定的工况下，NO_x 数值应该不高于 1000×10^{-6}，在发动机正常的情况下，NO_x 过高就可以怀疑是 TWC 故障了。

（3）快怠速试验法测量　使发动机处于快怠速运转状态，并用转速表测量快怠速是否符合规定值。用尾气分析仪测量发动机处于快怠速状态下尾气中 CO 和 HC 的含量。如果发动机性能良好，则 CO 的值应该在 1.0% 以下，HC 应该在 10×10^{-6} 以下。若两个数值都超标，可临时拔下空气泵的出气软管，此时若 CO 和 HC 的值不变，则可以判定 TWC 已损坏，若读数上升，而重新接上软管后又下降，则说明是燃油喷射系统故障或是点火系统故障。

（4）稳定工况试验法　在完成基本的怠速试验后进行该项试验。按照厂家的规定接好汽车专用数字式转速表，使发动机缓慢地加速，同时观察尾气分析仪上 CO 和 HC 的值，当转速加到 2500r/min 并稳定后，CO 和 HC 数值应缓慢地下降，并且稳定在低于或接近于怠速时的排放水平，否则怀疑是 TWC 已经损坏。这种方法不但能对 TWC 是否有故障做出判断，还能有效地综合分析 TWC 在汽车行驶中的实际效能。这时因为 TWC 性能评价指标中有一项"空速特性检验"，它表示了受反应气体在催化剂中的停留时间。如性能差，TWC 尽管在低空速（如怠速）时表现出较高的转化效率，但是在高空速（如实际行驶）时的转化效率却是很低的，因而不能仅凭借怠速工况评价催化剂的活性是否正常。此外，在具体检测中，还需要注意 TWC 的空燃比特性。TWC 在过量空气系数为 1 的附近时，转换效率最高，实际使用中就需要闭环电子控制燃油供给系统和氧传感器的配合。开环时候由于无法给予精确的空燃比，转换效率仅有 60% 左右，而闭环时平均转换效率可达 95%，因此，在对 TWC 产生怀疑的时候，也应该对电控系统和氧传感器进行相应的检测。

（5）红外温度计测量法　红外温度计测量法是一种比较简单的测量方法。TWC 在实际使用过程中，其出口管道的温度比进口管道的温度至少高出 38℃，在怠速时，其温度也相差 10%。但是若出口与入口处的温度没有差别或出口温度低于入口温度，则说明 TWC 没有参加氧化反应，此时应该检查二次空气喷射泵是否有故障，若无故障，就说明 TWC 已损坏。

（6）利用双氧传感器信号电压波形分析　目前，许多发动机燃油反馈控制系统中，都安装了两个氧传感器。分别装在 TWC 装置的前、后两端。这种结构在装有 OBD-Ⅱ系统的汽车上，可以有效地检测 TWC 的转换性能。OBD-Ⅱ诊断系统改进了 TWC 的随车监视系统，安装在 TWC 后端的氧传感器电压波动要比安装 TWC 前端的氧传感器电压波动少得多。这是因为正常运行的 TWC 转化 CO 和 HC 时消耗了氧气。当 TWC 损坏后，其转换效率基本丧失，使前、后端的氧气值接近，此时氧传感器信号的电压波形和波动范围均趋于一致，这时需要更换 TWC。

3. TWC 常见的故障及原因

TWC 常见的故障有：TWC 性能恶化；TWC 芯子堵塞后排气不畅，产生过高的排气背压，使废气倒流到发动机内。包括如下现象：

1）炭灰积聚、污染。含铅汽油燃烧后会使 TWC 很快受到损害；机油窜入到气缸燃烧后，机油中的磷和锌等物质也会污染 TWC。

2）陶瓷芯子破损。热循环长期的作用、外部碰撞和挤压，都有可能使陶瓷芯子破损。

3）陶瓷芯子熔化。当 TWC 正常工作时，TWC 内的温度一般可达 500～800℃，出口处温度比进口处的温度约高 30～100℃。但是，混合气浓或燃烧不完全时会使排气中的 CO 和 HC 浓度过高，这将加重 TWC 的负担，使温度升高过多，时间长后，会使 TWC 的性能恶化，甚至熔化载体。

4）TWC 上一般还装有排气温度传感器，当温度不定期高时，ECU 会切断二次空气供给，中断催化转化反应。

4. 典型轿车 TWC 性能的检测

本田轿车 TWC 检测过程如下：

（1）目测检查

1）检查 TWC 外观。如发现外壳被压扁、锈蚀或出现凹痕，应更换 TWC。

2）从汽车上拆除 TWC 时，用手电筒照 TWC 的排气口处，看是否有积炭或铅污染物堵塞。

3）轻轻摇动 TWC，听听内部元件有无松动迹象。如果发生元件堵塞、熔化或者其他形式的损坏，应更换 TWC。

（2）功能测试

1）发动机以 2500r/min 的转速运转约 2min，将 TWC 加热至工作温度。

2）在 TWC 的废气入口处和出口处分别接上一支表面温度探头，测量温度。

3）出口处温度至少应比进口处温度高 38℃左右。

4）如果温差低于规定值，则应更换 TWC。

（3）排气受阻检测 在氧传感器或 CO 测试管处检测排气压力的方法如下：

1）在氧传感器（或 CO 测试管）处安装排气压力表，如图 3-86 所示。

2）在正常的工作温度下，发动机怠速时，压力表读数不应超过 8.6kPa。

3）把发动机转速提高至 2000r/min。此压力表的读数不应超出 20.7kPa。

4）如果在两种转速中的任何一种情况下背压超出规定值，表明排气系统受阻。

5）检查排气系统有无压扁的管路，系统是否发生热变形或者内部消声器是否出现故障。

6）如果没有找到排气系统背压过高的明显原因，那么有可能是 TWC 受阻。

7）完成检测后，在重新安装前用防粘剂涂敷氧传感器螺纹。

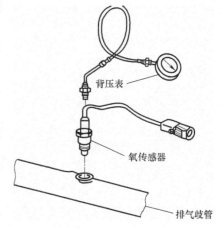

图 3-86　检测受阻排气系统

5. 氧传感器检测

（1）氧传感器加热器电阻的检测　点火开关置于 OFF，拔下氧传感器的导线插接器，用万用表电阻档测量氧传感器的接线端中加热器两端子间的电阻，其电阻值应符合标准值（一般为 4～40Ω，具体数值参见具体车型说明书）。如不符合标准，则应更换氧传感器。测量后，接好氧传感器线束插接器，以便做进一步的检测。

（2）氧传感器反馈电压的检测　当测量氧传感器的反馈电压时，应先拔下氧传感器的线束插接器插头，对照被测车型电路图，从氧传感器反馈电压输出端引出一条细导线，然后插好插接器，在发动机运转时从引出线上测量反馈电压。也可用示波器观察输出波形，其应与氧传感器的输出特性一致。

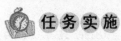

任务实施

以发动机电控辅助控制系统的故障诊断为任务，采用行动导向教学法，引导学生按照汽车维修工作过程（资讯、决策、计划、实施、检查、评估）检测并排除故障，在此过程中学习相关理论知识，掌握发动机电控辅助控制系统的故障诊断方法。

任务工单 3.4

电控发动机辅助控制系统的检测与故障诊断

工作任务	电控发动机辅助控制系统的检测与故障诊断			学时	6
姓名		学号		班级		日期	

1. 咨询
(1) 车辆信息

车型		生产年代		制造厂	
车辆识别码		发动机型号			

(2) 故障描述

(3) 相关问题
①简述怠速控制系统的工作原理。

②根据检测车辆发动机描述可变气门正时系统的组成及工作原理。

③根据检测车辆发动机描述涡轮增压控制系统的组成及工作原理。

2. 决策
提出诊断排除故障的方案：

（续）

3. 计划	
工作分配	
时间安排	
工作步骤	
设备和工具	

4. 实施
（1）诊断

检查部位	检查方法	检查结果	修复措施
怠速控制系统			
涡轮增压控制系统			
三元催化转化系统			
EVAP 控制系统			
怠速控制阀或节气门体			
氧传感器			
涡轮增压控制电磁阀			
其他			

（续）

（2）典型故障小试牛刀

故障现象	诊断思路步骤	故障点

5. 检查

检查汽车修复质量及汽车性能：

6. 评估

考评项目		自我评估	组长评估	教师评估	备注
素质考评 10	劳动纪律 5				
	环保意识 5				
工单考评 20					
实操考评 40	工具使用 5				
	任务方案 10				
	实施过程 20				
	完成情况 5				
	其他				
合计 70					
综合评价 70					

组长签字： 教师签字：

任务3.5　电控发动机常见故障诊断与排除

任务要求

1. 通过学习，了解发动机电控系统故障产生的原因及特点。
2. 通过学习，了解发动机电控系统典型故障的现象、原因和诊断流程。
3. 通过新技术的引导，激发学生学习专业课的兴趣。

任务描述

汽车故障产生的原因错综复杂，但是对于典型的故障，都有规律可循，只有掌握了汽车故障产生的原因及变化规律，运用先进诊断设备通过对汽车故障的关键参数进行科学诊断，并结合理论知识进行严谨的分析，才能更快速地找到故障，并排除相关问题。

相关知识

汽车故障形成的原因及分类，汽车故障的参数和标准，汽车故障的诊断方法和诊断周期，汽车故障诊断分析方法，正确运用汽车诊断方法和汽车参数检测设备。

电控发动机主要有起动困难、怠速不稳和加速不良等故障，下面介绍各种典型故障的诊断分析及思路。

3.5.1　发动机起动困难

起动困难是指起动机能带发动机按正常速度转动，有明显着车征兆，但不能起动，或需要连续多次起动或长时间转动起动机才能起动。对于起动困难的故障，应分清是在冷车时出现还是热车时出现，或者不论冷车热车均出现。

1. 故障现象

起动时曲轴转动速度正常，但需要较长时间才能起动，或有明显着车征兆而不能起动。

2. 故障原因

进气系统中有漏气，燃油压力太低，空气滤清器滤芯堵塞，冷却液温度传感器故障，空气流量传感器故障，怠速控制阀或附加空气阀故障，冷起动喷油器不工作或冷起动喷油器一直工作，温度时间开关故障，喷油器故障，点火正时不正确，起动开关至ECU的接线断路，气缸压缩压力太低，ECU故障。

3. 故障诊断的一般程序

对于起动困难，应分清是冷车时出现还是热车时出现，或者不管冷车还是热车均出现。这一故障一般是在燃油系统，可按下述步骤进行检查：

1）自诊断。如有故障码，则按故障码查找相应的故障原因。

2）检查怠速时进气管的真空度，若真空度小于标准值，或怠速运转时进气管附近有漏气的"嘶嘶"声，说明进气系统中有泄漏，应检查进气管各个管接头、衬垫和真空软管等处，以及EGR系统、燃油蒸发回收系统。

3）检查空气滤清器是否有堵塞。如有滤芯堵塞，应清洗或更换。

4）如节气门在 1/4 开度左右发动机能正常起动，而节气门全关时起动困难，应检查怠速控制阀及附加空气阀是否工作正常。在冷车怠速运转中，拔下怠速控制阀线束插头，或者在冷车怠速运转时将附加空气阀过气软管用钳子夹住，如果发动机转速没有下降，说明怠速控制阀工作不正常，应检查怠速控制阀及其控制电路。

5）检查燃油压力。如果压力太低，应检查油压调节器有无漏油，汽油滤清器有无堵塞，汽油泵最大泵油压力是否正常。

6）检查冷却液温度传感器或空气流量传感器。拔下冷却液温度传感器或空气流量传感器线束插头，用万用表测量冷却液温度传感器和空气流量传感器各接线端之间的电阻。如果阻值不符合标准，应更换。

7）如果是在冷车时不易起动，而热车时起动正常，应检查冷起动喷油器工作是否正常。先检查在起动时冷起动喷油器线束插头处有无 12V 左右的电压。如果没有电压，则说明控制电路有故障，应检查冷起动温度时间开关及其控制电路。如果起动时线束插头处有电压，应检查冷起动喷油器电磁线圈电阻是否正常，喷孔有无堵塞。

8）如果是在热车状态下不易起动，应检查在点火开关关闭后，燃油系统的保持压力是否正常。如果保持压力太低，应检查油压调节器、电动汽油泵和喷油器等处是否漏油。

9）在怠速时检查点火正时，若不符合标准值，应调整。

10）检查起动开关至 ECU 的起动信号是否正常。若 ECU 接收不到起动开关的起动信号，就不能进行加浓控制，也会导致起动困难。

11）拆检喷油器。

12）检查进气管和进、排气门积炭。严重时应清除。

13）检查缸压，若过低应拆检发动机相关部件。

14）若以上检查均正常，则可更换一个新的 ECU 试验，如起动正常，则说明原 ECU 有故障，应更换。起动困难的检查与诊断不能起动的检查方法有相似之处，有时起动困难最终可能发展为不能起动。

发动机起动困难的故障诊断与排除程序如图 3-87 所示。

3.5.2 发动机怠速不良故障诊断

怠速不良主要表现在发动机怠速不稳、易熄火，又分为冷车和热车怠速不良、冷车怠速不良和热车怠速不良等情况。

1. 冷车和热车怠速不良

（1）故障现象　发动机起动正常，但不论冷车或热车，怠速均不稳定，怠速转速过低，易熄火。

（2）故障原因　进气系统或真空系统漏气；空气滤清器堵塞；怠速控制阀工作不良；EGR 阀卡住常开，不能关闭；怠速初始转速调整不当；燃油系统油压过低喷油器雾化不良、漏油或堵塞；火花塞工作不良；高压线漏电或断路；点火正时失准；缸压过低。

（3）故障诊断与排除

1）自诊断。如有故障码按提示操作。

2）检查进气系统有无漏气。

3）检查怠速控制阀工作是否正常。

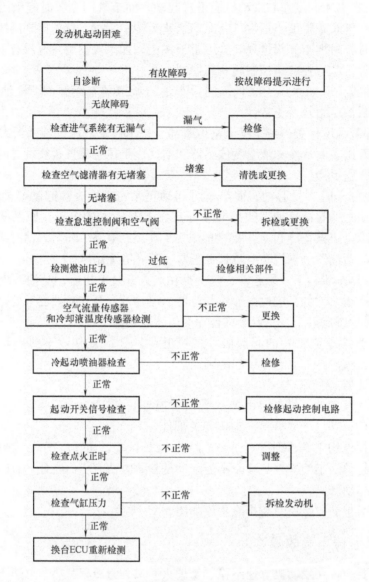

图 3-87 发动机起动困难的故障诊断与排除程序

4）按固定程序调整发动机初始怠速转速。

5）在怠速时做断火检查，若断火后转速无变化，应检查该缸火花塞或喷油器有无故障，喷油器电路有无短路。

6）测量各缸高压线电阻并拆检各缸火花塞。

7）检查燃油压力。

8）检查喷油器在怠速时的工作情况。

9）检查气缸压缩压力。

10）检查调整气门间隙。

怠速不稳、易熄火诊断流程如图 3-88 所示。

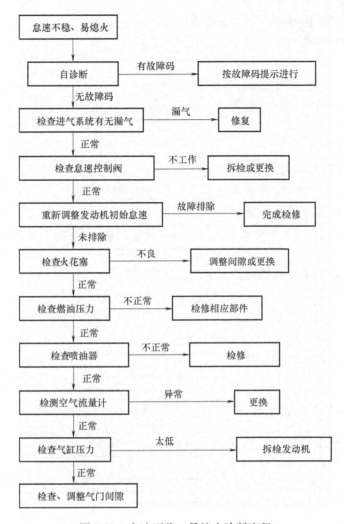

图 3-88 怠速不稳、易熄火诊断流程

2. 冷车怠速不稳、易熄火

（1）故障现象　发动机冷车运转时怠速不稳或过低，易熄火，热车后怠速恢复正常。

（2）故障原因　怠速控制阀故障，电子节气门故障，喷油器雾化不良或有堵塞。

（3）故障诊断与排除

1）自诊断。

2）检查怠速控制阀。

3）测量电子节气门，如有短路、断路或阻值不符合标准的情况，则应更换。

4）拆检、清洗各缸喷油器，检查清洗后的喷油器工作情况，如有雾化不良、漏油或喷油量不符合标准，应更换。

冷车怠速不稳、易熄火的诊断流程如图 3-89 所示。

3. 热车怠速不稳或熄火

（1）故障现象　发动机冷车运转时怠速正常，热车后怠速不稳，怠速转速过低或熄火。

（2）故障原因　怠速初始转速设置过低，电子节气门有故障，怠速控制阀有故障，火花塞或高压线不良，ECU 搭铁不良，氧传感器有故障或失效。

（3）故障诊断与排除

1）自诊断。

2）按正确程序，检查发动机的初始怠速转速，若过低应按规定程序予以调整。

3）检查电子节气门。

4）检查怠速控制阀有无工作。

5）拆下各缸火花塞，检查火花塞电极是否良好，有无烧蚀过度或积炭，视情况更换火花塞或调整火花塞间隙。

6）测量各缸高压线，检查是否有漏电、击穿等损坏现象。

7）检查 ECU 搭铁线及发动机机体搭铁是否良好。

热车怠速不稳或熄火的诊断流程如图 3-90 所示。

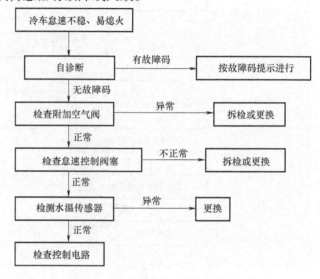

图 3-89　冷车怠速不稳、易熄火的诊断流程

3.5.3　发动机加速不良故障诊断

电控发动机的特点之一是具有极好的加速性能，其加速十分灵敏、迅速。如果出现加速反应迟滞等现象，即说明电控发动机电子控制系统有故障，应及时进行检修。

1. 故障现象

踩下加速踏板后发动机转速不能马上升高，有迟滞现象，加速反应迟缓，甚至踩下加速踏板后转速不升反而下降。加速踏板踩到底时仍感到动力不足，转速提不高，达不到最高车速。

2. 故障原因

燃油系统油压过高或过低，进气系统中有漏气，喷油器喷油不良，节气门位置传感器或空气流量传感器有故障，点火能量低，点火正时不正确，气缸压缩压力低，EGR 系统工作不正常，排气管堵塞等。

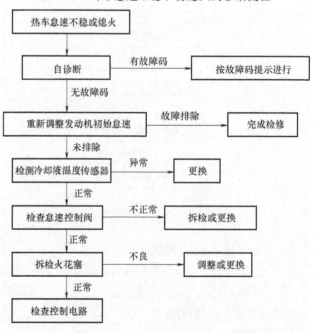

图 3-90　热车怠速不稳或熄火的诊断流程

3. 故障诊断流程

1）自诊断。若有故障码，应按故障码内容进行检查。

2）将加速踏板踩到底，检查节气门能否全开。否则应调整节气门拉索或踏板。

3）检查空气滤清器是否堵塞，进气系统有无漏气。

4）检查气缸压缩压力。

5）测量各缸高压线电阻并拆检各缸火花塞。

6）检查燃油压力。怠速和加速时均应符合要求。

7）检查喷油器的喷油量和喷油雾化情况。如有异常应更换喷油器。

8）检查空气流量传感器（进气压力传感器）、节气门位置传感器等信号是否正常。如有异常，应更换。

9）检查点火正时。

10）检查 EGR 系统的工作情况。

11）检查排气管是否堵塞。

以上程序需全部检查完成，确保排除同时存在几个故障原因的故障。发动机加速不良的诊断流程如图 3-91 所示。

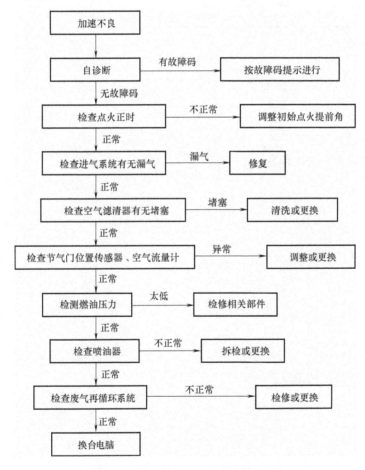

图 3-91　发动机加速不良的诊断流程

任务实施

以电控发动机系统的典型故障诊断为任务，采用行动导向教学法，引导学生按照汽车维修工作过程（资讯、决策、计划、实施、检查、评估）检测并排除故障，在此过程中学习相关理论知识，掌握发动机电控系统的故障诊断方法。

任务工单 3.5

电控发动机常见故障诊断与排除

工作任务	电控发动机常见故障诊断与排除		学时	6
姓名		学号	班级	日期

1. 咨询
（1）车辆信息

车型		生产年代		制造厂	
车辆识别码			发动机型号		

（2）故障描述

（3）相关问题
①发动机加速不良的故障原因有哪些？

②发动机怠速不良的故障原因有哪些？

2. 决策
提出诊断排除故障的方案：

3. 计划

人员分配	
时间安排	
工作步骤	
设备和工具	

（续）

4. 实施

检查项目	检查方法及结果	检查标准	修复方法
自诊断方法			
解码器诊断			
点火系统试火			
点火正时诊断步骤			
燃油系统油压诊断步骤及结果			
气缸压力诊断及结果			
配气正时诊断步骤及结果			
进气系统真空度诊断步骤及结果			
排气管阻塞检查			
电控系统传感器检测诊断及结果			
电控系统执行器检测诊断及结果			
ECU 检测诊断及结果			
其他检查			

典型故障小试牛刀

故障现象	诊断思路步骤	故障点

5. 检查

检查汽车修复质量及汽车性能：

（续）

6. 评估

	考评项目	自我评估	组长评估	教师评估	备注
素质考评 10	劳动纪律 5				
	环保意识 5				
工单考评 20					
实操考评 40	工具使用 5				
	任务方案 10				
	实施过程 20				
	完成情况 5				
	其他				
合计 70					
综合评价 70					

组长签字：　　　　　　　　教师签字：

项目 4　汽车底盘检测与故障诊断

任务 4.1　离合器的检测与故障诊断

 任务要求

1. 通过本任务内容的学习，能够了解离合器的发展历程，熟悉离合器常见故障的原因及诊断方法。
2. 通过讲解和现场指导，使学生能对常见车型所使用离合器的工作原理及组成进行叙述，并能在实车上找到其位置。
3. 通过新技术的引导，激发学生学习专业课的兴趣。

 任务描述

随着人们对于汽车的要求越来越高，动力传动也随着不断更新。传统离合器也走上了电控道路，熟悉机械式离合器有助于了解其基本的作用及其发展方向。本任务主要就是让大家了解机械式离合器的发展，掌握离合器的诊断方法及零部件的检测。

相关知识

机械式离合器常见的故障有：打滑、分离不彻底和发抖等。

4.1.1　离合器的常见故障及其检测方法

1. 离合器打滑

（1）故障现象

1) 当汽车起步时，完全放松离合器踏板，发动机的动力不能完全传至变速器主动轴，使汽车动力下降，油耗增加和起步困难。

2) 当汽车加速时，车速不能随发动机转速提高而加快及行驶无力。

3) 当负载上坡时，打滑较明显，严重时会从离合器内散发出焦臭味。

（2）故障原因（正压力、摩擦系数）

1) 离合器踏板自由行程太小或没有，分离轴承经常压在离合器分离杠杆上，使压盘处于半分离状态。

2) 压盘弹簧过软或折断。

3) 摩擦片磨损变薄、硬化、铆钉外露或沾有油污。

4) 离合器和飞轮联接螺钉松动。

（3）故障判断与排除

1) 拉紧驻车制动器，挂上低速档，慢慢放松离合器踏板，徐徐加深加速踏板，若汽车不动,发动机仍继续运转而不熄火,说明离合器打滑。挂上前进档位,拉紧驻车制动器,用手摇柄能摇转发动机,也说明离合器打滑。

2)检查离合器踏板自由行程,如不符合规定应予调整。

3)若自由行程正常,应拆下离合器底盖检查离合器与飞轮螺钉是否松动,如松动应拧紧;如不松动应检查离合器盖与飞轮之间有无调整垫片,并视情况减少或拆除垫片再予拧紧。

4)经上述检查排除后仍然打滑时,应拆下离合器检查摩擦片的状况。若有油污,一般应拆下用汽油清洗并烘干,然后找出油污来源,并设法排除。

若摩擦片磨损过薄或多数铆钉头外露,应更换摩擦片,如摩擦片磨损较轻,仅是个别铆钉头外露,可加深铆钉孔,重新铆合使用。

5)如摩擦片完好,则应分解离合器,检查压盘弹簧弹力。若弹力稍有减小,可在弹簧下面安装垫圈继续使用,若弹簧过弱或折断应予更换。

离合器打滑故障的诊断流程如图4-1所示。

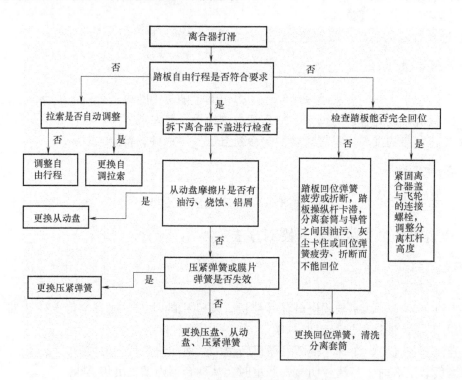

图4-1 离合器打滑故障的诊断流程

使用离合器打滑频闪测定仪(图4-2)可对离合器打滑进行检测。

离合器打滑频闪测定仪的基本工作原理是频闪原理,即如果在精确的确定时刻,相对转动零件的转角照射一束短暂(约1/5000s)的频率与转动零件的旋转频率相同的光脉冲时,由于人们的视觉暂留现象,似乎觉着零件静止不动。

该仪器由发动机火花塞的高压电极输入电脉冲信号,火花塞每跳火一次,闪光灯就亮一次,闪光频率与发动机转速成正比,当离合器不打滑时,传动轴上设定点会与闪亮点同步动作，传动轴似乎处于不转动状态；否则，轴上设定点转速会滞后于闪亮点动作，这说明离合器存在打滑现象。

离合器打滑频闪测定仪的使用方法如下：

检测时，在传动轴上做一标记点，将变速器挂入直接档并踩下加速踏板，使车轮原地运转，必要时可给试验台滚筒增加负荷或使用行车制动器，以增加驱动轮和传动系统的负荷。将闪光灯发出的光亮点投射到传动轴上的标记点。若离合器不打滑，传动轴上标记点与光亮点同步，使人感到传动轴并不旋转；若离合器打滑，则传动轴上标记点与光亮点不同步，传动轴转速比发动机转速低，光脉冲每次照射点均位于上次照射点的前部，使人感觉传动轴慢慢向相反方向转动，显然其转动的快慢即可反映离合器打滑的严重程度。

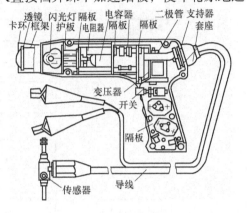

图 4-2　离合器打滑频闪测定仪

2. 离合器分离不彻底

（1）现象

1）当汽车起步时，将离合器踩到底仍感觉挂档困难，虽强行挂入，但不抬踏板汽车就向前驶动或造成发动机熄火。

2）变速器挂档困难或挂不进档，并从变速器端发出齿轮撞击声。

（2）原因

1）离合器踏板自由行程过大。

2）分离杠杆内端不在同一平面上，个别分离杠杆或调整螺钉折断。

3）离合器从动盘翘曲，铆钉松脱或新换的摩擦片过厚。

4）双片式摩擦片中间主动盘限位螺钉调整不当，及分离弹簧过软或折断。

5）从动盘毂键槽与变速器第一轴键齿锈蚀，使从动盘移动困难。

（3）故障判断与排除

1）将变速杆放到空档位置，踩下离合器踏板，用螺钉旋具推动离合器从动盘。若能轻推动，说明离合器能分离开；若推不动说明离合器分不开。

2）检查调整离合器踏板自由行程，如自由行程过大，则要重新调整。

3）检查分离杠杆高低是否一致，及分离杠杆支架螺栓是否松动，必要时进行调整或拧紧。

4）双片式离合器应检查调整限位螺钉与中间主动盘的间隙，间隙不符合要求应进行调整。其方法是：把限位螺钉拧到底，使其抵住中间主动盘，然后再退回 2/3~5/6 圈（相当于限位螺钉与锁片间发出 4~5 响）。

5）如新换摩擦片过厚，可在离合器盖与飞轮间增加适当厚度的垫片予以调整，但各垫片厚度应一致。

6）如经上述检查调整仍无效时，应将离合器拆下分解，检查各机件的技术状况，必要时予以修理或换件。

离合器分离不彻底的故障诊断流程如图 4-3 所示。

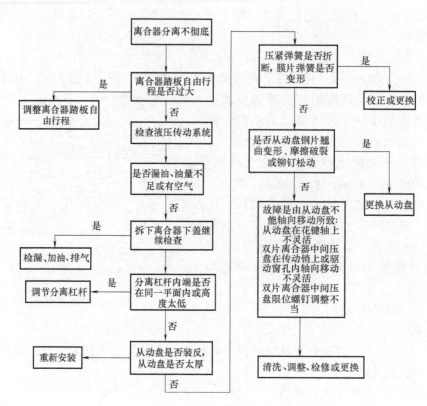

图 4-3　离合器分离不彻底的故障诊断流程

3. 离合器异响

（1）现象　在使用离合器时，有不正常的响声产生。

（2）原因

1) 分离轴承磨损严重或缺油，轴承回位弹簧过软、折断或脱落。

2) 分离杠杆支承销孔磨损松旷。

3) 从动钢片铆钉松动，钢片碎裂或减振弹簧折断。

4) 踏板回位弹簧过软、脱落或折断。

5) 传动销与孔磨损松旷。

6) 从动盘毂与变速器第一轴花键磨损严重。

（3）判断与排除　离合器异响故障诊断如图 4-4 所示。

4. 起步时发抖（离合器结合不平顺）

（1）现象　当汽车起步时，经常不能平稳结合，使车身发生抖动。

（2）原因

1) 分离杠杆内端高低不一。

2) 压盘或从动盘翘曲，或从动盘铆钉松动。

3) 压紧弹簧力不均。

4) 变速器与飞轮固定螺钉松动。

（3）判断与排除　离合器结合不平顺的故障诊断流程如图 4-5 所示。

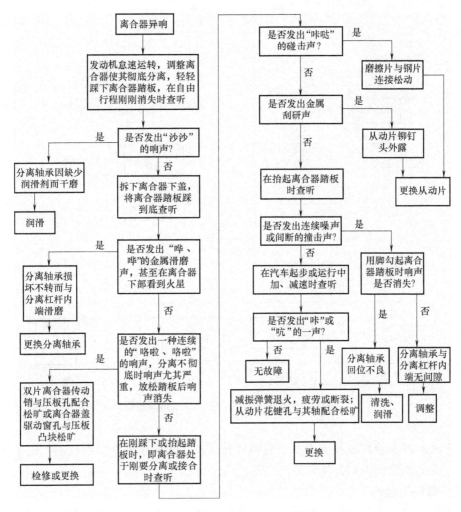

图 4-4 离合器异响故障诊断

4.1.2 离合器零件检修

分离轴承、压紧弹簧、离合器片等。

1. 离合器从动盘检修

常见损伤：花键套的键齿磨损，钢片和花键毂之间的减振弹簧过软或折断，钢片与花键毂铆钉松动，钢片翘曲破裂，摩擦衬片磨损、烧蚀、硬化和破裂，以及铆钉松动等，要认真检验与修理。

摩擦片有轻微油污处理：可用喷灯火焰烧去，或用汽油清洁，表面的轻微烧焦可用砂纸打磨。

更换原则：摩擦片磨损超过使用限度、有裂纹与脱落、烧焦面积大而深或有严重油污时，则需要更换新的摩擦片。

更换离合器摩擦片的步骤如下：

2. 离合器压盘的检修

压盘的损伤：工作平面（0.20mm）磨损、擦伤、破裂、翘曲和销孔磨损等。

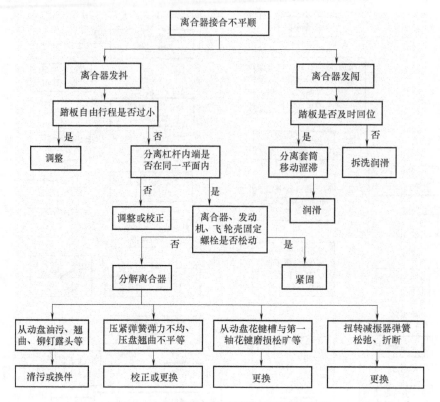

图 4-5 离合器结合不平顺的故障诊断流程

损坏原因：离合器打滑和分离不彻底容易使压盘受热产生翘曲变形或不均匀磨损；摩擦片铆钉头外露擦伤压盘表面，使压盘表面磨出沟槽。

3. 膜片弹簧的检修

膜片弹簧损伤：长久负荷而疲劳，造成弯曲、磨损、开裂和弹力减弱。

检查：膜片弹簧磨损：磨损的深度 h（0.6mm）和宽度 b（0.50mm）。

膜片弹簧弹力：弹簧弹力应不低于标准的 70%。

膜片弹簧内端的高度差也不能超过 0.5mm。

4. 飞轮的检查

飞轮与从动盘摩擦片相接触的工作面不应有机油和润滑脂。

出现严重磨损、沟槽、烧伤、破裂或失去平衡时应更换。

飞轮与定位销配合应紧密。

4.1.3 离合器的装配与调整

1. 离合器的装配

以大众桑塔纳 2000 离合器为例：

1）将从动盘装在发动机飞轮上，用导向定位器或变速器输入轴定位。从动盘上减振弹簧突出的一面朝外。

2）装上压板组件，用扭力扳手间隔拧紧螺栓。

3)用专用工具将分离叉轴套压入变速器壳上。

4)将分离叉轴的左端装上回位弹簧,先穿入变速器壳左边的孔中,再将分离叉轴的右端装入右边的衬套孔中,然后再装入左边的分离叉轴衬套和分离叉轴衬套座。将衬垫及导向套涂上密封胶,装到变速器壳前面,旋紧螺栓,力矩为15N·m。

5)在变速器的后面旋紧螺栓,力矩为15N·m,将分离叉轴锁住;检查分离叉轴应能灵活转动,但不能左右移动。

6)用专用工具将分离轴承压入分离轴承座内。

2. 离合器的调整

1)离合器分离杠杆高度的调整。导致分离不彻底和起步发抖的现象。

2)离合器踏板高度的调整。当离合器踏板高度调整时,先拧松锁紧螺母,转动止动器螺栓至规定高度。离合器踏板高度可用钢直尺测量,国产轿车一般是180~190mm。

3)离合器踏板自由行程的调整。踏板自由行程是指踏板踩下一定行程而离合器尚未起分离作用,此时的踏板高度与自由状态的高度之差。

方法:先测出踏板在完全放松时的高度,再测出用手掌按下踏板感觉有阻力时的高度,前后两数值之差就是自由行程值。

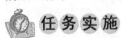
任务实施

以离合器打滑的故障诊断为任务,采用行动导向教学法,引导学生按照汽车维修工作过程(资讯、决策、计划、实施、检查、评估)检测并排除故障,在此过程中学习相关理论知识,掌握离合器打滑的故障诊断方法。

任务工单 4.1

离合器的检测与故障诊断

工作任务	离合器的检测与故障诊断			学时	2
姓名		学号		班级		日期	

1. 咨询
(1) 车辆信息

车型		生产年代		制造厂	
车辆识别码			发动机型号		

(2) 故障描述

(3) 相关问题
①简述离合器的作用、组成及工作原理。

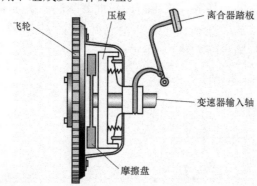

②离合器打滑的危害有哪些?

2. 决策
提出诊断排除故障的方案:

3. 计划

人员分配	
时间安排	
工作步骤	
设备和工具	

（续）

4. 实施
确诊离合器打滑的人工方法：
离合器踏板自由行程的检查：
从车上拆下离合器的步骤：

拆检离合器总成

检查项目	性能要求	检查结果	修复方法
从动盘			
压盘			
离合器盖			
分离件			
飞轮			

离合器的装配步骤：

（续）

离合器的调整：				
液压式离合器操纵机构的检查：				
典型故障小试牛刀				
故障现象		诊断思路步骤		故障点
5. 检查 检查汽车修复质量及汽车性能：				
6. 评估				

	考评项目	自我评估	组长评估	教师评估	备注
素质考评 10	劳动纪律 5				
	环保意识 5				
工单考评 20					
实操考评 40	工具使用 5				
	任务方案 10				
	实施过程 20				
	完成情况 5				
	其他				
合计 70					
综合评价 70					

组长签字： 教师签字：

任务4.2 变速器的检测与故障诊断

任务要求

1. 通过本任务内容的学习,能够掌握手动变速器及自动变速器的组成、各部分的功能及原理。
2. 通过讲解和现场指导,使学生能对常见车型所使用变速器的简单原理及功能进行叙述,能认识相应的传感器、执行器和ECU,并能在实车上找到其位置。
3. 通过新技术的学习,激发学生学习专业课的兴趣。

任务描述

底盘传动技术不断地在变化更新,但是怎样改变,只要真正掌握底盘传动系统的作用、基本工作原理,及时了解其他新技术在传动系统中的应用,就能及时地适应汽车发展的要求,把握住汽车传动系统脉络。本任务主要学习变速器的组成及类型,了解其功能。

相关知识

汽车发动机输出的转矩、转速变化的范围并不能适应行驶条件的变化,需要通过变速器使汽车具有合适的车速和转矩。

变速器是能固定或分档改变输出轴和输入轴传动比的齿轮传动装置。变速器由传动机构和变速机构组成,可制成单独变速机构或与传动机构合装在同一壳体内。变速器的功能是实现变速、变矩,实现倒车,实现中断动力传递。

4.2.1 手动变速器的检测与故障诊断

手动机械式变速器的常见故障有:跳档、乱档、换档困难、异响、过热和漏油等。

1. 变速器跳档

(1) 故障现象 在某一档位行驶时,变速杆自动跳回空档。跳档一般发生在发动机中高速、负荷突然变化或车辆剧烈振动时,尤其在重载加速或爬坡时,且多发生在直接档或超速档。

(2) 故障原因 变速器跳档主要是由操纵机构磨损、变形或调整不当,变速器轴轴向窜动或轴线的同轴度、平行度误差过大,齿轮、齿圈严重磨损等原因导致的。

(3) 故障诊断 变速器跳档故障的诊断流程如图4-6所示。

2. 变速器乱档

(1) 故障现象 变速器技术状况正常,汽车起步挂档或行驶中换档时,变速杆不能挂入所需档位,或虽能挂入所需档位,但不能退回空档,或一次挂入两个档位。

(2) 故障原因 变速器乱档的主要原因是其操纵机构失效,故障部位在变速杆、变速叉与叉轴及互锁装置。

(3) 故障诊断 变速器乱档的故障诊断流程如图4-7所示。

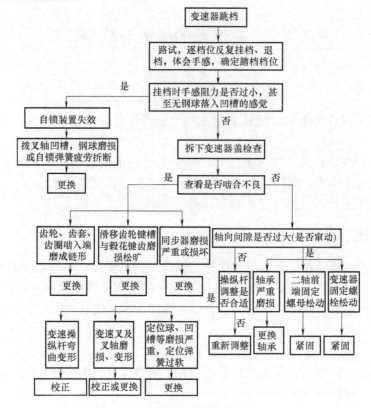

图 4-6　变速器跳档故障的诊断流程

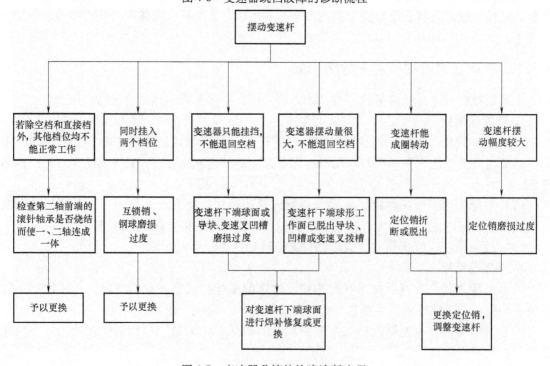

图 4-7　变速器乱档的故障诊断流程

3. 变速器换档困难

（1）故障现象　变速器工作良好，变速杆不能正常挂上档位，或者勉强挂入档位后，又很难退回。

（2）故障原因　变速器换档困难的主要原因是操纵机构和同步器失效。

（3）故障诊断　变速器换档困难的故障诊断流程如图4-8所示。

4. 变速器异响

变速器异响是指变速器内发出不正常的响声，主要表现如下：

变速器空档异响；接档工作无异响，其他档均有异响；低速档有异响，高速档时响声减弱或消失；变速器个别档有异响；变速器各档均有异响；汽车以各档行驶时，变速器均有异响。

故障诊断

依据异响特征判断异响部位：

齿轮啮合异响，一般是"刚唧、刚唧"的相互撞击声；轴承异响，"哗啦啦"的响声；变速叉凹槽异响，一种较为沉闷、无节奏的声音；其他异响，金属干摩擦声及轮齿折断、变速器内异物所造成的异响。

根据变速器工作档位判断异响部位：

变速器空档异响多为第一轴常啮合不良、轴承损坏或松旷；直接档工作无异响，其他档均有异响多为中间轴和第二轴前后轴承损坏；低速档有异响，高速档响声减弱或消失，多为第二轴后轴承损坏；变速器个别档异响，多为在异响档工作时，承受负荷的齿轮、轴承磨损或损坏所致；变速器各档均有异响，多为变速器壳严重磨损、变形所致。

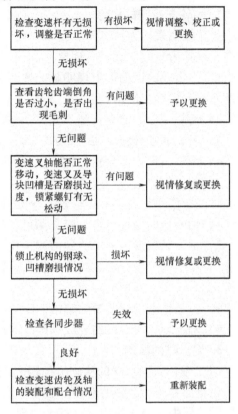

图4-8　变速器换档困难的故障诊断流程

5. 变速器过热

（1）故障现象　汽车在行驶中可听到金属摩擦声，行驶一段路程后，用手触摸变速器，有过热烫手的感觉。

（2）故障原因　齿轮油不足，齿轮油黏度过小或型号不对；齿轮啮合间隙过小；轴承装配过紧。

（3）故障诊断与排除　用手触摸变速器，若发热烫手则说明变速器过热；检查油面和油质。必须按原厂规定的型号及油面高度（油量）加注润滑油；对于新修的变速器，应检查齿轮啮合间隙或轴向间隙是否过小、轴承是否过紧等。

6. 变速器漏油

变速器漏油是指变速器盖、前后轴承盖或其他部位渗漏润滑油，其主要原因为各轴油封、油堵和衬垫等密封不良，或回油螺纹积污、磨损变浅，或润滑油过多、壳体破裂等，可根据油迹来判断漏油部位，查找漏油原因，并及时予以排除。

注意：机械变速器有很多种，不同的变速器适用的汽车与发动机不一样，先弄清各自的工作原理与结构，再试着分析各自的优缺点。

4.2.2 手动变速器零件的检测

1. 齿轮与花键的检修

齿轮损伤表现为：齿面、齿顶、齿轮中心孔、花键齿磨损，齿面疲劳脱落、斑点，严重时会出现轮齿断裂、破碎等现象。

1) 当齿轮的齿面上出现明显的疲劳斑点、划痕或阶梯形磨损时，应更换，斑点小时可用磨石修磨后继续使用。
2) 齿轮端面的磨损长度不允许超过齿长的15%，否则更换。
3) 齿轮的啮合面应在齿高的中部，接触面积不得小于齿轮工作面的60%。
4) 齿轮与齿轮、齿轮与轴及花键的啮合间隙要符合原厂的规定。

2. 轴的检修

轴的损伤通常表现为：轴颈、花键齿的磨损，轴的变形，轴的破裂。

1) 轴的弯曲变形用百分表来测量，超过标准时应校正或更换。
2) 轴齿、花键齿损伤达到前述损伤的程度时应更换。
3) 用千分尺检查轴颈的磨损程度，其磨损达到规定值时，可堆焊后修磨、镀铬修复或更换。
4) 检查轴上定位凹槽的磨损，CA1091、EQ1090最大磨损量为0.5mm，超过应更换。
5) 轴出现任何形式的裂纹和破碎时应更换。

3. 同步器的检修

（1）锁环式同步器的检修　损伤表现：锁环、滑块、接合套、花键毂和花键齿的损伤。锁环内锥面和滑块凸台的磨损都会破坏换档过程的同步作用；锁环、接合套锁止角的磨损，会使同步器失去锁止作用，这都会出现换档困难，发出机械撞击噪声。

锁环检验的方法是将同步器锁环压在换档齿轮的端面上，检查摩擦效能，并用塞尺测量锁环和换档齿轮端面之间的间隙。

同步器滑块顶部凸台磨损出现沟槽，必须更换。锁环上滑块槽的磨损、滑块支承弹簧断裂或弹力不足以及接合套和花键毂的磨损都会使换档困难。

（2）锁销式同步器的检修　主要损伤：锥盘的变形，锥环锥面、锁销和传动销磨损等。

锥盘的变形是由于换档操作不当、冲击过猛使锥盘外张，摩擦角变大造成同步效能降低。

锥环锥面上螺纹槽的磨损严重，使摩擦系数过低，甚至两者端面接触，使同步作用失效。

同步器的锁销、传动销松动或有散架，锁止角异常磨损，都会使同步器失效，应更换新的同步器。

4. 变速器壳体的检修

主要损伤表现为：壳体的变形、裂纹，定位销孔、轴承孔和螺孔磨损等。

当变速器轴承孔磨损超限、变形时，可采用镶套、刷镀的方法修复或更换；当壳体平面度误差超限时，可采用铲、刨、锉、铣等方法修复或更换。

5. 变速器盖的检修

变速器盖应无裂纹，其与变速器壳体结合面的平面度公差超限时，可采用铲、刨、锉、铣等方法修复；拨叉轴与轴承孔的间隙超限时应更换。

6. 轴承的检修

轴承应转动灵活，滚动体与内外圈不得有麻点、麻面、斑疤和烧灼等，保持架应完好，否则更换。

7. 操纵机构的检修

变速器操纵机构工作频繁，其损伤常表现为：磨损、变形、连接松动和弹簧失效等。

1）检查变速器操纵机构各零件的连接情况，如有松动应及时紧固。
2）检查变速杆、拨叉轴和拨叉等变形情况，如有变形应校正。
3）检查拨叉与接合套、拨叉与拨叉轴、选档轴等处的磨损，如磨损应更换。
4）检查回位弹簧、锁止弹簧的弹性，如失效应更换。

4.2.3 自动变速器的检测与故障诊断

1. 自动变速器换档冲击较大

（1）故障现象　起步时，变档杆从 P 位或 N 位挂入 D 位或 R 位时，汽车振动大；行驶中，自动变速器升档瞬间产生振动。

（2）故障原因　发动机怠速过高；节气门拉线或节气门位置传感器调整不当，主油路油压高；升档过迟；真空式节气门阀真空软管破损；主油路调压阀故障，使主油路油压过高；减振器活塞卡住，不起减振作用；单向阀球漏装，制动器或离合器接合过快；换档组件打滑；油压电磁阀故障；ECU 故障。

（3）排除方法　检查发动机怠速，检查、调整节气门拉线和节气门位置传感器，检查真空式节气门阀的真空软管。路试检查自动变速器升档是否过迟，升档过迟是换档冲击大的常见原因。

检测主油路油压。如果怠速时主油路油压高，说明主油路调压阀或节气门阀存在故障；如果怠速油压正常，而起步冲击大，说明前进离合器、倒档及高档离合器的进油单向阀损坏或漏装。

检查换档时主油路油压。正常情况下，换档时主油路油压瞬时应有下降。若无下降，说明减振器活塞卡住，应拆检阀体和减振器。

检查油压电磁阀的工作是否正常，检查 ECU 在换档瞬间是否向油压电磁阀发出控制信号。如果电磁阀本身有问题则应更换，如果电路存在问题则应修复。

2. 自动变速器打滑

（1）故障现象　起步时踩下加速踏板，发动机转速上升很快但车速升高缓慢；上坡时无力，发动机转速上升很高。

（2）故障原因　液压油油面太低；离合器或制动器磨损严重，液压泵磨损严重，主油路漏油造成主油路油压低；单向超越离合器打滑；离合器或制动器密封圈损坏导致漏油；减振器活塞密封圈损坏导致漏油。

（3）排除方法　检查液压油油面高度和油的品质；若液压油变色或有烧焦味，说明离合器或制动器的摩擦片烧坏，应拆检自动变速器。

路试检查，若所有档都打滑，原因出在前进离合器。

若变速杆在 D 位的 2 档打滑，而在 S 位的 2 档不打滑，说明 2 档单向超越离合器打滑。若不论在 D 位、S 位的 2 档时都打滑，则为低档及倒档制动器打滑。若在 3 档时打滑，原因为倒档及高档离合器故障。若在超速档打滑，则为超速制动器故障。若在倒档和高档时打滑，则为倒档和高档离合器故障。若在倒档和 1 档打滑，则为低档及倒档制动器打滑。

在前进档或倒档都打滑，说明主油路油压低。此时应对液压泵和阀体进行检修。若主油路油压正常，原因可能是离合器或制动器摩擦片磨损过度或烧焦，更换摩擦片即可。

3. 自动变速器不能升档

（1）故障现象　行驶途中自动变速器只能升 1 档，不能升 2 档及高速档；或可以升 2 档，但不能升 3 档或超速档。

（2）故障原因　节气门拉索或节气门位置传感器调整不当，调速器存在故障，调速器油路漏油，车速传感器故障，2 档制动器或高档离合器存在故障，换档阀卡滞或档位开关故障。

（3）排除方法　电控自动变速器应先进行故障诊断。检查调整节气门拉索和节气门位置传感器，检查车速传感器，检查档位开关信号。测量调速器油压，如果车速升高后调速器油压为 0 或很低，说明调速器有故障或漏油。如果控制系统无故障，应拆检自动变速器，检查换档执行组件是否打滑，用压缩空气检查各离合器、制动器油缸或活塞有无泄漏。

4. 自动变速器升档缓慢

（1）故障现象　汽车行驶中，升档车速较高，发动机转速也偏高；升档前必须松开加速踏板才能使自动变速器升入高档。

（2）故障原因　节气门拉索或节气门位置传感器调整不当，调速器存在故障，输出轴上调速器进出油孔的密封圈损坏，真空式节气门阀推杆调整不当，真空式节气门阀的真空软管或真空膜片漏气，主油路油压或节气门油压太高，强制降档开关短路，传感器故障。

（3）排除方法　电控自动变速器应进行故障诊断。检查、调整节气门拉索或节气门位置传感器，测量节气门位置传感器电阻，如不符合标准应更换。采用真空式节气门阀的自动变速器，应检查真空软管是否漏气。检查强制降档开关是否短路。

测量怠速主油路油压，若油压太高，应通过节气门拉索或节气门位置传感器予以调整。采用真空式节气门阀的自动变速器，应用减少节气门阀推杆长度的方法进行调整。若以上调整无效，应拆检油压阀或节气门阀。

测量调速器油压，调速器油压应随车速的升高而增大。将不同转速下测得的调速器油压与规定值比较，若油压太低，说明调速器存在故障或调速器油路存在泄漏。此时应拆检自动变速器，检查调速器固定螺钉是否松动，调速器油路密封环是否损坏，阀芯是否卡滞或磨损过度。

如果调速器油压正常，升档缓慢的原因可能是换档阀工作不良。应拆卸阀体检查，必要时更换。

5. 自动变速器无前进档

（1）故障现象　倒档正常，但在 D 位时不能行驶；在 D 位时汽车不能起步，在 S、L 位（或 2、1 档）时可以起步。

（2）故障原因　前进离合器打滑，前进单向超越离合器打滑，前进离合器油路泄漏，变速杆调整不当。

（3）排除方法　检查调整变速杆位置。测量前进档主油路油压。若油压太低（说明主油路油压低），拆检自动变速器，更换前进档油路上各处密封圈。检查前进档离合器，如果摩擦片烧损或磨损过度应更换。若主油路油压和前进离合器均正常，应拆检前进单向超越离合器。

6. 自动变速器无超速档

（1）故障现象　汽车行驶中，不能从3档升入超速档；车速已达到超速档工作范围，采用松加速踏板几秒钟再踩下加速踏板的方法，自动变速器也不能升入超速档。

（2）故障原因　超速档开关故障，超速电磁阀故障，超速制动器打滑，超速行星排上的直接离合器或直接单向超越离合器故障，档位开关故障，液压油温度传感器故障，节气门位置传感器故障，3~4换档阀卡滞。

（3）排除方法　对电控系统自动变速器应进行故障诊断，检查有无故障码输出。

检查液压油温度传感器电阻值，检查档位开关和节气门位置传感器的输出信号。档位开关，信号应与变速杆的位置相符，节气门位置传感器输出电压应与节气门的开度成正比。

检查超速档开关。在ON位时，超速档开关触点应断开，指示灯不亮；在OFF位时，超速档开关触点应闭合，指示灯应亮。否则检查超速档电路或更换超速档开关。

检查超速档电磁阀的工作情况。打开点火开关，不起动发动机，按下OD开关，超速档电磁阀应有结合的声音。若无结合的声音，应检查控制电路或更换电磁阀。

用举升器举起车辆，使四轮悬空。起动发动机，使自动变速器在D位工作，检查在无负荷状态下自动变速器升档情况。如果能升入超速档，并且车速正常，说明控制系统工作正常。如果不能升入超速档是因为超速制动器打滑，所以在有负荷情况下不能升入超速档。如果能升入超速档，而升档后车速提不高，发动机转速下降，说明超速行星排中直接离合器或直接单向超越离合器故障。如果在无负荷情况下不能升入超速档，说明控制系统存在故障，应拆检阀体，检查3~4换档阀。

7. 自动变速器无倒档

（1）故障现象　汽车在D位能行驶而倒档不能行驶。

（2）故障原因　变速杆调整不当，倒档油路泄漏，倒档及高档离合器或低档及倒档制动器打滑。

（3）排除方法　检查并调整变速杆位置。检查倒档油路油压。若油压太低，说明倒档油路泄漏，应拆检自动变速器。

如果倒档油路油压正常，应拆检自动变速器，更换损坏的离合器或制动器摩擦片或制动带。

8. 自动变速器频繁跳档

（1）故障现象　汽车行驶中，自动变速器出现突然降档现象，降档后发动机转速升高，并产生换档冲击。

（2）故障原因　节气门位置传感器故障，车速传感器故障，控制系统电路故障，换档电磁阀接触不良，ECU故障。

（3）排除方法　对电控自动变速器进行故障诊断。

测量节气门位置传感器，测量车速传感器。

拆下自动变速器油底壳，检查电磁阀连接电路端子情况；检查控制系统各接线端子电压。

9. 无发动机制动

（1）故障现象　汽车行驶中，当变速杆位于2、1或S、L档位时，松开加速踏板，发动机转速降至怠速，但汽车减速不明显；下坡时，自动变速器在前进低档，但不能产生发动机制动作用。

（2）故障原因　变速杆位置调整不当，档位开关调整不当，2档强制制动器打滑或低档及倒档制动器打滑，控制发动机制动的电磁阀故障，阀体故障，自动变速器故障。

（3）排除方法　对电控自动变速器进行故障诊断。

路试检查自动变速器有无打滑现象。

如果变速杆在S位时没有发动机制动作用，而在L位时有发动机制动作用，说明2档强制制动器打滑。如果变速杆在L位时没有发动机制动作用，而S位时有发动机制动作用，说明低档及倒档制动器打滑。

检查控制发动机制动作用的电磁阀是否存在故障。拆检阀体，清洗所有控制阀。检查ECU各接线端子电压，如果正常，再检查各个传感器电压。更换新的ECU重新试验，如果故障消失，说明ECU损坏。

10. 液力变矩器离合器无锁止

（1）故障现象　汽车行驶中，车速、档位已经满足离合器锁止条件，但锁止离合器仍没有锁止作用；油耗增大。

（2）故障原因　锁止电磁阀故障，锁止控制阀故障，变矩器中锁止离合器损坏。

（3）排除方法　检查锁止电磁阀；检查清洗锁止控制阀；若控制系统无故障，则应更换变矩器。

11. 不能强制降档

（1）故障现象　汽车以3档或超速档行驶时，突然把加速踏板踩到底，自动变速器不能立即降低一个档位，汽车加速无力。

（2）故障原因　节气门拉索或节气门位置传感器调整不当，强制降档开关损坏，强制降档电磁阀短路或断路，强制降档阀卡滞。

（3）排除方法　检查节气门拉索、节气门位置传感器的安装情况。

检查强制降档开关。在加速踏板踩到底时，强制降档开关触点应闭合；当松开加速踏板时，强制降档开关触点应断开。如果加速踏板踩到底时，强制降档开关触点没有闭合，可用手动开关。如果按下开关后触点能闭合，说明开关安装不当，应重新调整；如果按下开关触点不闭合，说明开关损坏。

检查强制降档电磁阀的工作情况。拆卸阀体，分解清洗强制降档控制阀，阀芯若有问题，应更换阀体总成。

4.2.4　自动变速器零件的检测

1. 故障诊断与检修注意事项

1）诊断、检修时要遵循由简入繁、由表及里的原则。

2）要根据厂家推荐的程序进行。

3）拆卸自动变速器时应先清洗外部。

4）分解时应将零部件按原顺序放好。

5）液压件及油路应用同型号的 ATF（自动变速器油）清洗，油路用压缩空气吹通，不能用抹布擦拭。

6）零部件装配时应涂抹 ATF。

7）更换新的离合器片或制动器片等，应在装配前放入 ATF 中浸泡 15min 以上。

2. 故障诊断与排除的基本程序

常见的电控自动变速器一般采用的故障诊断与排除程序如下：

1）初步检查。

2）读取故障码。

3）手动换档试验。

4）失速试验。

5）油压试验。

6）换档迟滞试验。

7）道路试验。

8）电控系统检查。

9）车上和车下修理。

当自动变速器故障车辆进厂后，维修人员询问、分析车主的陈述，然后通过道路试验等方法确认故障。故障确认后，先进行初步检查。自动变速器的很多故障可以通过初步检查而排除，然后再进行故障码的读取及数据分析，如果有故障码，可以按故障码的提示去检修。如果没有故障码，要进一步判断故障是发生在机械、液压部分还是电控系统，方法是进行手动换档试验。如果是电控系统故障，要逐步检查、修理或更换；如果是机械和液压系统的故障，要进行失速试验、油压试验、换档迟滞试验和道路试验，以判断故障部位并进行修理，最后进行试车检验。

3. 自动变速器的初步检查（维护）

自动变速器的很多常见故障是由于发动机怠速不正常、ATF 液面高度不正确、油质不良、变速杆位置不准确等原因造成的，对这些方面的检查就是自动变速器的初步检查。初步检查是自动变速器检修中要首先进行的，具体来说包括：ATF 检查和更换、变速器漏油检查、节气门拉索检查和调整、变速杆位置检查和调整、空档起动开关检查和调整以及发动机怠速检查。这些也是自动变速器维护所需进行的项目。

（1）ATF 检查和更换

1）ATF 液面高度的检查。ATF 液面高度过高会导致主油压过高，从而出现换档冲击振动、换档提前等故障；ATF 液面高度过高还会导致空气进入 ATF。如果 ATF 液面高度过低则又会导致主油压过低，从而出现换档滞后、离合器和制动器打滑等故障。

ATF 液面高度检查的具体方法、步骤如下：

①行驶车辆，使发动机冷却液温度和 ATF 温度达到正常工作温度。

②将车辆停在水平地面，并可靠驻车。

③发动机怠速运转，将变速杆由 P 位换至 L 位，再退回 P 位。

④拉出变速器油尺，并将其擦拭干净。

⑤将油尺全部插回套管。

⑥再将油尺拉出,检查油面是否在 HOT 范围,如果不在,应加油。

2) ATF 油质的检查。从油质中可以了解自动变速器具体的损坏情况。油质的好坏主要从以下几个方面去判断:

①ATF 的颜色:正常为鲜亮、透明的红色,如果发黑则说明已经变质或有杂质,如果呈粉红色或白色,则说明油冷却器进水。

②ATF 的气味:正常的 ATF 没有气味,如果有焦煳味,说明 ATF 过热,有摩擦材料烧蚀。

③ATF 的杂质:如果 ATF 中有金属切屑,说明有元件严重磨损或损伤;如果 ATF 中有胶质状油,说明 ATF 因油温过高或使用时间过长而变质。

(2) 节气门拉索检查和调整　节气门拉索调整不当会导致自动变速器工作不正常。如果节气门拉索过松,节气门油压会过低,主油压偏低,使换档滞后、换档打滑;如果节气门拉索过紧,节气门油压会过高,主油压偏高,使换档提前、换档冲击。

(3) 变速杆位置检查和调整　将变速杆自 N 位换到其他档位,检查变速杆是否能平稳而又精确地换到其他档位。同时检查档位指示器是否正确地指示档位。

道路试验是诊断、分析自动变速器故障最有效的手段之一。此外,自动变速器在修复之后,也应进行道路试验,以检查其工作性能,检验修理质量。自动变速器的道路试验内容主要有:检查换档车速、换档质量以及检查换档执行元件有无打滑等。在道路试验之前,应先让汽车以中低速行驶 5~10min,让发动机和自动变速器都达到正常工作温度。在试验中,通常应将 OD 开关置于 ON 的位置(即 OD OFF 熄灭),并将模式选择开关置于常规模式或经济模式。道路试验的方法如下:

1) 升档检查。将变速杆置于 D 位,踩下加速踏板,使节气门保持在 50% 开度左右,让汽车起步加速,检查自动变速器的升档情况。自动变速器在升档时发动机会有瞬时的转速下降,同时车身有轻微的闯动感。正常情况下,汽车起步后随着车速的升高,试车者应能感觉到自动变速器顺利地由 1 档升入 2 档,随后再由 2 档升入 3 档,最后升入超速档。若自动变速器不能升入高档(3 档或超速档),说明控制系统或换档执行元件有故障。

2) 升档车速的检查。在上述升档检查的过程中,当察觉到自动变速器升档时,记下升档车速。一般 4 档自动变速器在节气门开度 50% 时由 1 档升至 2 档的车速为 25~35km/h,由 2 档升至 3 档的车速为 55~70km/h,由 3 档升至 4 档(超速档)的车速为 90~120km/h。由于升档车速和节气门开度有很大的关系,即节气门开度不同时,升档车速也不同,而且不同车型的自动变速器各档位传动比的大小都不相同,其升档车速也不完全一样。因此,只要升档车速基本保持在上述范围内,而且汽车行驶中加速良好,无明显的换档冲击,都可认为其升档车速基本正常。若汽车行驶中加速无力,升档车速明显低于上述范围,说明升档车速过低(即升档提前);若汽车行驶中有明显的换档冲击,升档车速明显高于上述范围,说明升档车速过高(即升档滞后)。

升档车速太低一般是控制系统的故障所致,升档车速太高则可能是控制系统的故障所致,也可能是换档执行元件的故障所致。

3) 换档质量的检查。换档质量的检查内容主要是检查有无换档冲击。正常的自动变速器只能有不太明显的换档冲击,特别是电控自动变速器的换档冲击应十分微弱。若换档冲击太大，说明自动变速器的控制系统或换档执行元件有故障，其原因可能是主油压高或换档执行元件打滑，应做进一步的检查。

4）锁止离合器工作状况的检查。自动变速器液力变矩器中锁止离合器的工作是否正常也可以采用道路试验的方法进行检查。试验中，让汽车加速至超速档，以高于80km/h的车速行驶，并让节气门开度保持在低于50%的位置，使变矩器进入锁止状态。此时，快速将加速踏板踩下使节气门开度超过85%，同时检查发动机转速的变化情况。若发动机转速没有太大的变化，说明锁止离合器处于结合状态；反之，若发动机转速升高很多，则表明锁止离合器没有结合，其原因通常是锁止控制系统有故障。

5）发动机制动作用的检查。当检查自动变速器有无发动机制动作用时，应将变速杆置于2档或L位。在汽车以2档或1档行驶时，突然松开加速踏板，检查是否有发动机制动作用。若松开加速踏板后车速立即下降，说明有发动机制动作用，否则说明控制系统或换档执行元件有故障。

6）强制降档功能的检查。检查自动变速器强制降档功能时，应将变速杆置于D位，保持节气门开度为30%左右，在以2档、3档或超速档行驶时突然将加速踏板完全踩到底，检查自动变速器是否被强制降低一个档位。在强制降档时，发动机转速会突然升至4000r/min左右，并随着加速升档，转速逐渐下降。若踩下加速踏板后没有出现强制降档，说明强制降档功能失效。若在强制降档时发动机转速升高反常，达5000r/min，并在升档时出现换档冲击，则说明换档执行元件打滑，应拆修自动变速器。

4. 手动换档试验

（1）目的　手动换档试验用于判断故障是来自电控系统还是机械系统。

（2）方法、步骤

1）脱开换档电磁阀插接器。

2）将变速杆置于各个位置，检查档位；如果出现异常，说明故障在机械系统。

3）插上换档电磁阀插接器，清除故障码。

4）如果L位、2档和D位换档位置难以区别，则进行下列道路试验：车辆行驶时，经过从L位至2档、2档至D位的换档，检查相应档位的换档变化。如果在上述试验中发现异常，则是变速器机械系统的故障。

5. 失速试验

失速试验是检查发动机、变矩器及自动变速器中有关换档执行元件的工作是否正常的一种常用方法。

（1）目的　失速试验是通过测量在D、R位时的失速转速来检查发动机及变速器的总体性能。

（2）方法、步骤　注意：如果在发动机转速未达到规定失速转速之前，后轮开始转动，应放松加速踏板停止试验。

常见车型自动变速器的失速转速一般为2200r/min左右，但也有的自动变速器的失速转速低于1800r/min，有的自动变速器的失速转速高于2800r/min。

（3）试验结果分析　不用的车型，由于结构不同，试验结果体现的故障不同，下面仅以常见丰田4档自动变速器为例进行说明：

1）如果两个位置失速转速都相同，但均低于规定值：发动机可能功率不足、导轮（变矩器）单向离合器工作不正常。

提示：如果低于规定转速值600r/min以上，液力变矩器可能损坏。

2）在D位失速转速高于规定值：主油压太低、前进档离合器工作不良、OD单向离合器工作不良。

3）在R位失速转速高于规定值：主油压太低、直接档离合器打滑、一档及倒档离合器打滑、OD单向离合器工作不良。

4）在D和R位失速转速均高于规定值：主油压太低、油液液面位置不正常、OD单向离合器工作不良。

6. 换档迟滞试验

（1）目的　发动机怠速转动时拨动变速杆，在感觉振动前会有一段时间的迟滞或延迟，这用于检查OD档离合器，前进档离合器，直接档离合器及一档、倒档制动器的工作情况。

（2）试验结果分析

1）如果N→D延迟时间大于规定值：主油压太低、前进档离合器磨损、OD单向离合器工作不良。

2）如果N→R延迟时间大于规定值：主油压太低，直接档离合器磨损，一档、倒档制动器磨损，OD单向离合器工作不良。

7. 油压试验

油压试验一般是做主油压测试，也可做进气门油压、速控油压和蓄能器背压测试。

注意：如果在发动机转速未达到失速转速之前，后轮开始转动，则松开加速踏板停止试验。如果测得的油压未达到规定值，重新检查加速踏板拉索的调整情况并重复做油压测试。

试验结果分析如下：

1）在任何范围油压均高于规定值：节气门拉索调整不当、节气门阀失效、调压阀失效、油泵失效、OD档离合器损坏。

2）只在D位油压低：D位油路泄漏、前进档离合器故障。

3）只在R位油压低：R位油路泄漏、直接档离合器故障、倒档制动器故障。

任务实施

以自动变速器打滑的故障诊断为任务，采用行动导向教学法，引导学生按照汽车维修工作过程（资讯、决策、计划、实施、检查、评估）检测并排除故障，在此过程中学习相关理论知识，掌握自动变速器的故障诊断方法。

任务工单4.2

变速器的检测与故障诊断

工作任务		变速器的检测与故障诊断				学时	4
姓名		学号		班级		日期	

1. 咨询
（1）车辆信息

车型		生产年代		制造厂	
车辆识别码			发动机型号		

（2）故障描述

（3）相关问题
①简述自动变速器的作用及组成。

②自动变速器打滑的原因有哪些？

2. 决策
提出诊断排除故障的方案：

3. 计划

人员分配	
时间安排	
工作步骤	
设备和工具	

4. 实施
试车确诊自动变速器打滑的方法：

（续）

检查主油路油压油量：

从车上拆下自动变速器的步骤：

拆检自动变速器

检查项目	性能要求	检查结果	修复方法
检查离合器摩擦片			
检查单向离合器			
检查制动器摩擦片、制动带			
检查活塞密封			
检查油泵磨损情况			
检查油路是否泄漏			
检查其他			

自动变速器组装步骤：

把自动变速器安装到车上的步骤：

（续）

5. 检查
检查汽车修复质量及汽车性能：

6. 评估

考评项目		自我评估	组长评估	教师评估	备注
素质考评 10	劳动纪律 5				
	环保意识 5				
工单考评 20					
实操考评 40	工具使用 5				
	任务方案 10				
	实施过程 20				
	完成情况 5				
	其他				
合计 70					
综合评价 70					

组长签字：　　　　　　　　教师签字：

任务4.3　万向传动装置与驱动桥的检测与故障诊断

任务要求

1. 了解万向传动装置的应用，掌握万向传动装置的工作原理。
2. 能操作专用检测仪对传动轴进行动平衡检测。
3. 通过新知识的学习激发学习的兴趣，养成规范的操作习惯。

任务描述

汽车的故障诊断往往需要用到不同的工具和仪器，单独或者综合使用才能找出其故障的位置及类型。在设备的使用过程中，不正当的操作可能造成设备的损伤，影响人身安全，因此，掌握故障诊断常用工具与仪器的正确使用方法显得尤为重要。

相关知识

汽车万向传动装置的应用范围很广，在传动系统中，万向传动装置的主要故障有：异响、抖动等。

4.3.1　万向传动装置的检测与故障诊断

1. 汽车起步时有撞击声，行驶中始终有异响

（1）故障现象　汽车起步时传动轴有撞击声，行驶中当车速变化或高速档低速行驶时也会出现撞击声，整个行驶过程响声不断。

（2）故障原因　此故障为连接松旷所致。

（3）故障诊断与排除

1）当汽车行驶中突然改变车速时，总有一声金属敲击响，多为个别凸缘或万向节轴承松旷，应紧固凸缘或更换轴承。

2）当制动减速时，传动轴出现沉重的金属敲击声，应检查并紧固后钢板弹簧螺栓。

3）当起步和改变车速时，撞击声明显，汽车低速行驶比高速行驶时异响明显，则为中间轴承内座圈过盈配合松动，应重新压配或更换轴承。

4）起步或行驶中，始终有明显异响并有振动，则为中间轴承支架固定螺栓严重松动，重新拧紧则异响消失。

5）停车，检测其游动间隙或目测并晃动传动轴各部，即可找出松旷部位。

2. 起步时无异响，行驶中却有异响

（1）故障现象　汽车起步时虽无异响，但加速时异响出现，脱档滑行时异响仍然十分清晰。

（2）故障原因

1）万向节装配过紧，转动不灵活。

2）传动轴两端万向节不在同一平面内，破坏了传动轴的等速排列。

3）中间轴承球架散离、轴承滚道损伤、轴承磨损松旷或润滑不良。

4）中间轴承支架安装偏斜，或轴承在支架中的位置不正。

（3）故障诊断与排除

1）低速行驶时出现清脆而有节奏的金属敲击声，脱档滑行时声响仍清晰存在，多为万向节轴承壳压紧过甚使之转动不灵活，一般发生在维修之后。

2）当汽车行驶时，车速加快响声增大，脱档滑行尤为明显，直到停车才消失，一般为中间轴承响。若响声混浊、沉闷而连续，说明轴承散架，可拆下传动轴挂档运转，验证响声是否出自中间轴承。

若响声是连续的"呜呜"声，应检查中间轴承支架橡胶垫圈、紧固螺钉是否过紧或过松而使轴承位置偏斜，可旋松轴承盖螺栓，若响声消失，表明中间轴承安装偏斜。若仍有响声，则应检查轴承的润滑情况。如果响声杂乱，时而出现不规则的撞击声，则应检查传动轴万向节叉的等速排列情况。

3）高速时传动轴有异响，脱档滑行也不消失，则应检查中间轴承座圈表面是否有损伤以及支架的安装情况。

3. 行驶中有异响并伴随车身振抖

（1）故障现象　车速超过中速出现异响，车速越高响声越大，达一定速度时车身振抖，车门、转向盘等强烈振响。若此时空档滑行，振动更强烈，降到中速振抖消失，但传动轴异响仍然存在。

（2）故障原因

1）传动轴弯曲、平衡块脱落或轴管凹陷破坏了动平衡。

2）传动轴凸缘和轴管焊接时歪斜。

3）中间轴承支架垫圈磨损松旷。

4）万向节十字轴回转中心与传动轴同轴度误差过大。

5）传动轴万向节滑动叉花键配合松旷，变速器输出轴上的花键与凸缘花键槽磨损过度。

（3）故障诊断

1）若为周期性异响，且车速越快响声越大，应检查传动轴是否弯曲，平衡块有无脱落，传动轴套管是否凹陷，万向节滑动叉花键配合是否松旷。可检查传动轴游隙或用手晃动传动轴，若有晃动感则可确定为花键齿或各部螺栓松动，万向节轴及滚针磨损松旷。

2）举起汽车或支起驱动桥，挂入高速档，查看传动轴摆振情况。如果抬起加速踏板，当车速突然下降时摆振更大，则为凸缘和轴管焊接歪斜或传动轴弯曲所致，可拆下传动轴，检查是传动轴弯曲、轴管凹陷，还是凸缘和轴管焊接处歪斜。

3）若连续振响，应检查中间轴承支架垫圈径向间隙是否过大。松开中间轴承支架螺栓，发动机怠速运转，挂入低速档，查看摆动情况。若摆动量较大，可拆下中间轴检查。若不弯曲又没有摆动量或摆动量不大，说明凸缘与轴管焊接良好，其故障为中间轴支架孔偏斜。若中间轴承无故障，则应检查万向节十字轴回转中心与传动轴的同轴度。

4.3.2　传动系统游动角度的检测

汽车传动系统游动角度常用指针式游动角度检测仪和数字式游动角度检测仪进行检测，图4-9所示为指针式游动角度检测仪。

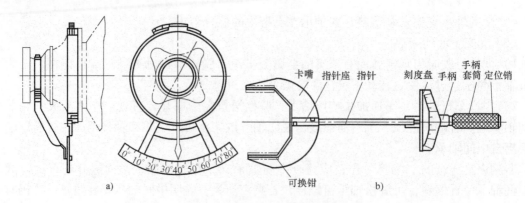

图 4-9　指针式游动角度检测仪
a）指针与刻度盘的安装　b）测量扳手

1. 使用指针式游动角度检测仪检测方法

1）检测驱动桥的游动角度。变速器挂空档，驻车制动器松开，驱动轮制动，将测量扳手卡在驱动桥主动轴万向节的从动叉上，即可测得驱动桥的游动角度。

2）检测万向传动装置的游动角度与测驱动桥游动角度的方法基本相同，只是扳手卡在变速器后端万向节的主动叉上。此时获得的游动角度减去驱动桥的游动角度，即为万向传动装置的游动角度。

3）检测离合器和变速器的游动角度，放松制动器，离合器处于接合状态，势必要可支起驱动桥。测量扳手仍卡在变速器后端万向节的主动叉上，依次挂入各档，即可获得不同档位下从离合器到变速器的游动角度。

对上述三段游动角度求和，即可获得传动系统的游动角度。

2. 数字式游动角度检测仪及检测方法

数字式游动角度检测仪如图 4-10 所示，其检测范围为 $0°\sim30°$，使用的电源为直流 12V。

将检测仪接好电源，用电缆把检测仪和传感器连接好，先按仪器使用说明书的要求对仪器进行自校，再将转换开关扳到"测量"的位置上，即可进行实测。在汽车传动系统中，最便于固定倾角传感器（图 4-11）的部位是传动轴。因此，在整个检测过程中，该传感器一直固定在传动轴上。

图 4-10　数字式游动角度检测仪

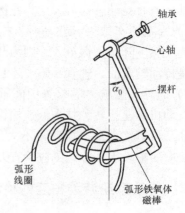

图 4-11　倾角传感器的结构示意图

1）万向传动装置的游动角度。把传动轴置于驱动桥游动范围的中间位置或将驱动桥支起，拉紧驻车制动器。左、右旋转传动轴至极端位置，检测仪便直接显示出固定在传动轴上的传感倾斜角度，将两个极端位置的倾斜角度记下，其差值即为万向传动装置的游动角度。此角度不包括传动轴与驱动桥之间的万向节的游动角度。

2）离合器与变速器及各档的游动角度。放松驻车制动器，将变速器挂入选定档位，离合器处于接合状态，传动轴置于驱动桥游动范围中间位置或将驱动桥支起。左、右旋转传动轴至极端位置，检测仪便显示出传感器的倾斜角度。求出两极端位置倾斜角度的差值，便可得到一游动角度值。该游动角度减去已测得的万向传动装置的游动角度，即为离合器与变速器在该档位下的游动角度。按同样方法，依次挂入各档位，便可测得离合器与变速器各档位下的游动角度。

3）驱动桥的游动角度。变速器置于空档位置，松开驻车制动器，踩下制动踏板将驱动轮制动。左、右旋转传动轴至极端位置，即可测得驱动桥的游动角度。该角度包括传动轴与驱动桥之间万向节的游动角度。

对于多桥驱动的汽车，分别将传感器固定在变速器与分动器之间的传动轴、前桥传动轴、中桥传动轴和后桥传动轴上，可以检测每段传动轴的游动角度。

3. 诊断参数标准

目前，我国尚无游动角度的诊断参数标准，根据国外资料，中型载货汽车传动系统游动角度及各分段游动角度应不大于表 4-1 所列数据（仅供诊断时参考）。

表 4-1 游动角度参考数据

部位	游动角度	部位	游动角度
离合器与变速器	5°～15°	驱动桥	55°～65°
万向传动装置	5°～6°	传动系统	65°～86°

4.3.3 驱动桥的故障诊断与检测

在汽车行驶中，由于轴承磨损松旷、损伤，齿轮啮合不良，齿面损伤及壳体变形等，使驱动桥出现异响、过热和漏油等故障。

1. 后驱动桥异响

（1）故障表现一 行驶时发响，车速加快响声增大，脱档滑行时响声减弱或消失。

故障原因如下：

1）圆锥及圆柱主、从动齿轮，行星轮及半轴齿轮等啮合间隙过大，或半轴齿轮花键槽与半轴配合松旷。

2）圆锥主、从动齿轮啮合不良或啮合间隙不均，齿面损伤或轮齿折断。

3）半轴齿轮与行星轮不配套。

（2）故障表现二 汽车行驶时后驱动桥发出异响，脱档滑行也不消失。

故障原因如下：

1）圆锥、圆柱主动齿轮轴承松旷，多为轴承磨损、凸缘螺母松动或轴承调整不当所致。

2）差速器圆锥滚子轴承松旷，多为磨损、调整不当或轴承盖固定螺母松动所致。

3）轴承间隙过小，预紧力过大，齿轮啮合间隙过小。

4）润滑油不足。

（3）故障表现三　汽车直线行驶良好，转弯时后驱动桥有异响。

故障原因如下：

1）差速器行星轮与半轴齿轮不配套，使齿轮啮合不良。

2）行星轮、半轴齿轮磨损、折断或行星轮轴磨出台阶，止推垫片过薄，在转弯时因行星轮自转而发出异响。

3）主减速器圆锥、圆柱从动齿轮与差速器壳的固定螺栓或铆钉松动。

4）润滑油不足。

（4）故障诊断流程　后驱动桥异响的故障诊断流程如图4-12所示。

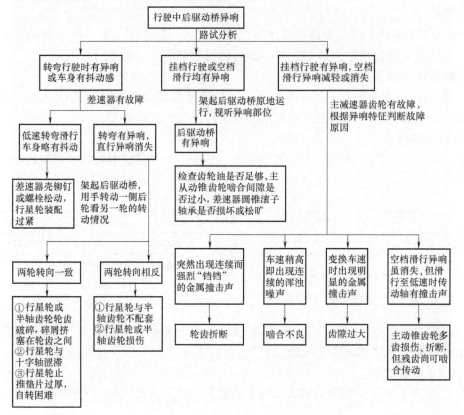

图4-12　后驱动桥异响的故障诊断流程

2. 后轮转动异常

（1）故障现象　制动系统正常，后轮转动困难，行驶一段路程后轮毂发热烫手，或后轮旋转偏摆，轮胎磨损异常。

（2）故障原因

1）轮毂轴承装配过紧。

2）轮毂轴承装配间隙过大或磨损松旷。

3）轮毂轴承调整螺母和锁紧螺母松动。

4）轮辋变形。

（3）故障诊断

1）若后轮旋转偏摆、轮胎磨损异常，可检查车轮轴承是否松旷。若轴承调整螺母、锁紧螺母并未松动，但车轮松旷，说明轮毂轴承磨损或调整不当。若车轮并不松旷，但车轮转动时偏摆，说明轮辋拱曲变形。

2）若后轮轮毂过热，可抽出半轴，架起车轮，若车轮转动阻力过大，说明轴承装配过紧，否则应检查润滑脂是否足够。

3. 过热

当汽车行驶一定里程后，用手触摸主减速器壳，若有无法忍受的烫手感觉，称为过热。用手摸轴承部位，能忍受其热度但不能长久停留时，仍为适合温度。若不能忍受，说明轴承装配过紧，应重新调整。对普通过热，则为齿轮啮合间隙过小、润滑油不足，应重新调整齿轮啮合间隙，加足润滑油。

4. 后驱动桥漏油

后驱动桥漏油主要是主减速器油封、半轴油封损坏或安装不当，与油封接触的轴颈磨损或表面有沟槽，衬垫损坏或紧固螺钉松动，润滑油过多等原因造成的，可根据油迹判断漏油部位并排除。

5. 前驱动桥的故障诊断

现代轿车多采用前轮驱动方式，主减速器、差速器与变速器组装在一起，没有单独的驱动桥桥壳。前驱动桥主减速器或差速器故障可参照后驱动桥同类故障做出判断，同时应注意等速万向节工作不良引起的故障。

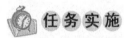

以汽车传动效率降低的检查为任务，采用行动导向教学法，引导学生按照汽车维修工作过程（资讯、决策、计划、实施、检查、评估）检测并排除故障，在此过程中学习相关理论知识，掌握汽车万向传动装置故障的检查方法。

任务工单4.3

万向传动装置与驱动桥的检测与故障诊断

工作任务	万向传动装置与驱动桥的检测与故障诊断			学时	2
姓名		学号	班级	日期	

1. 咨询

（1）车辆信息

车型		生产年代		制造厂	
车辆识别码			发动机型号		

（2）故障描述

（3）相关问题

①简要说明传动系统综合间隙的概念。

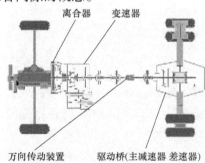

②汽车传动效率降低的原因有哪些？

2. 决策

提出诊断排除故障的方案：

3. 计划

人员分配	
时间安排	
工作步骤	
设备和工具	

（续）

4. 实施			
检查项目	性能要求	检查结果	修复方法
离合器变速器传动间隙的检查			
传动轴传动间隙的检查			
驱动桥车轮传动间隙的检查			

5. 检查

检查汽车修复质量及汽车性能：

6. 评估

考评项目		自我评估	组长评估	教师评估	备注
素质考评 10	劳动纪律 5				
	环保意识 5				
工单考评 20					
实操考评 40	工具使用 5				
	任务方案 10				
	实施过程 20				
	完成情况 5				
	其他				
合计 70					
综合评价 70					

组长签字：　　　　　　　　教师签字：

任务4.4 行驶系统的检测与故障诊断

 任务要求

1. 掌握行驶系统的特点及工作原理，熟悉行驶系统常见的故障及诊断方法。
2. 能互相配合，具有团队协作能力；培养学生学习新知识解决新问题，并不断进行创新的能力。

 任务描述

汽车电子控制系统越来越复杂，但是汽车的行驶品质最终要由行驶系统来体现。本任务就是来学习行驶系统的原理及诊断。

相关知识

4.4.1 悬架的检测与故障诊断

悬架是汽车的车架与车桥或车轮之间的一切传力连接装置的总称，其作用是传递作用在车轮和车架之间的力和力矩，并且缓冲由不平路面传给车架或车身的冲击力，并衰减由此引起的振动，以保证汽车能平顺地行驶。汽车悬架结构如图 4-13 所示。

典型的悬架结构由弹性元件、导向机构以及减振器等组成，个别结构则还有缓冲块、横向稳定杆等。

减振器是产生阻尼力的主要元件，其作用是迅速衰减汽车的振动，改善汽车的行驶平顺性，增强车轮和地面的附着力，如图 4-14 所示。

弹性元件支承垂直载荷，缓和和抑止不平路面引起的振动和冲击，如图 4-15 所示。

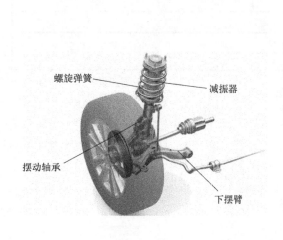

图 4-13　汽车悬架结构

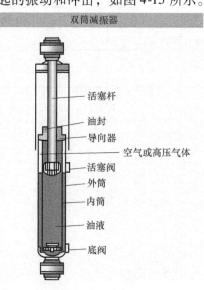

图 4-14　减振器

导向机构的作用是传递力和力矩，同时兼起导向作用。

悬架分为独立悬架和非独立悬架，如图 4-16~图 4-18 所示。

图 4-15　弹性元件（钢板弹簧）

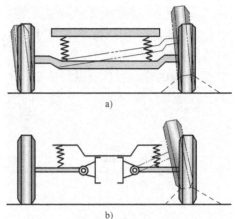

图 4-16　非独立悬架和独立悬架
a）非独立悬架　b）独立悬架

图 4-17　非独立悬架

图 4-18　独立悬架

悬架性能检测的方法有经验法和谐振试验台法两种。

1. 用经验法对桑塔纳 2000 轿车前悬架进行基本检查

检查步骤如下：

（1）车轮升起前的检查　观察车辆是否倾斜，若倾斜，检查轮胎气压，左右车轮的尺寸及车辆承载是否均匀。

检查减振器：用手按压车体立即放开，观察车体回跳次数，标准不得超过两次。超过两次则说明减振器损坏。

（2）车辆升起后的检查

1）检查减振器是否有凹痕，是否漏油，防尘套是否有裂纹或损坏。

2）检查钢板弹簧、螺旋弹簧和扭杆弹簧等是否损坏。

3）检查悬架的其他部位，即通过用手晃动悬架的主要元件，检查其是否磨损或松动。

4）检查连接情况，即通过用手晃动悬架的主要元件，检查其是否磨损或松动。

（3）车辆行驶中减振器的检查　减振器发出异响声，则该减振器已损坏，必须更换；若减振器发生漏油，则减振器不能再使用；汽车行驶一段时间，用手触摸减振器，减振器应发热，否则减振器损坏。

2. 用振动试验台对悬架进行检测

共振式悬架检测台单轮支承结构简图如图4-19所示，共振式悬架检测台如图4-20所示。

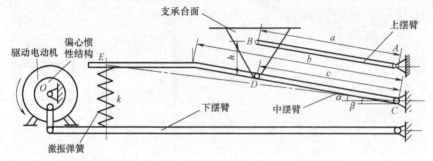

图4-19　共振式悬架检测台单轮支承结构简图

图4-20　共振式悬架检测台

检测步骤如下：

1）汽车轮胎规格、气压应符合规定值，车辆空载，不乘人。

2）将车辆每轴车轮驶上悬架检测台，使轮胎位于台面的中央位置，驾驶人离车。

3）起动检测台，激振器迫使汽车悬架产生振动，使振动频率增加至超过振荡的共振频率。

4）在共振点过后，将激振源关断，振动频率减少，并将通过共振点。

5）记录衰减振动曲线，纵坐标为动态载荷，横坐标为时间，测量共振时动态载荷。计算并显示动态载荷与静态载荷的百分比及其同轴左右轮百分比的差值。

3. 悬架装置工作性能的诊断标准

振幅作为参考，吸收率作为诊断标准。

吸收率是指悬架装置试验台上的车轮在外界激励振动下，共振时的最小动态车轮垂直负荷与静态车轮垂直负荷的百分比，规定值不得小于40%，同轴左、右悬架吸收率之差不得大于15%。

4. 侧滑量的检测

（1）车轮侧滑　车轮侧滑是转向车轮在向前滚动时将会产生的横向滑移现象。

车轮侧滑的诊断参数是侧滑量。侧滑量是指汽车直线行驶位移量为 1km 时，转向轮的横向位移量，单位为 m/km。

前轮外倾的存在使车轮在滚动过程中将力图向外张开，而前轮前束使车轮在滚动过程中有向内收拢的趋势，它们之间相互配合又相互抵消不良影响。但是当前轮前束值与前轮外倾角匹配不当时，车轮就可能在直线行驶过程中不做纯滚动，产生侧向滑移现象。

（2）车轮侧滑量的测量　汽车侧滑检验设备分为滑板式侧滑试验台和滚筒式侧滑试验台。滑板式侧滑试验台又分为单滑板式侧滑试验台和双滑板式侧滑试验台。这里主要介绍双滑板式侧滑试验台检测车轮侧滑量的方法，双滑板式侧滑试验台如图 4-21 所示。

图 4-21　双滑板式侧滑试验台

5. 检验前仪器及车辆准备

1）打开锁止装置，拨动滑板，仪表清零。
2）车辆轮胎气压、花纹深度符合标准规定，胎面清洁。

6. 检验程序

1）车辆正直居中驶近侧滑试验台，并使转向轮处于正中位置。
2）以 3~5km/h 的车速平稳通过侧滑试验台。
3）读取最大示值。

7. 注意事项

1）当车辆通过侧滑试验台时，不得转动转向盘。
2）不得在侧滑试验台上制动或停车。
3）勿使轴荷超过试验台允许载荷的汽车驶到试验台上，以防压坏机件或压弯滑动板。
4）不要在试验台上进行车辆修理保养工作。
5）清洁时，不要让水或泥土带入试验台。应保持侧滑台滑板下部的清洁，防止锈蚀或阻滞。

8. 侧滑检测标准

GB 7258—2012《机动车运行安全技术条件》规定：汽车的车轮定位应符合该车有关技术条件。车轮定位值应在产品使用说明书中标明。对前轴采用非独立悬架的汽车，其转向轮的横向滑移量，用侧滑台检测时侧滑量值应在 ±5m/km 范围内。规定侧滑量方向为外正内负。

4.4.2　轮胎的使用与检测

轮胎的检测包括：车轮平衡度的检测、校正与轮胎故障检测。

1. 车轮平衡

高速行驶的汽车，若车轮不平衡，会引起车轮的跳动和摆振。必须对车轮的不平衡进行检测并校正。

（1）车轮的静平衡　支起车轴，调整好轮毂轴承松紧度，用手轻转动车轮，使其自然停转。车轮停转后在离地最近处做一标记，然后重复上述试验多次。若车轮经几次转动自然停转后，所做标记的位置各不一样，或强迫停转后，消除外力车轮也不再转动，则车轮为静平衡。静平衡的车轮，其旋转中心与车轮中心重合。

如果每次试验的标记都停在离地最近处，则车轮为静不平衡。静不平衡的车轮，其旋转中心与车轮中心不重合。

（2）车轮的动平衡　如图4-22a所示，车轮是静平衡的，在该车轮旋转轴线的径向反位置上，各有一作用半径相同质量也相同的不平衡点m_1与m_2，且不处于同一平面内。对于这样的车轮，其不平衡点的离心力合力为零，但离心力的合力矩不为零，转动中产生方向反复变动的力偶M，使车轮处于动不平衡中。动不平衡的前轮绕主销摆动。如果在m_1与m_2同一作用半径的相反方向上配置相同质量m_1'与m_2'，则车轮处于动平衡中，如图4-22b所示。动平衡的车轮肯定是静平衡的，因此对车轮主要应进行动不平衡检测。

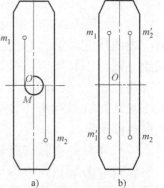

图4-22　车轮平衡示意图
a）车轮静平衡但动不平衡
b）车轮动平衡且静平衡

（3）引起车轮不平衡的原因

1）轮毂、制动鼓（盘）加工时定心定位不准，加工误差大，非加工面铸造误差大，热处理变形，使用中变形或磨损不均。

2）轮胎螺栓质量不等，轮辋质量分布不均或径向圆跳动、轴向圆跳动太大。

3）轮胎质量分布不均，尺寸或形状误差太大，使用中变形或磨损不均，使用翻新胎或补胎。

4）并装双胎的充气嘴未相隔180°安装，单胎的充气嘴未与不平衡点标记（经过平衡试验的新轮胎，往往在胎侧标有红、黄、白或浅蓝色的□、△、○或◇符号，用来表示不平衡点位置）相隔180°安装。

图4-23　离车式车轮平衡机

5）轮毂、制动鼓（盘）、轮胎螺栓、轮辋、内胎、衬带和轮胎等拆卸后重新组装成车轮时，累计的不平衡质量或形位偏差太大，破坏了原来的平衡。

（4）车轮平衡机及使用方法

1）车轮平衡机的类型。车轮平衡机也称为车轮平衡仪，用来检测车轮的平衡度。按功能可分为车轮静平衡机和车轮动平衡机两类，按测量方式可分为离车式车轮平衡机（图4-23）和就车式车轮平衡机（图4-24）两类，按车轮平衡机转轴的形式可分为软式车轮平衡机和硬式车轮平衡机两类。

图4-24　就车式车轮平衡机

当使用离车式车轮平衡机时，将车轮从车上拆下安装到车轮平衡机的转轴上，检测其平衡状况。

2）用离车式车轮平衡机对轮胎进行动平衡

①清除被测车轮上的泥土、石子和旧平衡块。

②检查轮胎气压，视必要充至规定值。

③根据轮辋中心孔的大小选择锥体，仔细地装上车轮，用大螺距螺母上紧。

④打开电源开关，检查指示与控制装置的面板是否指示正确。

⑤用卡尺（图4-25）测量轮辋宽度b、轮辋直径d（也可由胎侧读出），用平衡机上的标尺测量轮辋边缘至机箱距离a，用键入或选择器旋钮对准测量值的方法，将a、b、d直接输入指示与控制装置中。为了适应不同计量制式，平衡机上的所有标尺一般都同时标有英制和公制刻度。

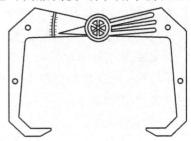

⑥放下车轮防护罩，按下起动键，车轮旋转，平衡测试开始，微处理器自动采集数据。

⑦车轮自动停转或听到"滴"声，按下停止键并操纵制动装置使车轮停转后，从指示装置读取车轮内、外不平衡量和不平衡位置。

图4-25 离车式车轮动平衡机的专用卡尺

⑧抬起车轮防护罩，用手慢慢转动车轮。当指示装置发出指示（音响、指示灯亮、制动、显示点阵或显示检测数据等）时停止转动。在轮辋的内侧或外侧的上部（时钟12点位置）加装指示装置显示的该侧平衡块质量。内、外侧要分别进行，平衡块装卡要牢固。

⑨安装平衡块后有可能产生新的不平衡，应重新进行平衡试验，直至不平衡量<5g（0.3oz），指示装置显示"00"或"OK"时才能满意。当不平衡量相差10g左右时，如能沿轮辋边缘左右移动平衡块一定角度，将可获得满意的效果。

3）就车式车轮平衡机的使用方法。就车式车轮平衡机工作图如图4-26所示。

①准备工作。

a. 用千斤顶支起车轴，两边车轮离地间隙要相等。

b. 清除被测车轮上的泥土、石子和旧平衡块。

c. 检查轮胎气压，视必要充至规定值。

d. 检查轮毂轴承是否松旷，视必要调整至规定松紧度。

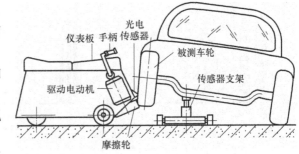

图4-26 就车式车轮平衡机工作图

e. 在轮胎外侧面任意位置上用白粉笔或白胶布做上记号。

②从动前轮静平衡。

a. 用三角垫木塞紧非测试车轮，将就车式车轮动平衡机的测量装置推至被测前轮一端的前轴下，传感磁头吸附在悬架下或转向节下，调节可调支杆高度并锁紧。

b. 推平衡机至车轮侧面或前面（视车轮平衡机形式不同而异），检查频闪灯工作是否正常，检查转动的旋转方向能否使车轮的转动力与前进行驶时方向一致。

c. 操纵车轮动平衡机转轮与轮胎接触,起动驱动电动机带动车轮旋转至规定转速。

d. 观察频闪灯照射下的轮胎标记位置,并从指示装置(第一档)上读取不平衡量数值。

e. 操纵平衡机上的制动装置,使车轮停止转动。

f. 用手转动车轮,使其上的标记仍处在上述观察位置上,此时轮辋的最上部(时钟12点位置)即为加装平衡块的位置。

g. 按指示装置显示的不平衡量选择平衡块,牢固地装卡到轮辋边缘上。

h. 重新驱动车轮进行复查测试,指示装置用二档显示。若车轮平衡度不符合要求,应调整平衡块质量和位置,直至符合平衡要求。

③从动前轮动平衡。

a. 将传感磁头吸附在经过擦拭的制动底板边缘平整处。

b. 操纵平衡机转轮驱动车轮旋转至规定转速,观察轮胎标记位置,读取不平衡量数值,停转车轮找平衡块加装位置,加装平衡块和复查等,方法与静平衡相同。

④驱动轮平衡。

a. 顶起驱动车轮。

b. 用发动机、传动系统驱动车轮,加速至50~70km/h的某一转速下稳定运转。

c. 测试结束后,用汽车制动器使车轮停转。

d. 其他方法与从动轮动、静平衡测试相同。

(5)轮胎磨损异常 轮胎磨损异常示意图如图4-27所示。

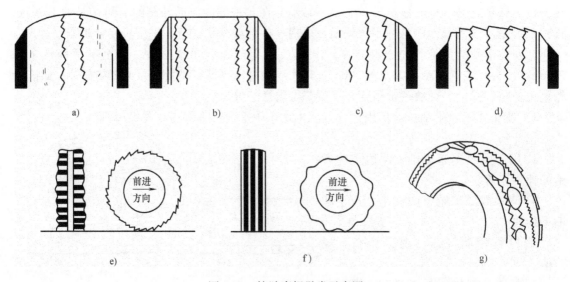

图4-27 轮胎磨损异常示意图

a)胎肩磨损 b)正中磨损 c)外侧磨损 d)羽毛磨损 e)锯齿状磨损 f)波浪状磨损 g)胎冠碟片状磨损

1)故障现象。轮胎磨损速度加快,并出现轮胎花纹磨损不均匀,局部磨损严重等现象。

2)故障原因。

①造成轮胎异常磨损的主要原因如下:

a. 前轮定位不正确,前束和外倾角调整不当。

b. 轮胎气压过高、过低，车轮摆差过大。
c. 车轮不平衡。
d. 制动拖滞。
e. 悬架零件磨损或连接松旷。
f. 轮毂轴承松旷、转向主销磨损松旷等。

②轮胎两胎肩磨损、胎壁擦伤的故障原因为轮胎气压过低或长期超载。
③胎冠中部磨损的故障原因为轮胎气压过高。
④胎冠外侧、内侧偏磨的故障原因为车轮外倾角过大或过小。只有转向轮才出现此现象。
⑤胎冠呈波浪状磨损或碟片状磨损的故障原因为车轮不平衡、轮毂轴承松旷、轮辋拱曲变形等。

3）故障诊断与排除
①根据轮胎的磨损状况检查具体故障部位，并进行相应调整、维修或更换。
②检查轮胎气压，按规定充气。
③及时进行轮胎换位，紧固车轮螺栓。
④检查并排除制动拖滞故障。
⑤检查、调整前轮前束和前轮外倾角。
⑥检查悬架、轮毂轴承和转向主销等，若有松旷，应进行调整、紧固或更换。
⑦检查车轮摆差和动平衡，超差则进行校正或更换。

4.4.3 电控悬架的检测

1. 检测和调整

1）汽车高度的检查和调整。
2）汽车高度调整功能的检查。
3）溢流阀的检查。
4）漏气检查。

2. 自诊断系统

当电控悬架系统出现故障时，悬架 ECU 将使"NOXRM"指示灯每秒闪烁一次报警，这时可通过专用仪器进行检查。

当系统故障排除后，应该将故障码清除。

3. 各传感器的检测

4. 悬架控制执行器的检修

5. 空气弹簧的安装

当安装一个新的空气弹簧时，在没有给空气弹簧充气前，不能让悬架承受负载，在将空气弹簧充气到恰当位置后，还要保证其外形正常。

6. 故障诊断流程

转向装置、悬架及轮胎和车轮中的故障原因很多，因此，在处理故障时必须考虑各方面因素。通常首先在路上测试车辆，以免受错误的现象左右。在路上测试车辆时，允许路面不平或隆起。测试路线的选择必须与用户使用的平均路面情况相近，以便再现所报告的情况。

进行下列预先检查。校正所发现的任何非标准的情况。检查下列各项：检查轮胎压力是否正确，检查轮胎的不均匀磨损，检查连接是否松动，检查转向管柱到转向齿轮接头上的间隙，检查前悬架上是否有部件松动，检查前悬架上是否有部件损坏，检查后悬架上是否有部件松动，检查后悬架上是否有部件损坏，检查转向齿轮上是否有部件松动，检查转向齿轮上是否有部件损坏，检查轮胎失衡或圆度，检查轮胎不平衡，检查车轮是否损坏，检查车轮轴承是否松动或运转不良，检查动力转向装置油位。

如果空气悬架警告灯在发动机运转时发亮，则控制组件已检测出电控空气悬架系统中有两个故障。电控空气悬架的诊断与维修过程因汽车的不同而异。应根据汽车制造商的检修手册中所推荐的步骤进行。

当空气悬架警告灯指示出一个系统故障时，可进入下列诊断步骤：
1）确保空气悬架系统开关接通。
2）接通点火开关5s后再断开。让驾驶人车门开后，而将其他门关闭。
3）将位于控制组件附近的诊断引线搭铁，在窗户降下时关闭驾驶人车门。
4）接通点火开关。警告灯应以每秒1.8次的速度连续闪亮，表示该系统处于诊断模式。

在该诊断步骤中有10个测试。当将驾驶人车门打开后关闭时，控制组件从一个测试转换到下一个测试。诊断步骤中的前三个测试如下：
①后悬架。
②右前悬架。
③左前悬架。

在这三个测试过程中，应将每个悬架位置升起30s，降下30s，再升起30s。例如，在第二个测试时，该步骤之后为左前悬架。如果在测试过程中接收到所期望的信号或非法信号，将停止测试，且空气悬架警告灯发亮。如果在前三个测试中所有的信号和命令都正常，警告灯继续以每秒1.8次的速度闪亮。

在进行第4~10个测试时，空气悬架警告灯以测试号码所对应的数字闪亮。例如，在第4个测试时，警告灯闪亮4次后暂停，再闪亮多于4次。当完成第4个测试后闪亮序号是连续的。必须将驾驶人车门打开后关闭才能移至下一次测试。在第4~10个测试中，技师必须倾听且注意各种元件，以检查出反常工作。警告灯只能指示出所进行测试的测试号码。在第4~10个测试中由控制组件进行的动作如下：
④将压气机循环切换，使之以每秒0.25圈的速度接通与断开。该动作限于50圈。
⑤将放气电磁铁每秒打开并关闭一次。
⑥将左前空气阀每秒打开并关闭一次，且将放气电磁铁打开。此时汽车的左前角应缓慢下降。
⑦将右前空气阀每秒打开并关闭一次，且将放气电磁铁打开。此时汽车的右前角会缓慢下降。
⑧在此测试时，将右后空气阀每秒打开并关闭一次，且将放气阀打开。此动作应导致汽车的右后角缓慢下降。
⑨将左后电磁铁每秒打开并关闭一次，且将放气阀打开。此动作应导致汽车左后角缓慢下降。

如果在测试顺序进行过程中发现了故障，可以在空气阀或放气阀的绕组及连接导线上进行指定的电路测试，以确定问题发生的原因。

7. 诊断类型

电子控制悬架系统故障诊断有几种类型：驱动循环诊断、维修间诊断和弹簧充气诊断等，下面分别介绍这几种诊断：

(1) 驱动循环诊断　驱动循环诊断显示汽车上次驱动后发生的故障码。该检测主要用于测试车速输入和检测间歇性故障。

一个故障可能引起几个故障码，诊断中显示的每个故障码都有相应的定点测试。进行循环诊断的步骤如下：

1) 以 24km/h 以上的车速驱动汽车至少 4min，然后将点火开关转到 OFF 位置。

2) 打开行李箱，确认空气循环 ON/OFF 开关在 ON 位置。

3) 松开 STAR 测试按钮使它处于 HOLD 位置。

4) 将 STAR 测试仪连接到空气悬架诊断座上，然后将 STAR 测试仪转到 ON 位置。至少等待 5s 后按下 STAR 测试按钮，使它处于 STAR 位置。在 20s 内 STAR 测试仪应该持续显示下列代码之一。

①15：驱动循环诊断完成，无故障。断开 STAR 测试仪，退出驱动循环诊断。

②40~71：驱动循环诊断完成，而且系统内发生故障。记录系统所有故障，然后运行维修间诊断。

③所有其他代码：根据维修手册进行相应的定点测试驱动汽车进行检测，直到悬架控制指示灯点亮或技师觉得无故障出现。完成驱动循环诊断后，要执行维修间诊断。

(2) 维修间诊断　维修间诊断有三部分内容：一是自动/手动测试，二是故障码显示，三是功能测试。

自动/手动测试：该测试让空气悬架 ECU 进行自检以及检查各部件的操作。执行完这些测试后 STAR 测试仪会显示"12/OK 开始手动测试"或"13/有故障，开始手动测试"。此时应执行手动输入检查。

故障码显示：可以用 STAR 测试仪显示故障码。每个检测到的故障码将显示 15s。故障码将一直显示到不再需要时为止，此时应记下故障码。

功能测试：驱动循环诊断期间记录的故障码应与维修间诊断期间记录的故障码进行比较。两个测试中都出现的故障码是硬故障，只在驱动循环诊断中出现的故障码是间歇性故障。

以汽车行驶跑偏的故障诊断为任务，采用行动导向教学法，引导学生按照汽车维修工作过程（资讯、决策、计划、实施、检查、评估）检测并排除故障，在此过程中学习相关理论知识，掌握汽车行驶系统的故障诊断方法。

任务工单 4.4

行驶系统的检测与故障诊断

工作任务	行驶系统的检测与故障诊断		学时	2
姓名		学号	班级	日期

1. 咨询

（1）车辆信息

车型		生产年代		制造厂	
车辆识别码		发动机型号			

（2）故障描述

（3）相关问题
①汽车行驶系统的组成有哪些？

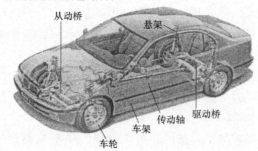

②汽车行驶跑偏的原因有哪些？

2. 决策
提出诊断排除故障的方案：

3. 计划

人员分配	
时间安排	
工作步骤	
设备和工具	

（续）

4. 实施

检查项目	性能要求	检查结果	修复方法
检查左、右轮胎（重点在前轮）的气压是否一致，轮胎规格是否一致			
检查制动鼓（盘）或轮毂有无过热			
检查悬架各部件连接是否有松动或变形，减振器是否失效，悬架弹簧有无错位、折断，检查左右弹簧的弹力是否一致			
检查前轮定位参数			
检查前桥、后桥有无变形、移位			

5. 检查

检查汽车修复质量及汽车性能：

6. 评估

考评项目		自我评估	组长评估	教师评估	备注
素质考评 10	劳动纪律 5				
	环保意识 5				
工单考评 20					
实操考评 40	工具使用 5				
	任务方案 10				
	实施过程 20				
	完成情况 5				
	其他				
合计 70					
综合评价 70					

组长签字：　　　　　　　　　教师签字：

任务4.5　汽车转向系统的检测与故障诊断

任务要求

1. 掌握汽车转向系统故障的诊断方法，掌握各种仪器和检测设备的正确使用。
2. 能根据故障现象确定故障部位。
3. 能互相配合，具有团队协作能力；培养学生学习新知识解决新问题，并不断进行创新的能力。

任务描述

转向系统的好坏直接影响驾驶安全，转向系统的检测常常被人们忽略。转向系统的故障及检测项目是本任务的主要学习内容。

相关知识

4.5.1　转向系统的检测

转向系统的常规检测项目主要是转向盘自由转动量、转向盘转向力。

1. 用转向参数测量仪测量转向盘自由转动量

转向参数测量仪如图4-28所示。

检测步骤如下：

1) 将转向参数测量仪安装在被测的转向盘上。

2) 停放汽车，使前轮处于直线行驶位置，并接好仪器电源。

3) 将转向盘转至自由转动的一侧极限位置，按下"角测"按钮，再按相反方向缓慢转动转向盘，直至另一侧自由转动极限位置时停止转动，则仪器显示的角度即为转向盘自由转动量。

根据GB 7258—2012《机动车运行安全技术条件》的规定，最高设计车速不小于100km/h的机动车，其转向盘自由行程的最大转动量不允许大于20°，其他机动车不允许大于30°。

2. 用转向参数测量仪测量转向力

检测步骤：将转向参数测量仪安装在被测的转向盘上，让汽车在平坦、硬实、干燥和清洁的水泥或沥青路面上，以10km/h的速度在5s内沿螺旋线从直线行驶过渡到直径为24m的圆周行驶，测出施加于转向盘外缘的最大切向力数值，该数值即为转向盘转向力。

这种检测方法为GB 7258—2012《机动车运行安全技术条件》推荐使用的方法，其检测标准

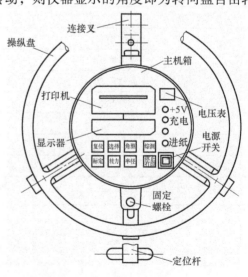

图4-28　转向参数测量仪

是：转动转向盘的最大转向力应小于或等于245N。

4.5.2 转向系统常见故障诊断

转向系统常见故障有：转向沉重、助力不足、转向不灵敏、车轮摆振和行驶跑偏等。

1. 机械转向系统转向沉重

（1）故障现象　汽车行驶过程中，当驾驶人左右转动转向盘时，感到沉重费力，无回正感，甚至转不动。

（2）故障原因　转向沉重既与转向系统有关，又与行驶系统有关，其主要故障原因如下：

1）轮胎气压不足。

2）前轮定位失准。

3）转向器润滑不良或轴承、啮合间隙调整不当。

4）转向柱弯曲变形，转向器或转向柱的轴承损坏。

5）齿条弯曲变形或与衬套配合过紧。

6）横、直拉杆球头销润滑不良或调整不当。

7）转向主销、转向节润滑不良。

（3）故障诊断与排除

1）首先检查轮胎气压，并按规定要求充气。

2）悬空转向轮，转动转向盘，若仍感转向沉重，则故障在转向系统；若沉重感消失，则故障在转向轮。给转向主销、转向节加注润滑脂，若仍有沉重感，则故障为前轮定位失准，应对前轮定位参数进行检查和调整。

3）拆下横（直）拉杆，使横拉杆与转向器（齿条）脱开，再转动转向盘检查。若转向盘转动灵活，表明拉杆球头销运动卡滞、润滑不良或传动轴转向节卡滞、润滑不良等；若转向仍然沉重，则故障在转向器和转向操纵机构。

4）拆下凸缘管与转向器主动齿轮间的夹紧箍，再转动转向盘检查，若转向仍然沉重，应对转向柱的弯曲程度进行检修，并检查其支承轴承是否损坏卡滞等；若转向盘转动灵活，则故障在转向器，应检查转向器润滑油是否充足，轴承是否过紧，啮合间隙是否过小，有无卡滞等，视情予以加油、调整或换件。

2. 动力转向系统转向助力不足或转向沉重

（1）故障现象　装有液压助力式转向器的车辆，转向时转向盘转动沉重或存在忽轻忽重现象。

（2）故障原因　动力转向系统转向助力不足的主要原因是转向助力装置失效。

1）转向油泵驱动传动带松弛或损坏。

2）转向油泵工作不良，泵油压力过低。

3）储油罐油面过低。

4）液压助力系统内有空气或泄漏。

5）液压管路扭曲、折皱或破裂漏油。

6）压力流量限制阀弹簧弹力下降或密封不严。

7）转向控制阀、助力缸工作不良。

8）造成机械转向系统转向沉重的各种原因同样会造成动力转向沉重。

（3）故障诊断与排除

1）检查转向油泵驱动传动带，损坏或断裂应更换；若传动带过松，应调整驱动传动带张紧度。

2）检查储油罐液面高度，过低应及时添加补充。

3）检查液压管路有无扭曲、折皱或破裂，各连接部位有无漏油现象，并视情况予以修复。

4）排除液压系统中的空气。

5）检查液压泵的泵油压力，当不符合要求时，应对液压泵及压力流量限制阀进行修复或更换。

6）检查转向控制阀和助力缸，若工作不良或损坏，应维修或更换转向器总成。

7）若助力系统良好，则按"机械转向系统转向沉重"排除故障。

3. 转向不灵敏

（1）故障现象　当汽车行驶转向时，需用较大幅度转动转向盘才能控制汽车的行驶方向，感到转向盘松旷量很大，有明显的间隙感；且在直线行驶时汽车方向不稳定。

（2）故障原因　转向不灵敏主要是由于磨损或装配、调整不当造成各部配合间隙过大、连接松旷。

1）转向器主动齿轮与齿条（主、从副）啮合间隙过大、轴承松旷。

2）横拉杆及各连接杆件松旷。

3）轮毂轴承调整不当或磨损松旷。

4）转向主销磨损松旷。

（3）故障诊断与排除　一人转动转向盘，另一人打开车发动机舱盖观察转向机构的运动情况。

1）转动转向盘，转向器齿条不能立即随之运动，表明齿条与主动齿轮啮合间隙过大，可通过补偿机构进行调整，消除转向器的啮合间隙。

2）若齿条随转向盘运动而横拉杆不动，应更换横拉杆内端连接孔内的缓冲衬套，并检查齿条及连接板与转向支架的连接情况，松动应重新紧固。

3）横拉杆随转向盘运动而转向臂不动，应对横拉杆外端球头销进行检修与调整。

4）若转向臂能随之灵活摆动，可支起前桥晃动前轮检查，轮毂轴承松旷时，应进行调整或更换。

5）对于其他类型的转向系统，还应检查和调整转向器的轴承预紧度、啮合间隙，调整、紧固各连接杆件球头销等。

4. 车轮摆振

（1）故障现象　汽车在中、高速或某一较高车速运行时，转向轮绕主销摆振，汽车行驶不稳，严重时转向盘抖动，有振手的感觉。

（2）故障原因

1）转向减振器失效，前悬架减振弹簧或减振器损坏。

2）车轮不平衡或轮辋变形。

3）前轮定位失准。

4）转向器啮合间隙过大。

5）转向传动机构磨损松旷或连接松动。

6）轮毂轴承松旷。

7）传动轴不平衡。

（3）故障诊断与排除

1）转动转向盘检查其自由行程，若自由行程过大，应查明原因予以排除。

2）检查转向减振器，若有漏油痕迹应更换。拆下减振器用手推拉，若阻力过小或出现空行程应进行更换。

3）检查前悬架减振器有无漏油现象，推压车身检查前悬架的减振性能是否良好，前悬架连接有无松动现象。减振器漏油或减振弹簧弹力减弱应更换新件，连接松动则重新紧固。

4）检查和调整转向轮定位参数。

5）进行车轮动平衡检测和校正。

6）检测、校正传动轴。

5. 车辆行驶跑偏

（1）故障现象　汽车行驶时稍松转向盘就会自动偏向一侧，必须用力握住转向盘才能保证车辆的直线行驶。

（2）故障原因　车辆行驶跑偏主要是两侧车轮受力不等所致。

1）两前轮轮胎气压不等、磨损程度不同、轮毂轴承预紧度不等。

2）存在单边制动拖滞现象。

3）前轮定位不一致。

4）前悬架两侧减振弹簧弹力不等或减振器工作性能存在较大差异。

5）车辆两侧轴距不相等。

（3）故障诊断与排除

1）汽车行驶跑偏，停车后触摸跑偏一侧的制动鼓和轮毂轴承，若过热，说明制动拖滞或轴承过紧，应予调整或检修。

2）检查两前轮的轮胎气压，不符合要求时按规定气压充气。

3）悬空前桥并用手转动前轮，若车轮转动不灵活，表明制动盘与制动蹄衬片不能完全分离，产生制动拖滞，应查明原因予以排除。

4）观察汽车有无横向倾斜现象。若两侧高度不同，则较低一侧悬架弹簧损坏或弹力下降，应予更换。

5）检查减振器的工作性能。用力压下车辆前端一侧，迅速松开，若车身上、下振动2~3次后马上静止，表明减振器工作正常，否则应更换减振器。

6）测量汽车两侧轴距，当轴距不相同时，应查明原因予以修复。

7）进行前轮定位的检测与调整。

6. 动力转向装置噪声

（1）故障现象　发动机起动后或车辆行驶过程中，液压助力装置发出不正常的响声。

（2）故障原因

1）转向油泵驱动传动带松弛。

2）转向油泵支架松动或装配不当。

3）转向油泵带轮紧固螺栓松动。

4）转向油泵轴承或其他零件损坏。

5）储油罐油面过低。

6）动力转向系统中存在空气。

（3）故障诊断与排除

1）检查液压泵支架及带轮，松动应予以紧固。

2）检查并调整转向油泵驱动传动带的张紧力。

3）排除液压系统中渗入的空气。

4）检修或更换转向油泵总成。

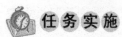

以汽车转向沉重的故障诊断为任务，采用行动导向教学法，引导学生按照汽车维修工作过程（资讯、决策、计划、实施、检查、评估）检测并排除故障，在此过程中学习相关理论知识，掌握汽车转向系统的故障诊断方法。

任务工单 4.5

汽车转向系统的检测与故障诊断

工作任务	汽车转向系统的检测与故障诊断			学时	2
姓名		学号		班级		日期	

1. 咨询
（1）车辆信息

车型		生产年代		制造厂	
车辆识别码			发动机型号		

（2）故障描述

（3）相关问题
①汽车转向系统的组成有哪些？

②汽车转向沉重的原因有哪些？

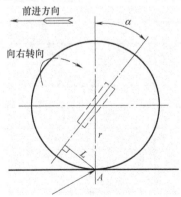

2. 决策
提出诊断排除故障的方案：

（续）

3. 计划

人员分配	
时间安排	
工作步骤	
设备和工具	

4. 实施

检查项目	性能要求	检查结果	修复方法
检查左、右轮胎（重点在前轮）的气压是否一致，轮胎规格是否一致			
检查转向盘自由行程是否正常			
检查转向器自由间隙是否正常			
检查助力转向油压是否正常			
检查转向传动机构有无变形、卡滞等			

5. 检查

检查汽车修复质量及汽车性能：

6. 评估

	考评项目	自我评估	组长评估	教师评估	备注
素质考评 10	劳动纪律 5				
	环保意识 5				
工单考评 20					
实操考评 40	工具使用 5				
	任务方案 10				
	实施过程 20				
	完成情况 5				
	其他				
合计 70					
综合评价 70					

组长签字： 　　　　　　　　　教师签字：

任务4.6　汽车制动系统的检测与故障诊断

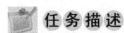

1. 掌握汽车制动不良的故障诊断与检修的方法，掌握各种仪器和检测设备的正确使用方法。
2. 能根据故障现象确定故障部位，熟练排除制动系统常见故障。
3. 能互相配合，具有团队协作能力；培养学生学习新知识解决新问题，并不断进行创新的能力。

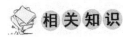

汽车制动系统故障较多，表现形式也是多种多样。在检修时，只有根据不同的现象进行具体的分析，这样才能达到效果。本任务着重学习制动系统的故障诊断及检测方法。

相关知识

4.6.1　制动系统的检查与调整

下面以一汽捷达轿车为例，介绍液压制动系统的检查与调整。

1. 制动液液面高度的检查

制动液储液罐外壳表面刻有"Min"和"Max"标记，制动液液面应位于"Min"与"Max"之间。液面过低说明系统可能有泄漏，应检查修复，并添加制动液。

2. 制动踏板的调整

1）制动踏板与底板距离的调整。用300N的力踩下制动踏板，制动踏板与底板之间的距离应不小于80mm。若不符合要求，应拆下真空助力器与制动踏板的连接弹簧锁片，拔出销子，旋松锁紧螺母，调整推杆叉，直至满足要求。

2）制动踏板自由行程的调整。关闭发动机，踩几次制动踏板，放出真空助力器内存留的真空，用手压下制动踏板，当感到有阻力时，踏板下降的距离即为自由行程，其规定值为3～6mm。若不符合要求，应调整真空助力器推杆与制动主缸的间隙。

3. 制动系统的排气

液压制动系统的排气必须按规定顺序进行，捷达轿车制动系统的排气顺序为：右后轮缸→左后轮缸→右前轮缸→左前轮缸。排气时，接通专用充液—放气装置VW1238/1，按此顺序打开放气螺栓，并用排液瓶盛放排出的制动液。如果没有专用设备，可按以下步骤进行排气：

1）将一根软管接到排气螺钉上，另一端插入排液瓶。

2）一人连续踩制动踏板数次，直至踏板再也踩不下去为止，并用力踩住踏板不放。另一人将制动轮缸的排气螺钉稍稍松开，让制动系统内的空气连同一部分制动液一起排出；当制动踏板被踩到底后，立即旋紧排气螺钉。排气顺序同上。

3）重复上述过程，直至放出的完全是制动液，排出的制动液里无气泡为止。

4) 在排气过程中，必须观察储液罐液面高度，必要时添加制动液。

4. 真空助力器的检查

(1) 助力性能的检查　将发动机熄火，用力踩制动踏板数次，消除真空助力器中残留的真空，用适中的力踩下制动踏板，并保持在一定位置不动，然后再起动发动机。如果感到制动踏板位置有明显的自动下沉（增力作用），说明真空助力器良好。若踏板毫无反应或感觉不明显，说明真空助力器失效，应更换真空助力器。

(2) 真空助力器单向阀的检查　单向阀的工作性能可用压缩空气检查，按阀体上的箭头方向压缩空气应能通过，反向则不通，也可用嘴吸法检查其单向通过性。当单向阀密封不良时，应更换真空管总成。

4.6.2　制动系统的故障诊断

1. 制动失效

(1) 故障现象　汽车行驶中，迅速将制动踏板踩到底却不能减速，连续多次踩下制动踏板，无制动作用。

(2) 故障原因

1) 制动液不足或没有制动液。
2) 制动主缸或轮缸密封圈磨损严重或破损。
3) 制动管路破裂或接头松脱漏油。
4) 制动系统中有大量空气。
5) 制动踏板与制动主缸的连接松脱。

(3) 故障诊断与排除

1) 检查储液罐液面。制动液液面应位于标记"Min"与"Max"之间，无制动液或制动液过少应及时添加补充。
2) 检查制动管路有无漏油现象，管路破裂漏油应予以更换；各油管接头松动漏油，需重新紧固密封。
3) 检查制动踏板与制动主缸的连接情况，若松脱应重新连接紧固。
4) 当上述检查正常时，可踩动制动踏板，检查放气螺钉的出油情况。出油时有气泡，应进行放气；出油无力或不出油，表明主缸工作不良，应予更换；出油急促有力，表明故障在制动轮缸，应更换轮缸密封圈。

2. 制动效能不良

(1) 故障现象　当汽车行驶中踩下制动踏板时，不能产生足够的制动力，制动减速度小，制动距离过长。

(2) 故障现象

1) 制动踏板自由行程过大。
2) 制动系统中有堵塞或漏油现象。
3) 制动系统中有空气，制动液质量差。
4) 制动蹄摩擦片磨损严重，表面沾有油污、破损，铆钉外露等。
5) 制动间隙过大，间隙自调装置失效。
6) 制动鼓或制动盘磨损、变形和出现沟槽等。

7）真空助力器膜片破裂，阀门密封不良，真空管漏气，真空单向阀失效等。

8）制动主缸活塞磨损，皮碗老化、破裂等。

9）制动轮缸密封圈损坏，活塞磨损，回位弹簧过软等。

(3) 故障诊断与排除

1）检查储液罐液面高度，不足应及时添加补充。

2）检查踏板自由行程，过大应予调整。

3）制动器低温工作正常，高温工作不良，说明制动液质量不符合要求，引起制动液高温汽化现象，应更换制动液。

4）连续踩动制动踏板，观察踏板的变化情况如下：

①踩下制动踏板时有弹性感，说明制动系统中混有空气，应进行放气。

②当踩下制动踏板时，感觉较硬，制动仍然无力，可检查放气螺钉出油情况。若出油无力，表明制动管路有堵塞现象或主缸活塞有卡滞现象，应检查管路或更换主缸；若出油急促有力，表明轮缸活塞卡滞或制动器有故障，应检修轮缸，拆检制动器，视情更换制动蹄和制动块，修复制动鼓和制动盘。

③连续踩动几次制动踏板，使踏板高度升高后，用力将其踩住。制动踏板若有缓慢或迅速下降现象，说明制动管路有渗漏部位或轮缸密封圈损坏，应检修管路，更换轮缸密封圈。

④连续踩动几次制动踏板，仍感觉踏板低而软，应检查并疏通主缸进油孔及储液罐空气孔。

⑤踩动制动踏板时出现金属撞击声，则为主缸密封圈损坏或主缸活塞回位弹簧过软及折断等，应更换制动主缸。

⑥当踩下制动踏板时，踏板沉重发硬，阻力明显加大，表明真空助力器失效，应检修真空助力器总成及真空管路。

3. 制动拖滞

(1) 故障现象　制动后抬起制动踏板，车辆行驶无力，重新起步困难，全部或个别车轮制动鼓或制动钳发热。踩下离合器踏板后，车速迅速降低，有制动感。

(2) 故障原因

1）制动踏板自由行程、制动间隙、主缸活塞与推杆间隙过小，踏板回位不良等。

2）车轮制动器制动蹄回位弹簧弹力减弱或折断。

3）制动主缸或轮缸活塞运动卡滞。

4）制动管路堵塞致使回油不畅。

5）制动主缸补偿孔堵塞或活塞回位弹簧弹力减弱。

6）制动钳支架或制动底板松动，制动盘翘曲变形。

7）真空助力器内部卡滞。

8）驻车制动装置调整不当或拉索卡滞。

(3) 故障诊断与排除

1）检查制动踏板自由行程是否过小或无自由行程，并进行相关部位的调整。

2）停车后检查各车轮制动鼓（制动钳）是否过热，或将车辆支起后检查各车轮转动是否灵活。各车轮均过热或转动不灵活，故障一般在制动主缸之前，应检查制动主缸及真空助力器的工作情况。制动主缸补偿孔堵塞，应予疏通；制动主缸活塞运动卡滞或回位弹簧损坏，应更换主缸；真空助力器工作不良（存在内部卡滞等），应更换助力器总成；制动液过脏，应予更换。

3）个别车轮存在转动不灵活及过热现象，故障一般在该轮制动器及制动轮缸，应检查车轮制动器及其制动轮缸的工作性能。若为后轮制动拖滞，制动底板松动应重新紧固，制动蹄回位弹簧弹力减弱或折断应更换新件；驻车制动装置调整不当或卡滞应重新调整并对相应部位进行润滑；轮缸密封圈发胀卡滞、轮缸磨损严重卡滞应更换；制动底板或制动鼓变形严重应予更换。若为前轮制动拖滞，制动钳支架松动应重新紧固，轮缸活塞在缸筒中运动不灵活应更换密封圈或制动钳总成，制动盘严重变形应更换新件。此外，若制动管路堵塞，应予疏通或更换。

4. 制动跑偏

（1）故障现象　制动时，左、右车轮制动效能不同，致使车辆行驶方向产生偏斜。

（2）故障原因　制动跑偏的故障实质是两侧车轮受力不等或制动生效时间不一致。

1）两侧轮胎气压不同，磨损程度不一致。

2）一侧制动轮缸工作不良，存在漏油或黏滞等现象。

3）一侧制动管路漏油、凹陷堵塞使制动液流动不畅或存在空气。

4）一侧制动蹄或制动钳摩擦片沾有油污。

5）一侧制动蹄、制动鼓或制动盘变形，致使蹄鼓（或蹄盘）贴合不良。

6）两侧车轮制动器制动间隙、摩擦片磨损程度不一致。

7）一侧制动底板或制动钳支架紧固螺栓松动。

8）压力调节器调整不当或制动压力分配阀失效。

9）两侧轮毂轴承预紧度调整不一致。

10）前轮定位失准，两侧主销内倾、主销后倾、车轮外倾角不一致，前束不正确，悬架固定件松动等。

（3）故障诊断与排除　出现制动跑偏现象，应根据跑偏方向及制动时轮胎印迹确定制动效能不良的车轮。汽车向右（左）跑偏，说明左（右）侧车轮制动力不足或制动迟缓。其中印迹短的车轮为制动迟缓，印迹轻的为制动力不足。

1）路试。当车辆运行中减速制动时，若车辆向一侧偏斜，说明另一侧车轮制动迟缓或制动力不足，仔细检查该轮制动管路有无凹瘪堵塞及漏油现象，并予以排除。

2）若上述情况良好，可对该轮轮缸进行排气，并检查轮胎气压及其磨损程度。

3）若上述均无问题，应检查制动底板或制动钳支架是否松动，并检查、调整轮毂轴承预紧度。

4）拆检制动器，检查摩擦片表面是否沾有油污，并查明油污来源。同时应检查制动蹄、制动鼓或制动钳、制动盘是否变形严重，制动轮缸是否工作不良等，视情维修或更换。

5）检查压力调节器或制动压力分配阀，视情维修或更换。

6）若汽车还存在行驶跑偏现象，需检查前轮定位、悬架和车身等。

5. 制动器异响

（1）故障现象　当车辆行驶或制动时，制动器发出不正常的响声。

（2）故障原因

1）制动蹄摩擦片磨损严重，铆钉外露。

2）摩擦片硬化或破裂。

3）制动鼓或制动盘变形或磨损起槽。

4）盘式制动器制动蹄定位（防振）弹簧或鼓式制动器制动蹄保持弹簧损坏。

5）制动底板松动、变形或制动钳支架松动，造成制动鼓与制动底板或制动钳与制动盘相碰擦。

6）制动器滑动部位润滑不良。

（3）故障诊断与排除

1）当车辆未制动时，制动器即发出不正常的响声，应检查制动底板或制动钳支架是否松动，制动底板是否明显翘曲变形，制动蹄定位弹簧是否损坏等，视情予以紧固或更换。

2）车辆制动时制动器发响，应检查制动蹄片的损伤程度，制动鼓、制动蹄及制动盘有无明显变形，制动器各运动副润滑是否良好等，并对其运动副表面进行润滑或更换损坏的机件。

6. 驻车制动不良

（1）故障现象 拉紧驻车制动手柄后，车辆仍能以低速档起步。

（2）故障原因

1）驻车制动装置调整不当或拉锁卡滞。

2）后轮制动器工作不良。

（3）故障诊断与排除

1）拉动驻车制动手柄，检查其自由行程及拉索是否存在运动卡滞现象，并进行必要的调整和润滑，或更换拉索。

2）当驻车制动器操纵机构工作正常时，应对后轮制动器进行检修。

4.6.3 ABS 的检测

1. 有故障码输出

ABS 故障诊断采用专用仪器读取故障码，也可进行人工读码。不同故障码的含义可以根据各个车型具体查询其含义，再根据故障码的提示去诊断故障。

2. 无故障码输出

（1）当发动机未起动，打开点火开关时，ABS 故障警告灯不亮 此故障的可能原因为熔断器烧断、警告灯灯泡损坏、电源电路断路或插接器损坏、ABS 警告灯控制器损坏。

1）检查中央电器盒内的 ABS 熔断器，烧断则更换。

2）检查中央电器盒熔断器插座，损坏应修复。

3）断开 ECU 插接器，打开点火开关，若 ABS 故障警告灯点亮，则为警告灯控制器一侧或 ECU 一侧的电路断路，应检修或更换线束。若 ABS 故障警告灯仍然不亮，应检查警告灯灯泡，损坏应更换。

4）若灯泡良好，则检查警告灯电源电路、搭铁电路及其插接器，如有断路现象或腐蚀，应更换线束。

5）在检查过程中，轻轻晃动线束及插接器，如果故障消失，则为接触不良引起的偶发性故障，视情排除。

6）若上述检查均正常，故障可能是警告灯控制器损坏所致，应更换警告灯控制器。

(2) 发动机起动后，ABS 故障警告灯常亮　此故障的可能原因为警告灯控制器损坏或电路断路、ABSECU 损坏。

1) 检查 ECU 与警告灯控制器之间的线束，如电路断路则更换线束。

2) 检查 ABS 故障警告灯控制器，不正常则更换。

3) 若警告灯电路及控制器均正常，则故障在 ECU，应进行更换。

(3) ABS 工作异常而无故障码输出　此故障不仅和 ABS 有关，还与驾驶状况及路面条件有密切关系。其主要故障原因为车轮转速传感器安装不当、传感器失效或沾有异物、插接器接触不良、齿圈损坏、车轮轴承损坏、ABS 液压控制单元及 ECU 损坏。

1) 检查车轮转速传感器的安装情况，不正确需重新安装。

2) 检查传感器输出信号电压，若信号电压正常，则故障在液压控制单元，用 V. A. G1552 液压单元功能测试进行检查，不正常则更换。

3) 检查各个传感器，传感器损坏应更换。

4) 检查传感器齿圈，如有损坏，应及时更换。

5) 检查车轮轴承，轴承过松或损坏，应予调整或更换。

6) 在检查过程中，轻轻晃动线束及插接器，如果故障消失，则为接触不良引起的偶发性故障，视情排除。

7) 断开 ECU 插接器，检查线束端子 4 和 11、3 和 18、2 和 10、1 和 17 间的电阻值，应均为 1.0~1.3kΩ。若阻值不正常，应检修插接器或更换线束。

8) 若上述检测结果良好，则为 ECU 有故障，应更换 ECU。

(4) 当行驶中进行制动时，制动踏板行程过长　导致此故障的原因为制动液泄漏或系统机械部分有故障，可能是液压系统泄漏或有空气、常闭阀关闭不严、制动盘严重磨损、驻车制动调整不当所致。

1) 检查制动管路及接头，如有泄漏，应按要求拧紧或修复。

2) 拆检制动器，检查制动盘的磨损情况，视情况修理或更换。

3) 检查驻车制动调节装置，不正常则更换。

4) 对液压制动系统进行排气。

5) 用故障检测仪液压单元功能测试检查常闭阀的密封性能，若不正常，应更换液压控制单元。

(5) 行驶中需要用很大的力踩制动踏板才能实施有效制动　此故障原因是踏板自由行程调整不当，真空助力器失效或液压控制单元内常开阀有故障。

1) 用故障检测仪液压单元功能测试检查常开阀，若不正常，应更换液压控制单元。

2) 用传统方法检查真空助力器及踏板自由行程。

任务实施

以汽车制动拖滞的故障诊断为任务，采用行动导向教学法，引导学生按照汽车维修工作过程（资讯、决策、计划、实施、检查、评估）检测并排除故障，在此过程中学习相关理论知识，掌握汽车制动系统的故障诊断方法。

任务工单 4.6

汽车制动系统的检测与故障诊断

工作任务		汽车制动系统的检测与故障诊断		学时	2
姓名		学号		班级		日期	

1. 咨询

（1）车辆信息

车型		生产年代		制造厂	
车辆识别码			发动机型号		

（2）故障描述

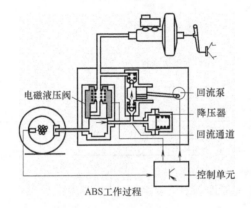

ABS工作过程

（3）相关问题

①画图说明制动踏板自由行程和制动间隙的概念。

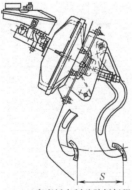

富康轿车制动踏板行程

②汽车制动拖滞的原因有哪些？

（续）

2. 决策
提出诊断排除故障的方案：

3. 计划

人员分配	
时间安排	
工作步骤	
设备和工具	

4. 实施

检查项目	性能要求	检查结果	修复方法
找出制动拖滞车轮，举升车辆，放松驻车制动手柄。将变速杆置于空档位置。按顺序用手转动各车轮，感觉是否有制动感			
若只有单一后轮出现制动拖滞现象，应检查拧松该轮制动分泵的放油螺塞			
若两后轮同时有制动拖滞现象，应检查驻车制动手柄是否能完全释放			
若所有车轮都有制动拖滞的感觉，应检查制动踏板自由行程，检查制动总泵、真空助力器			

5. 检查
检查汽车修复质量及汽车性能：

6. 评估

	考评项目	自我评估	组长评估	教师评估	备注
素质考评 10	劳动纪律 5				
	环保意识 5				
工单考评 20					
实操考评 40	工具使用 5				
	任务方案 10				
	实施过程 20				
	完成情况 5				
	其他				
合计 70					
综合评价 70					

组长签字： 教师签字：

项目 5　检测站及汽车主要技术性能的检测

汽车整车的技术状况关系到车辆行驶的动力性、经济性、排气净化性、操纵稳定性、安全性和舒适性等使用性能。因此，它是汽车检测诊断的重点内容之一。

汽车整车技术状况的变化主要表现在故障增多、性能降低和损耗增加上。在诸多诊断参数中，要特别选出那些与汽车上述使用性能有关的参数进行检测、分析与判断，以便确定整车的技术状况。

汽车整车的检测，既可以在道路试验中进行，也可以在汽车检测线上进行。不论采用何种方法进行检测，被检车辆、道路、气候和仪器设备等都应符合有关规定。

汽车检测的一般条件如下：

（1）车辆

1）被检汽车各总成、部件及附属装置（包括随车工具与备胎），必须按规定装备齐全，并安放在规定的位置上。调整状况应符合该车技术状况的规定。

2）当无特殊规定时，被检汽车装载质量均为厂定最大装载质量或厂定最大总质量状态。乘员平均质量可用相同重物代替。

3）试验过程中，轮胎冷态充气压力应符合技术条件的规定，误差不超过 ±10kPa。

4）被检汽车使用的燃料、润滑油（脂）和制动液应符合技术条件的规定。除可靠性和耐久性试验外，同一试验的各项性能测定必须使用同一批燃料、润滑油（脂）和制动液。

5）试验前，被检汽车必须进行预热，冷却液温度应在 80～90℃，发动机润滑油温度应控制在 50～95℃；变速器及驱动桥润滑油温度应不低于 50℃。

（2）道路　除另有规定外，各项性能试验应在清洁、干燥平坦的沥青或混凝土路面的道路上进行，道路长 3km 以上，宽度不小于 8m，纵向坡度在 0.1°以内。

（3）气候　除另有规定外，试验时应天气良好，相对湿度小于 95%，气温 0～40℃，风速不大于 3m/s。

（4）试验用仪器设备　试验用仪器设备必须经过计量检定，且在有效期内。在使用前，应对仪器设备进行调整和校正。

当汽车在检测线上进行试验时，滚筒式试验台以筒的表面代替路面，通过加载装置给滚筒施加负荷，以模拟行驶阻力，使汽车尽可能在接近实际行驶工况下进行各项检测与试验。因此，汽车的动力性、燃料经济性、加速性、滑行性、制动性和车速表指示误差等，均可以在检测线上测定。

任务5.1　汽车检测站

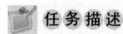**任务要求**

1. 通过学习，了解检测站的任务和类型。
2. 通过学习，了解汽车检测站的检测项目和内容。
3. 通过新技术的引导，激发学生学习专业课的兴趣。

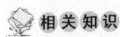**任务描述**

汽车检测站是汽车运行时对车辆性能检测的机构，汽车检测制度要求，上路行驶的车辆必须按照规定进行相关性能检测。检测出车辆的各种参数并诊断出可能出现的故障，为全面、准确评价汽车的使用性能和技术状况提供可靠的依据。

相关知识

汽车检测站是综合运用现代检测技术，对汽车实施不解体检测的机构。它具有现代的检测设备和检测方法，能在室内检测出车辆的各种参数并诊断出可能出现的故障，为全面、准确评价汽车的使用性能和技术状况提供可靠的依据。汽车检测站不仅是车管机关或行业对汽车技术状况进行检测和监督的机构，而且已成为汽车制造企业、汽车运输企业和汽车维修企业中不可缺少的重要组成部分。

5.1.1　汽车检测站的任务和类型

1. 检测站的任务

按我国交通部第29号令《汽车运输业车辆综合性能检测站管理办法》的规定，汽车检测站的主要任务如下：

①对在用运输车辆的技术状况进行检测诊断。
②对汽车维修行业的维修车辆进行质量检测。
③接受委托，对车辆改装、改造、报废及其有关新工艺、新技术、新产品和科研成果等项目进行检测，提供检测结果。
④接受公安、环保、商检、计量和保险等部门的委托，为其进行有关项目的检测，提供检测结果。

2. 检测站的类型

按不同的分类方法，汽车检测站可分为不同的类型。

（1）按服务功能分类　按服务功能分类，汽车检测站可分为安全检测站、维修检测站和综合检测站三种。

安全检测站是国家的执法机构，不是营利型企业。它按照国家规定的车检法规，定期检测车辆中与安全和环保有关的项目，以保证汽车安全行驶，并将污染降低到允许的限度。这种检测站对检测结果往往只显示"合格""不合格"两种，而不作为具体数据显示和故障分析，因而检测速度快，生产效率高。检测合格的车辆凭检测结果报告单办理年审签证，在有效期内准予车辆行驶。安全检测站一般由车辆管理机关直接建立，或由车辆管理机关认可的汽车运输企业、汽车维修企业等单位建立，也可多方联合建立。

综合检测站既能担负车辆管理部门的安全环保检测，又能担负车辆使用、维修企业的技术状况诊断，还能承接科研或教学方面的性能试验和参数测试。这种检测站检测设备多，自动化程度高，数据处理迅速准确，因而功能齐全，检测项目广度大、深度深。

（2）按规模大小分类　按规模大小分类，汽车检测站可分为大、中、小三种类型。

大型检测站检测线多，自动化程度高，年检能力大，且能检测多种车型。中型检测站至少有两条检测线。小型检测站主要指那些服务对象单一的检测站，如规模不大的安全检测站和维修检测站。

（3）按自动化程度分类　按检测线的自动化程度分类，汽车检测站可分为手动式、半自动式和全自动式三种类型。

手动式检测站由人工手动控制检测过程，从各单机配备的指示装置上读数，笔录检测结果或由单机配备的打印机打印检测结果，因而工作人员多，检测效率低，读数误差大，多适用于维修检测站。

全自动式检测站利用计算机控制系统，除车辆的外观检查工位仍需人工检查外，能自动控制其他所有工位上的检测过程，使设备的起动与运转、数据采集、分析判断、存储、显示和集中打印报表等全过程实现自动化。由于全自动检测站自动化程度高，检测效率高，能避免人为的判断错误，因而获得广泛应用，目前国内外的安全检测站多为这种形式。

半自动式检测站的自动化程度或范围介于手动式和全自动式检测站之间，一般是在原手动式检测站的基础上将部分检测设备（如侧滑试验台、制动试验台和车速表试验台等）与计算机联网以实现自动控制，而另一部分检测设备（如烟度计、废气分析仪、前照灯检测仪、声级计仍然手动操作。当计算机联网的检测设备因故不能进行自动控制时，各检测设备仍可手动使用。

（4）综合检测站按职能分类　综合检测站按职能分类，可分为A级站、B级站和C级站三种类型．其职能如下：

A级站能全面承担检测站的任务，即能检测车辆的制动、侧滑、灯光、转向、前轮定位、车速、车轮动平衡、底盘输出功率、燃料消耗、发动机功率和点火系统状况以及异响、磨损、变形、裂纹、噪声、废气排放等状况。

B级站能承担在用车辆技术状况和车辆维修质量的检测，即能检测车辆的制动、侧滑、灯光、转向、车轮动平衡、燃料消耗、发动机功率和点火系统状况以及异响、变形、噪声、废气排放等状况。

C级站能承担在用车辆技术状况的检测，即能检测车辆的制动、侧滑、灯光、转向、车轮动平衡、燃料消耗、发动机功率以及异响、噪声、废气排放等状况。

5.1.2　汽车检测站的组成与检测项目

1. 汽车检测站的组成

汽车检测站主要由一条至数条检测线组成。对于独立而完整的检测站，除检测线外，还应包括停车场、清洗站、泵气站、维修车间、办公区和生活区等设施。

（1）安全检测站　安全检测站一般由一条至数条安全环保检测线组成。当有两条以上安全环保检测线时，一般一条为大、小型汽车通用自动检测线，另一条为小型汽车的专用自动检测线。有的安全检测站还配备一条新规检测线（对新车登录、检测之用）和一条柴油车排烟检测线。

（2）维修检测站　维修检测站一般由一条至数条综合检测线组成。

（3）综合检测站　综合检测站一般由安全环保检测线和综合检测线组成，可以各为一条，也可以各为数条，国内交通系统建成的检测站大多属于综合检测站。

2. 汽车检测线的工位布置

不管是安全环保检测线，还是综合检测线，它们都由多个检测工位组成，布置形式多为直线通道式，即检测工位按一定顺序分布在直线通道上，有利于流水作业。

（1）安全环保检测线　安全环保检测线一般由外观检查（人工检查）工位、侧滑制动车速表工位和灯光尾气工位三个工位组成。全自动安全环保检测线可以由三工位、四工位或五工位组成。五工位一般是汽车资料输入及安全装置检查工位、侧滑制动车速表工位、灯光尾气工位、车底检查工位和综合判定及主控制室工位。图 5-1 所示为国产五工位全自动安全环保检测线。

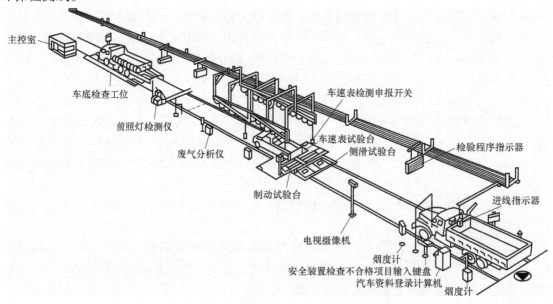

图 5-1　国产五工位全自动安全环保检测线

（2）综合检测线　A 级站在国内一般设置两条检测线，一条为安全环保检测线，主要承担车管部门对车辆进行年审的任务；另一条为综合检测线，主要承担对车辆技术状况的检测诊断。其综合检测线一般有两种类型：一种是全能综合检测线，设有包括安全环保检测线主要检测设备在内的比较齐全的工位，这种检测线的检测设备多，检测项目齐全，与安全环保检测线互不干扰，因而检测效率相对较高，但建站费用也高；另一种是一般综合检测线，设置的工位不包括安全环保检测线的主要检测设备，主要由底盘测功工位组成，能承担除安全环保检测项目以外项目的检测诊断，必要时车辆需开到安全环保检测线上才能完成有关项目的检测。国内已建成的综合检测站有相当多的是属于一般综合检测线，与全能综合检测线相比，其设备少，建站费用低，但检测效率也低。

图 5-2 所示为汽车综合检测线，是一种接近全能的综合检测线，它由发动机测试及车轮平衡工位、底盘测功工位和车轮定位及车底检查工位组成，除制动性能不能检测外，安全环保检测线上的其他检测项目均能在该线上检测。

B 级站和 C 级站的综合检测线不包括底盘测功工位。

3. 汽车检测线的设备与检测项目

（1）安全环保检测线　以五工位全自动安全环保检测线为例，主要检测设备有：侧滑试验台、轴重计或轮重仪、制动试验台、车速表试验台、前照灯检测仪、排气分析仪、烟度计、声级计和检测锤子。

（2）综合检测线　以外观检查及车轮定位工位、制动工位和底盘测功工位组成的三工位全能综合检测线为例，主要的检测工位和设备如下：

1）外观检查及车轮定位工位。

①主要设备：轮胎自动充气机、轮胎花纹测量器、检测锤子、地沟内举升平台、地沟上举升器、就车式车轮平衡机、声发射探伤仪、侧滑试验台、四轮定位仪或车轮定位检测仪、转向盘自由转动量检测仪、转向盘转向力检测仪、传动系统游动角度检测仪和底盘间隙检测仪等。

②检测项目：车上车底外观检查，就车检测调整车轮不平衡量，对转向节枢轴等安全机件进行探伤，检测前轮侧滑量和最大转向角，检测前轮和后轮定位参数，检测转向盘自由转动量和转向盘转向力，检测传动系统游动角度，检测轮毂轴承等处的松旷量等。

2）制动工位。

①主要设备。轴重计或轮重仪、制动试验台等。

②检测项目。检测各轴轴重，检测各轮制动拖滞力和制动力及按制动曲线分析制动过程，检测驻车制动力等。

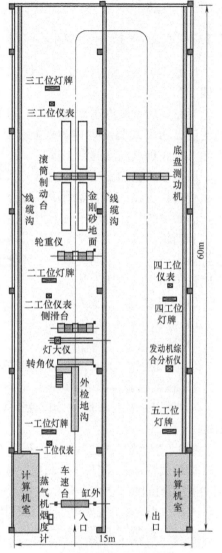

图 5-2　汽车综合检测线

3）底盘测功工位。

①主要设备。底盘测功试验台、发动机综合参数测试仪、电控系统检测仪、电器综合测试仪、气缸压力测试仪或气缸压力表、气缸漏气量（率）测试仪、真空表或真空测试仪、油耗计、五气体分析仪、烟度计、声级计、机油清净性分析仪、发动机无负荷测功仪、发动机异响分析仪、传动系统异响分析仪和温度计等。

②检测项目。本工位能模拟汽车道路行驶，因而可组织较多的检测设备同时或交叉对汽车发动机、底盘、电气设备和车身等进行动态综合检测诊断。配备的设备越多，能检测诊断的项目也越多。

4. 汽车检测站的工艺路线流程

汽车进入检测站后，在检测线上只有按照规定的检测工艺路线和程序流动，才能完成整个检测过程。检测线的工位布置是固定的，进线检测的汽车按工位顺序流水作业。以三工位全能综合检测线为例，其工艺路线流程如图5-3所示。

5.1.3 驱动轮输出功率的检测

1. 汽车底盘测功试验台的结构与原理

当在室内检测汽车动力时，采用驱动轮输出功率或驱动力作为诊断参数，需在汽车底盘测功试验台上进行。

汽车驱动轮输出功率的检测又称为底盘测功，可在汽车底盘测功试验台上进行。其目的是评价汽车的动力性，同时对驱动轮输出功率与发动机输出功率进行对比，可求出传动效率，以评价汽车底盘传动系统的技术状况。

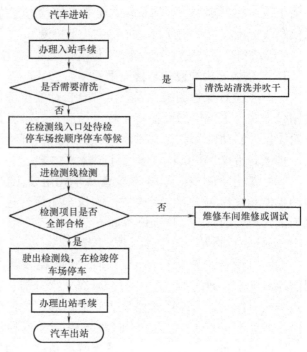

图5-3 检测线工艺路线流程

（1）底盘测功试验台的功能
1）测试汽车驱动轮输出功率。
2）测试汽车的加速性能。
3）测试汽车的滑行能力和传动系统的传动效率。
4）检测校验车速表。
5）辅以油耗计、废气分析仪等设备，还可以对汽车的燃油经济性和废气排放性能进行检测。

（2）底盘测功试验台的结构与工作原理 底盘测功试验台一般由滚筒装置、功率吸收装置（即加载装置）、测量装置和控制装置四部分组成。图5-4所示为国产DCG-10C型汽车底盘测功试验台机械部分的结构示意图。该试验台是一种采用美国英特尔公司生产的单片机作为系统的控制核心，适用于轴质量不大于10t，驱动车轮输出功率不大于150kW车辆的检测。

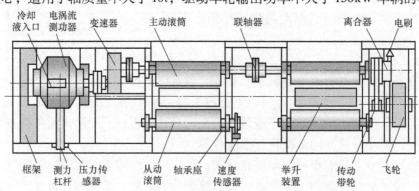

图5-4 国产DCG-10C型汽车底盘测功试验台机械部分的结构示意图

1）滚筒装置。滚筒相当于连续移动的路面，被检汽车的车轮在其上滚动，滚筒有单滚筒和双滚筒两种。双滚筒结构简单，安装使用方便，且成本较低，因而使用广泛。

滚筒表面形状不同，有光滚筒、滚花滚筒、带槽滚筒和带涂覆层滚筒多种形式。光滚筒目前应用最多，虽然附着系数较低，但车轮与光滚筒间的附着能力可以产生足够的牵引力。

2）功率吸收装置（即加载装置）。功率吸收装置用来模拟车辆在道路上行驶所受的各种阻力。常用的功率吸收装置有水力测功器、直流电动机电力测功器和电涡流测功器，目前多采用电涡流测功器。

3）测量装置。测功器不能直接测出汽车驱动轮的输出功率值，它需要测出旋转运动时的转速与转矩，或直线运动时的速度与牵引力，再换算成其功率值。所以，测功试验台必须配有测力装置与测速装置。

测力装置有机械式、液压式和电测式三种形式，目前应用较多的是电测式。电测式测力装置通过测力传感器，将力变成电信号，经处理后送到指示装置显示出来。

测速装置多为电测式，一般由速度传感器、中间处理装置和指示装置组成。速度传感器安装在从动滚筒的一端，随滚筒一起转动，能把滚筒的转动变为电信号。功率指示装置在电脑控制的底盘测功试验台，测力传感器和速度传感器输出的电信号送入电脑处理后，指示装置直接显示驱动轮的输出功率。

4）控制装置。底盘测功试验台的控制装置和指示装置往往制成一体，形成柜式结构。图5-5所示为国产DCG-10C型底盘测功试验台控制柜面板图，控制柜上的按键、显示窗、旋钮、功能灯、警告灯和指示灯等，用来控制试验过程，显示或打印试验结果。

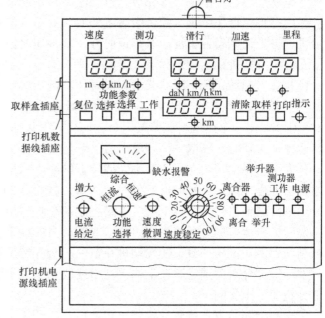

图 5-5　国产 DCG-10C 型底盘测功试验台控制柜面板图

2. 汽车驱动轮输出功率的检测方法

不同形式的底盘测功试验台，其使用方法也有所区别，以下介绍的是一般的操作方法：

（1）检测前的准备

1）底盘测功试验台的准备。使用试验台之前，按厂家规定的项目对试验台进行检查、调整和润滑。在使用过程中，要注意仪表指针的回位，举升器工作导线的接触情况。如发现故障，应及时清除。

2）被检汽车的准备。汽车开上底盘测功试验台以前，调整发动机供油系统及点火系统至最佳工作状态；检查、调整、紧固和润滑传动系统、车轮的连接情况；清洁轮胎，检查轮胎气压是否符合规定；必须运行走热汽车至正常工作温度。

（2）检测方法

1）检测点的选择。当测功试验时，应选择几个有代表性的工况测试汽车驱动轮的输出功率或驱动力。如发动机额定功率所对应的车速（或转速），发动机最大转矩所对应的车速

（或转速），汽车常用车速或经济车速，也可根据交通管理部门的要求选择检测点。

2）测功方法。

①接通试验台电源，并根据被检车辆驱动轮输出功率的大小，将功率指示表的转换开关置于低档或高档位置。

②操纵手柄（或按钮），升起举升器的托板。

③将被检汽车的驱动轮尽可能与滚筒呈垂直状态地停放在试验台滚筒间的举升器托板上。

④操纵手柄，降下举升器托板，直到轮胎与举升器托板完全脱离为止。

⑤用三脚架抵住位于试验台滚筒之外的一对车轮的前方，以防止汽车在检测时从试验台滑出去，将冷却风扇置于被检汽车正前方，并接通电源。

⑥检测发动机额定功率和最大转矩转速下的输出功率或驱动力时，将变速器挂入选定档位，松开驻车制动，踩下加速踏板，同时调节测功器制动力矩对滚筒加载，使发动机在节气门全开情况下以额定转速运转。待发动机转速稳定后，读取并打印驱动车轮的输出功率（或驱动力）值、车速值。在节气门全开情况下继续对滚筒加载，至发动机转速降至最大转矩转速稳定运转时，读取并打印驱动力（或输出功率）值、车速值。

如需测出驱动车轮在变速器不同档位下的输出功率或驱动力，则要依次挂入每一档，按上述方法进行检测。当发动机发出额定功率，挂直接档，可测得驱动车轮的额定输出功率；当发动机发出最大转矩，挂1档，可测得驱动车轮的最大驱动力。

发动机全负荷选定车速下输出功率或驱动力的检测，是在踩下加速踏板的同时，调节测功器制动力矩对滚筒加载，使发动机在节气门全开情况下，以选定的车速稳定运转进行的。

发动机部分负荷选定车速下输出功率或驱动力的检测与此相同，只不过发动机是在选定的部分负荷下工作的。

⑦全部检测结束，待驱动轮停止转动后，移开风扇，去掉车轮前的三脚架，操纵手柄举起举升器的托板，将被检汽车驶离试验台。

（3）注意事项

1）超过试验台允许轴重或轮重的车辆一律不准上试验台进行检测。

2）检测过程中，切勿拨弄举升器托板操纵手柄，车前方严禁站人，以确保检测安全。

3）当检测额定功率和最大转矩相应转速工况下的输出功率时，一定要开启冷却风扇，并密切注意各种异响和发动机的冷却液温度。

4）磨合期间的新车和大修车不宜进行底盘测功。

5）试验台不检测期间，不准在上面停放车辆。

滚筒式底盘测功试验台，除能检测驱动车轮的输出功率或驱动力外，还能检测车速表指示误差、行驶油耗量等。在测得驱动车轮输出功率后，应立即踩下离合器踏板，利用试验台对汽车的反拖还可测得传动系消耗功率。将测得同一转速下的驱动车轮输出功率与传动系统消耗功率相加，就可求得这一转速下的发动机有效功率。

除上述测试项目外，凡需要汽车在运行中进行的检测与诊断项目，只要配备所需的检测设备，均可在滚筒式底盘测功试验台上进行。例如，检测各种行驶工况下的废气成分或烟度，检测点火提前角或供油提前角，诊断各总成或系统的噪声与异响（包括经验诊断法），观测汽油机点火波形或柴油机供油波形，检测各总成工作温度和各电气设备的工作情况等。

任务 5.2　汽车悬架装置的检测

任务要求

1. 通过学习，了解汽车悬架装置检测的项目。
2. 通过学习，了解汽车悬架检测设备和操作方法。
3. 通过新技术的引导，激发学生学习专业课的兴趣。

任务描述

汽车悬架装置和转向系统各部间隙在使用中会逐渐增大，致使汽车行驶中出现跳动增加、横摆加剧、转向盘自由行程加大、转向轮摆头、轮胎磨损异常和各种冲击增强等现象，严重地影响了汽车操纵稳定性、行驶平顺性、行车安全性和使用寿命。因此，汽车悬架装置和转向系统间隙是一个综合性诊断参数，能表征悬架装置和转向系统的技术状况。

相关知识

汽车悬架是车架与车桥或车轮之间的一切传力连接装置的总称，其作用是传递作用在车轮和车架之间的力和力矩，并且缓冲由不平路面传给车架或车身的冲击力，并衰减由此引起的振动，以保证汽车能平顺地行驶。

5.2.1　悬架装置与转向系统间隙检测仪的基本结构和工作原理

悬架装置和转向系统间隙检测，需采用悬架装置和转向系统间隙检测仪进行，如图 5-6 所示。

1. 基本结构

悬架装置和转向系统间隙检测仪一般由电控箱、左测试台、右测试台、泵站和手电筒式开关等组成，示意图如图 5-7 所示。

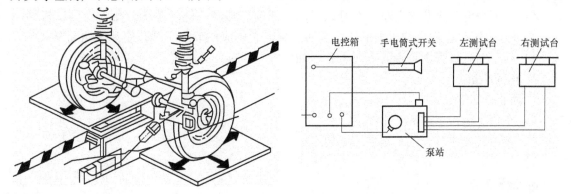

图 5-6　悬架装置和转向系统间隙检测仪　　图 5-7　悬架装置和转向系统间隙检测仪示意图

（1）电控箱　电控箱主要由控制电路和保护电路组成。控制电路用于控制油泵电动机和电磁阀继电器的动作，保护电路用于保护油泵电动机过载和电路漏电。

（2）手电筒式开关　手电筒式开关由测试台移动方向控制按键和照明两部分组成。移动方向控制按键用于控制电控箱中各继电器的动作，照明部分能使检查员方便对检查部位进行观察。

（3）泵站　泵站由油泵、电动机、电磁阀、油压表、滤油器和溢流阀等组成。电动机带动油泵工作，电磁阀在继电器作用下控制高压油液流向相应的油缸。而油缸产生推动左、右测试台测试板的动力。

（4）测试台　测试台包括左测试台和右测试台。按测试台测试板移动方向不同，测试台可分为前后双向移动式，前后左右四向移动式，前后左右再加前左后右（对角线）、前右后左（对角线）八向移动式三种类型。前后双向移动式测试台主要由测试板、油缸、导向结构和壳体等组成，结构如图5-8所示。

2. 工作原理

在手电筒式开关的左、右测试台移动方向控制开关的作用下，控制电路控制油泵电动机和电磁阀继电器动作。在电动机带动下，油泵产生高压油液。电磁阀在继电器作用下控制高压油液流向对应的油缸，另一油缸处于卸荷状态。在油缸动力作用下，测试台测试板及其上的悬架装置与转向系统，按导向杆给定的方向移动。换向后，另一油缸产生动力，前一油缸处于卸荷状态，于是测试台测试板及其上的悬架装置与转向系统，按导向杆给定的相反方向移动，实现了前、后双向对悬架装置与转向系统间隙的检测。

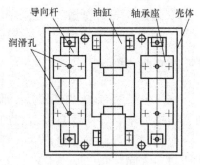

图 5-8　前后双向移动式测试台结构图

5.2.2　悬架装置与转向系统间隙检测仪的使用方法

1. 仪器准备

1）接通电控箱总电源。

2）将手电筒式开关的工作开关按下，其上工作灯应亮，电控箱上绿色指示灯应亮，电动机应带动油泵工作。否则，应检查并排除故障。

3）按下手电筒式开关上左、右测试板向前或向后移动的键，系统升压。当测试板移动到一侧极限位置时，检查油压表的压力是否正常。否则应调节溢流阀，使油压达到要求。

4）检查测试板表面是否沾有泥、砂、油污等。若有，应清除。

2. 车辆准备

车辆准备如下：

1）车辆应运行至正常工作温度。

2）轮胎气压应符合汽车制造厂的规定。

3）轮胎上的砂、石、泥、土应清除干净。

3. 检测方法

检测方法如下：

1）汽车前轴开上悬架装置和转向系统间隙检测仪的测试板，两前轮在两块测试板上居中停放。

2）汽车驾驶人用力踩住制动踏板，并握紧转向盘。车下检测员按动手电筒式开关上测试板"前后方向移动"键,使悬架装置和转向系统以一定频率反复做前、后方向移动。

3) 车下检测员按动手电筒式开关上测试板"左右方向移动"键,使悬架装置和转向系统以一定频率反复做左、右方向移动。

4) 车下检测员按动手电筒式开关上测试板"前左、后右(对角线)方向移动"键或"前右、后左(对角线)方向移动"键,使悬架装置和转向系统以一定频率反复做前左、后右(对角线)方向移动或做前右、后左(对角线)方向移动。

5) 汽车前轴在做上述移动方向的测试时,车下检测员要始终注意观察并用手触摸汽车车轮与制动底板(或制动盘)处、转向节主销处、纵横拉杆球头销处、独立悬架摆臂处、相关悬架U形螺栓处和钢板销处、转向垂臂处和转向器在车架上的固定等处的间隙,做好记录,视情况进行调整或修理。

6) 汽车驾驶人放松转向盘和制动踏板,将前轴开下后轴开上,在测试板上用同样方法检测后轴悬架装置的间隙。

7) 检测完毕,关闭手电筒式开关和电控箱总电源。

5.2.3 悬架装置工作性能的检测

悬架装置是汽车底盘的一个重要装置,通常由弹性元件、导向装置和减振器三部分组成。汽车悬架系统的故障将直接影响汽车的行驶平顺性、操纵稳定性和行驶安全性。因此,悬架装置的技术状况和工作性能,对汽车整体性能有着重要影响。所以,检测悬架装置的工作性能是十分重要的。

汽车悬架装置工作性能的检测方法有经验法、按压车体法和试验台检测法三种类型。

经验法是通过人工外观检视的方法,主要从外部检查悬架装置的弹簧是否有裂纹,弹簧和导向装置的联接螺栓是否松动,减振器是否漏油、缺油和损坏等项目。

按压车体法既可以人工按压车体,也可以用试验台的动力按压车体。按压使车体上下运动,观察悬架装置减振器和各部件的工作情况,凭经验判断是否需要更换或修理减振器和其他部件。

检测台能快速检测、诊断悬架装置工作性能,并能进行定量分析。根据激振方式不同,悬架装置检测台可分为跌落式和共振式两种类型。其中,共振式悬架装置检测台根据检测参数的不同,又可分为测力式和测位移式两种类型。

1. 悬架检测台的结构与检测方法

(1) 悬架装置检测台的工作原理

1) 跌落式悬架装置检测台(图5-9)。在测试中,先通过举升装置将汽车升起一定高度,然后突然松开支承机构,车辆落下产生自由振动。用测量装置测量车体振幅或者用压力传感器测量车轮对台面的冲击压力,对振幅或压力分析处理后,评价汽车悬架装置的工作性能。

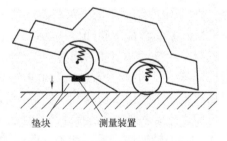

图5-9 跌落式悬架装置检测台

2) 共振式悬架装置检测台。如图5-10所示,通过试验台的电动机、偏心轮、蓄能飞轮和弹簧组成的激振器,迫使试验台台面及其上被检汽车悬架装置产生振动。在开机数秒后断开电动机电源,从而由蓄能飞轮产生扫频激振。由于电动机的频率比车轮固有频率高,因此蓄能飞轮逐渐降速的扫频激振过程总可以扫到车轮固有振动频率处，从而使台面—汽车系统产生共振。通过检测激振后振动衰减过程中力或位移的振动曲线，求出频率和衰减特性，便可判断悬架装置减振器的工作性能。

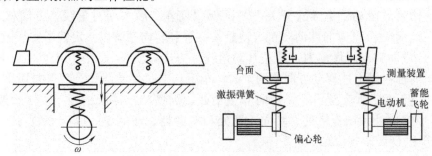

图5-10 共振式悬架装置检测台

测力式悬架装置检测台和测位移式悬架装置检测台，一个是测振动衰减过程中的力，另一个是测振动衰减过程中的位移量，它们的结构如图5-11所示。由于共振式悬架装置检测台性能稳定、数据可靠，因此应用广泛。

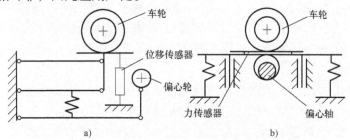

图5-11 测力式和测位移式悬架装置检测台的结构
a) 测位移式 b) 测力式

（2）共振式悬架装置检测台的结构 共振式悬架装置检测台一般由机械部分和电子电器控制部分组成。

1) 机械部分。共振式悬架装置检测台的机械部分由箱体和左右两套相同的振动系统构成，结构如图4-19所示。每套振动系统由上摆臂、中摆臂、下摆臂、支承台面、激振弹簧、驱动电动机、蓄能飞轮和传感器等构成。传感器一端固定在箱体上，另一端固定在台面上。上摆臂、中摆臂和下摆臂通过三个摆臂轴和六个轴承安装在箱体上。上摆臂和中摆臂与支承台面连接，并构成平行四边形的四连杆机构，以保证上下运动时能平行移动，以及台面受载时始终保持水平。中摆臂和下摆臂端部之间装有弹簧。

驱动电动机的一端装有蓄能飞轮，另一端装有凸缘，凸缘上有偏心轴。连接杆一端通过轴承和偏心轴连接，另一端和下摆臂端部连接。

检测时，将汽车驶上支承平台，启动测试程序，驱动电动机带动偏心机构使整个汽车—台面系统振动。激振数秒钟达到角频率为 ω_0 的稳定强迫振动后，断开驱动电动机电源，接着由蓄能飞轮以起始频率为 ω_0 的角频率进行扫频激振。由于停在台面上车轮的固有频率处于 ω_0 和0范围内，因此蓄能飞轮的扫频激振总能使汽车—台面系统产生共振。断开驱动电动机电源的同时，起动采样测试装置，记录数据和波形，然后进行分析、处理和评价。

2）电子电器控制部分。共振式悬架装置检测台电子电器控制部分，主要由 ECU、传感器、A-D 转换器、电磁继电器及控制软件等组成。控制软件是悬架装置试验台电子电器控制部分与机械部分联系的桥梁。软件不仅实现对悬架装置试验台测试过程的控制，同时也对悬架装置试验台所采集的数据进行分析和处理，并最终将检测结果显示和打印出来。

2. 悬架装置工作性能的诊断标准

《营运车辆综合性能要求和检验方法》（GB 18565—2016）中规定：对于最大设计车速不小于 100km/h、轴载质量不大于 500kg 的客车，其轮胎在激励振动下测得的吸收率，应不小于 40%，同轴左右悬架吸收率之差不得大于 15%。

车轮接地性指数可以表征悬架装置的工作性能，车轮接地性指数表明了悬架装置在汽车行驶中确保车轮与路面相接触的最小能力。汽车行驶中，所有车轮的接地性指数是不一样的，这是因为各轮悬架装置工作性能不一、各轮承受载荷不一、各轮气压不一等原因造成的。如果在检测台上，人为使各轮承受的载荷和轮胎气压一致，那么，车轮接地性指数就主要取决于悬架装置的工作性能。因此，完全可以用车轮接地性指数评价悬架装置的工作性能。

在欧美一些国家，悬架装置检测台已被广泛应用在检测汽车悬架装置工作性能上。欧洲使用的悬架装置检测台主要的生产厂家有德国的 HOFMANN 公司和意大利的 CEMB 公司等。他们生产的悬架检测台在检测中，悬架检测台台板连同其上的被检汽车按正弦规律做垂直振动，激振振幅固定而频率变化。力传感器感应到车轮作用到台板上的垂直作用力，并将力信号存入存储器。当对全车所有车轮悬架装置检测完后，ECU 对力信号进行分析和处理，便可获得车轮的接地性指数。

欧洲减振器制造协会推荐的评价车轮接地性指数的参考标准见表 5-1，可供我国检测悬架装置工作性能时参考。

表 5-1 车轮接地性指数参考标准

车轮接地性指数（%）	车轮接地状态	车轮接地性指数（%）	车轮接地状态
60~100	优	20~30	差
45~60	良	1~20	很差
30~45	一般	0	车轮与路面脱离

任务实施

以汽车悬架检测为任务，采用行动导向教学法，引导学生按照汽车维修工作过程（资讯、决策、计划、实施、检查、评估）检测，在此过程中学习相关理论知识，掌握汽车悬架的检测方法。

任务工单 5.2

汽车悬架装置的检测

工作任务		汽车悬架装置的检测		学时	2
姓名		学号		班级		日期	

1. 咨询

(1) 车辆信息

车型		生产年代		制造厂	
车辆识别码			发动机型号		

(2) 故障描述

(3) 相关问题
①汽车悬架检测项目有哪些？

②简述悬架检测台架的操作方法。

2. 决策
提出诊断排除故障的方案：

3. 计划

人员分配	
时间安排	
工作步骤	
设备和工具	

（续）

4. 实施

汽车悬架检测台架的连接：

悬架检测台架的操作步骤：

悬架检测结果得出结论：

典型故障小试牛刀

故障现象	诊断思路步骤	故障点

5. 检查

检查汽车修复质量及汽车性能：

6. 评估

考评项目		自我评估	组长评估	教师评估	备注
素质考评 10	劳动纪律 5				
	环保意识 5				
工单考评 20					
实操考评 40	工具使用 5				
	任务方案 10				
	实施过程 20				
	完成情况 5				
	其他				
合计 70					
综合评价 70					

组长签字： 教师签字：

任务5.3　汽车排气的检测

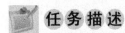

1. 通过学习，了解汽车尾气排放的种类和危害。
2. 通过学习，了解汽车尾气的排放标准和要求。
3. 通过学习，了解汽车排放的检测设备和方法。
4. 通过新技术的引导，激发学生学习专业课的兴趣。

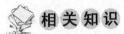

随着汽车工业的发展和汽车保有量的急剧增加，汽车排放的污染物是一致公认的城市大气主要污染公害之一，已成为严重的社会问题。因此，检测并控制汽车排气污染物的浓度，已成为汽车检测中重要的检测项目。

5.3.1　汽车排气污染物的主要成分及其危害

1. 汽车排气污染物的主要成分

汽车排气的污染物，主要是CO、HC、NO_x、硫化物（主要是SO_2）、碳烟及其他一些有害物质。如果燃用含铅汽油，排气中的污染物还包含铅化合物。汽车排气污染物中，CO、HC、NO_x和碳烟主要来源于汽车尾气的排放，少部分来自曲轴箱窜气。其中，部分HC还来自于油箱和整个供油系统的蒸发与滴漏。

在相同工况下，汽油机排放的CO、HC和NO_x排放量比柴油机大，因此，目前的排放法规对汽油机主要限制CO、HC和NO_x的排放量。柴油机对大气的污染较汽油机轻得多，主要是产生碳烟污染，因此，排放法规主要限制柴油机排气的烟度。

2. 汽车排气污染物的危害

汽车排出的各种物质中，对人类形成危害的有CO、HC、NO_x、碳烟和硫化物等。

1）CO是燃料不完全燃烧的产物，是汽车尾气中浓度最大的有害成分，是一种无色无味的有毒气体，它进入人体后极易与血液中担负运送氧气的血红蛋白结合，妨碍血红蛋白的输氧能力，造成人体各部分缺氧，引起头痛、头晕和呕吐等中毒症状，严重时甚至死亡。

2）HC是发动机未燃尽的燃料分解出来的产物。当HC浓度较高时，会使人出现头晕和恶心等中毒症状。而且，HC和NO_x在强烈的太阳光作用下，能反应生成一种有害的光化学烟雾，这种光化学烟雾滞留在大气中，造成大气严重污染，对人的眼睛、呼吸道及皮肤均有强烈的刺激性。

3）NO_x是汽油机和柴油机排放的主要污染物，是发动机大负荷工作时，进气中的N_2（氮气）与氧气在高温高压条件下反应而生成的。NO_x主要是NO（一氧化氮）和NO_2（二氧化氮），NO_x与血液中血红蛋白的亲和力比CO还强，通过呼吸道及肺进入血液，使其失去吸氧能力，产生与CO相似的中毒后果。NO_x侵入肺脏深处的肺毛细血管，引起肺水肿，同时还能刺激眼、鼻隔膜，麻痹嗅觉。

4) 碳烟以柴油机排放量为最多，它是柴油机燃烧不完全的产物，其内含有大量的黑色炭颗粒。碳烟能影响道路的能见度，并因含有少量的带有特殊臭味的乙醛，往往引起人们恶心和头晕。

5) 硫化物主要为 SO_2，燃料中含有的硫与氧反应而生成。SO_2 有强烈的气味，可刺激人的咽喉与眼睛，甚至会使人中毒。若大气中含 SO_2 过多，还会形成"酸雨"，损害生物，使土壤与水源酸化，影响自然界的生态平衡。

5.3.2 汽油车排气污染物的标准及检测

1. 汽油车排气污染物的检验标准

我国于 1979 年颁布了环境保护法，1984 年实施了汽车污染物排放标准和测量方法的国家标准。其后，又相继制定了几项国家排放标准，并于 1993 年对上述排放标准进行了修订，从严规范了诊断参数限值和测量方法。

GB 14761—1999《汽车排放污染物限值及测试方法》等效采用了联合国欧洲经济委员会 (ECE) 1995 年 7 月 2 日生效的 ECER83/02《按发动机对燃料的要求类别就污染排放物对车辆认证的规则》的全部技术内容，采用了国际通用的试验方法，在控制力度上达到了欧洲 20 世纪 90 年代初的水平。

2013 年 9 月 17 日，环保部发布《轻型汽车污染物排放限值及测量方法（中国第五阶段）》，要求全国自 2017 年 1 月 1 日起，所有制造、进口、销售和注册登记的轻型汽油车、载重柴油车实施国家第五阶段机动车污染物排放标准，即"国五标准"，国五标准排放控制水平相当于欧洲正在实施的第 5 阶段排放标准。欧盟已经从 2009 年起开始执行，其对 NO_x、HC、CO 和悬浮粒子等机动车排放物的限制更为严苛。从国一提至国四，每提高一次标准，单车污染减少 30%～50%。表 5-2 是我国第二、第三和第四阶段机动车尾气排放标准限值表。

表 5-2 我国第二、第三和第四阶段机动车尾气排放标准限值表

阶段	类别	级别	基准质量 (RM)/kg	限值/(g/km)								
				CO		HC		NO_x		HC + NO_x	颗粒物 (PM)
				L1		L2		L3		L2 + L3	L4
				汽油	柴油	汽油	柴油	汽油	柴油	汽油	柴油(非直喷/直喷)	柴油(非直喷/直喷)
二	第一类车	—	全部	2.2	1	—	—	—	—	0.5	0.7/0.9	0.08/0.10
	第二类车	Ⅰ	RM≤1250	2.2	1	—	—	—	—	0.5	0.70/0.9	0.08/0.10
		Ⅱ	1250＜RM≤1700	4	1.25	—	—	—	—	0.6	1.0/1.3	0.12/0.14
		Ⅲ	1700＜RM	5	1.5	—	—	—	—	0.7	1.2/1.6	0.17/0.20
三	第一类车	—	全部	2.3	0.64	0.2	—	0.15	0.5	0.56	0.05
	第二类车	Ⅰ	RM≤1305	2.3	0.64	0.2	—	0.15	0.5	0.56	0.05
		Ⅱ	1305＜RM≤1760	4.17	0.8	0.25	—	0.18	0.65	0.72	0.07
		Ⅲ	1760＜RM	5.22	0.95	0.29	—	0.21	0.78	0.86	0.1

（续）

阶段	类别	级别	基准质量(RM)/kg	限值/(g/km)								
				CO		HC		NO$_x$		HC + NO$_x$		颗粒物(PM)
				L1		L2		L3		L2 + L3		L4
				汽油	柴油	汽油	柴油	汽油	柴油	汽油	柴油(非直喷/直喷)	柴油(非直喷/直喷)
四	第一类车	—	全部	1	0.5	0.1	—	0.08	0.25	—	0.3	0.025
	第二类车	I	RM ≤ 1305	1	0.5	0.1	—	0.08	0.25	—	0.3	0.025
		II	1305 < RM ≤ 1760	1.81	0.63	0.13	—	0.1	0.33	—	0.39	0.04
		III	1760 < RM	2.27	0.74	0.16	—	0.11	0.39	—	0.46	0.06

注：第一类车指包括驾驶人座位在内，座位数不超过六座，且最大总质量不超过2500kg 的 M1 类汽车；第二类车指除第一类车以外的其他所有轻型汽车。

2. 汽油车排气污染物的检测

《汽油车排气污染物的测量怠速法》规定，当汽油车排气污染物检测时，应采用不分光红外线分析仪（NDIR），并对检测工况和检测程序进行了具体的规定。

（1）基本检测原理 汽车排气中的 CO、HC、NO$_x$ 和 CO$_2$ 等气体，对红外线分别具有吸收一定波长的性质，而且红外线被吸收的程度与废气浓度之间有一定的关系。不分光红外线分析法就是根据这一原理，即废气吸收一定波长红外线能量的变化，来检测废气中各种污染物的含量。在各种气体混在一起的情况下，这种检测方法具有测量值不受影响的特点。

利用不分光红外线分析法制成的分析仪，既可以制成单独检测 CO 或 HC 含量的单项分析仪，也可以制成能测量这两种气体含量的综合分析仪。排气中 CO 的浓度是直接测量的，而排气中 HC 的成分非常复杂，因此要把各种 HC 成分的浓度换算成正己烷（n-C$_6$H$_{14}$）的浓度后，再作为 HC 浓度的测量值。

（2）不分光红外线气体分析仪的结构与工作原理 不分光红外线气体分析仪是一种能够从汽车排气管中采集气样，并对其中所含 CO 和 HC 的浓度进行连续测量的仪器。图 5-12 所示为分析仪的外形图。它由废气取样装置、废气分析装置、废气浓度指示装置和校准装置等组成。

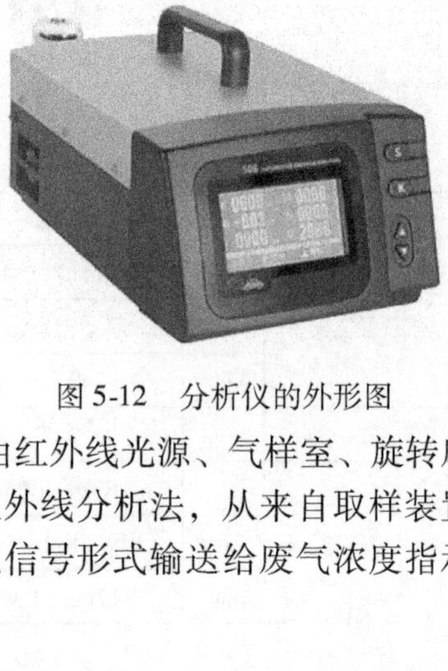

1）废气取样装置。废气取样装置由取样探头、滤清器、导管、水分离器和泵等组成。它通过取样探头、导管和泵从车辆排气管里采集废气，再用滤清器和水分离器把废气中的炭渣、灰尘和水分等除掉，只把废气送入分析装置。

图 5-12 分析仪的外形图

2）废气分析装置。按传感器形式不同，废气分析装置可分为电容微音器式和半导体式等不同形式。废气分析装置由红外线光源、气样室、旋转扇轮（截光器）、测量室和传感器等组成。该装置按照不分光红外线分析法，从来自取样装置的混有多种成分的废气中，测量出 CO 和 HC 的浓度，并以电信号形式输送给废气浓度指示装置。

3) 废气浓度指示装置。综合式气体分析仪的浓度指示装置,主要由 CO 指示装置和 HC 指示装置组成,有指针式仪表和数字式显示器两种类型。从废气分析装置送来的电信号,在 CO 指示仪表上 CO 的浓度以体积百分数(%)表示,在 HC 指示仪表上 HC 的浓度以正己烷当量体积的百万分数(10^{-6})表示。

可利用零点调整旋钮、标准调整旋钮和读数档位转换开关等进行控制。此外,还可以通过气流通道一端设计的流量计,得知废气通道滤清器是否脏污等异常情况。

4) 校准装置。校准装置是一种为了保持分析仪的指示精度,使之能准确指示测量值的装置。在此装置中,往往既设有用加入标准气样进行校准的装置,也设有用机械方式简易校准的装置。

标准气样校准装置是把分析仪生产厂附带来的供校准用的标准气样(CO 和 HC),从分析仪上专设的标准气样注入口直接送到废气分析装置,再通过比较标准气样浓度值和仪表指示值的方法来进行校准的一种装置。

简易校准装置通常是用遮光板把废气分析装置中通过测量气样室的红外线遮挡住一部分,用减少一定量红外线能量的方法进行简单校准的装置。

(3) 汽油车污染物的检测方法 按照《汽油车排气污染物的测量 怠速法》的规定,汽油车怠速污染物的检测应在怠速工况下,采用不分光红外线气体分析仪,按规定程序检测 CO 和 HC 的浓度值。双怠速试验按 GB 18285—2005《汽油车排气污染物的测量 怠速法》附录的规定进行。

怠速工况是指:发动机运转离合器处于接合位置;加速踏板与手油门处于松开位置;变速器处于空档位置。

1) 仪器的准备

①按仪器使用说明书的要求做好各项检查工作。

②接通电源,对气体分析仪预热 30min 以上。

③用标准气样校准仪器,先让气体分析仪吸入清洁空气,用零点调整旋钮把仪表指针调整到零点,然后把标准气样从标准气样注入口注入,再用标准调整旋钮把仪表指针调到标准指示值。注意:在灌注标准气样时,要关掉气体分析仪上的泵开关。

CO 校准的标准值就是标准气样瓶上标明的 CO 浓度值;HC 校准的标准值,由于是用丙烷作为标准气样,因而要按下式求出正己烷的换算值作为校准的标准值:

$$校准的标准值(即正己烷换算值) = 标准气样(丙烷)浓度 \times 换算系数$$

式中 标准气样(丙烷)浓度——标准气样瓶上标明的浓度值;

换算系数——气体分析仪的给出值,一般为 0.472~0.578。

用简易装置校准仪器,先接通简易校准开关,对于有校准位置刻度线的仪器,可用标准调整旋钮将仪表指针调整到正对标准刻度线位置。对于没有标准刻度线的仪器,要在标准气样校准后立即进行简易校准,使仪表指针与标准气样校准后的指示值重合。

先把取样探头和取样导管安装到气体分析仪上,此时如果仪表指针超过零点,则表明导管内壁吸附有较多的 HC,需要用压缩空气或布条等清洁取样探头和导管。

2) 受检车辆或发动机的准备

①进气系统应装有空气滤清器,排气系统应装有排气消声器,并不得有泄漏。

②汽油应符合国家标准的规定。

③测量时，发动机冷却液和润滑油温度应达到汽车使用说明书所规定的热状态。

3）怠速测量程序

①必要时，在发动机上安装转速计、点火定时仪、冷却液和润滑油测温计等测试仪器。

②发动机由怠速工况加速至0.7倍的额定转速，维持60s后降至怠速状态。

③发动机降至怠速状态后，将取样探头插入排气管中，深度等于400mm，并固定于排气管上。

④先把指示仪表的读数转换开关打到最高量程档位，再一边观看指示仪表，一边用读数转换开关选择适于排气含量的量程档位。发动机在怠速状态维持15s后开始读数，读取30s内的最高值和最低值，其平均值即为测量结果。

⑤若为多排气管时，取各排气管测量结果的算术平均值。

⑥测量工作结束后，把取样探头从排气管里抽出来，让它吸入新鲜空气5min，待仪器指针回到零点后再关闭电源。

4）高怠速测量程序。

①必要时，在发动机上安装转速计、点火定时仪、冷却液和润滑油测温计等测试仪器。

②发动机由怠速工况加速至0.7倍额定转速，维持60s后降至高怠速（即0.5倍额定转速）。

③发动机降至高怠速状态后，将取样探头插入排气管中，深度等于400mm，并固定于排气管上。

④先把指示仪表的读数转换开关打到最高量程档位，再一边观看指示仪表，一边用读数转换开关选择适于排气含量的量程档位。发动机在高怠速状态维持70s后开始读数，读取30s内的最高值和最低值，取平均值即为高怠速排放测量结果。

⑤发动机从高怠速状态降至怠速状态，在怠速状态维持15s后开始读数，读取30s内的最高值和最低值，其平均值即为怠速排放测量结果。

⑥若为多排气管时，分别取各排气管高怠速排放测量结果的算术平均值和怠速排放测量结果的算术平均值。测量工作结束后，把取样探头从排气管里抽出来，让它吸入新鲜空气5min，待仪器指针回到零点后再关闭电源。

5.3.3　柴油车排气污染物的标准及检测

1. 柴油车排气污染物的检验标准

柴油车排出的烟色有黑烟、蓝烟和白烟三种。其中，以柴油机在全负荷和加速工况时排出的黑色碳烟最为常见。黑烟的发暗程度用排气烟度表示，排气烟度用烟度计检测。

烟度计可分为滤纸式、透光式和重量式等多种形式。

根据GB 18285—2000《在用汽车排气污染物限值及测试方法》的规定，对于装配压燃式发动机的车辆，按照GB 14761—1999《汽车排放污染物限值及测试方法》随C类认证的车辆进行自由加速排气可见污染物试验，除通过C类认证以外的其他装配压燃式发动机的车辆进行自由加速烟度试验。标准中又规定，自由加速排气可见污染物试验按GB 18285—2000《在用汽车排气污染物限值及测试方法》附录B进行，自由加速烟度试验按GB 3847—2005《柴油车自由加速烟度的测量　滤纸烟度法》规定进行。

GB 18285—2000《在用汽车排气污染物限值及测试方法》规定，对于装配压燃式发动机,最大总质量大于或等于400kg,最大设计车速大于或等于50km/h的在用汽车,自由加速试验烟度排放限值见表5-3。

表5-3　自由加速试验烟度排放限值

车 辆 类 型	烟度值/Rb
1995年7月1日以前生产的在用汽车	4.7
1995年7月1日起生产的在用汽车	4.0

2. 柴油车排气污染物的检测

GB 3847—2005《柴油车自由加速烟度的测量　滤纸烟度法》规定柴油车排气烟度检测时,应采用滤纸式烟度计,并对检测工况和测量程序进行了具体规定。

(1) 基本检测原理　滤纸式烟度计的测量原理是,用一个活塞式抽气泵,从柴油机排气管中抽取一定容积的废气,使它通过一张一定面积的白色滤纸,废气中的碳烟存留在滤纸上,使其染黑。用检测装置测定滤纸的染黑度,再由指示装置指示出来。该染黑度即代表柴油车的排气烟度。

(2) 滤纸式烟度计的结构与工作原理　滤纸式烟度计是应用最广的烟度计之一,有手动、半自动和全自动三种形式。其结构都是由废气取样装置、染黑度检测与指示装置和控制装置等组成。

1) 废气取样装置。废气取样装置由取样探头、活塞式抽气泵和取样软管等组成。

取样探头分台架试验用和整车试验用两种形式。整车试验用取样探头带有散热片,其上装有夹具以便固定在排气管上。取样探头在活塞式抽气泵的作用下抽取废气,其结构形状应能保证在取样时不受排气动压的影响。

活塞式抽气泵由活塞泵、手柄、回位弹簧、锁止装置、电磁阀和滤纸夹持机构等组成。

取样前,手动或自动压下抽气泵手柄,直至克服回位弹簧的张力,使活塞到达最下端,并由锁止机构锁紧。当需要取样时,踩下脚踏开关或按下"手动抽气"按钮,可操纵电磁阀使压缩空气解除锁止机构对活塞的锁紧作用,活塞在回位弹簧张力作用下上升到顶端,完成取样过程。

滤纸夹持机构在取样时实现对滤纸的夹紧和密封,使取样过程中的排气经滤纸进入泵筒内,碳烟存留在滤纸上并将其染黑,并能保证滤纸的有效工作面直径为$\phi 32$mm。取样完成后,滤纸夹持机构松开,染黑的滤纸由进给机构送至染黑度检测装置。

取样软管把取样探头和活塞式抽气泵连接在一起,由于泵的抽气量与软管的容积有关,国标规定,取样软管长度为5.0m,内径为$\phi(5\pm0.2)$mm,取样系统局部内径不得小于$\phi 4$mm。

2) 染黑度检测与指示装置。它由光电传感器、指示仪表或数字式显示器、滤纸和标准烟样等组成。

光电传感器由光源(白炽灯泡)和光电元件(环形硒光电池)等组成。电源接通后白炽灯泡发亮,其光线通过带有中心孔的环形硒光电池照射到滤纸上。当滤纸的染黑度不同时,反射给环形硒光电池感光面的光线强度也不同,因而环形硒光电池产生的光电流强度也就不同。

指示电表是一块微安表,是滤纸染黑度,即排气烟度的指示装置。当环形硒光电池送来的光电流强度不同时，指示仪表指针的位置也不同。指示表头以 Rb0～Rb10 表示。其中，0 是全白滤纸的 Rb 单位，10 是全黑滤纸的 Rb 单位，从 0～10 均匀分布。

检测装置一般都备有供标定或校准用的标准烟样和符合规定的滤纸。标准烟样也称为烟度卡，应在烟度计上标定，精确度为 0.5%。当标准烟样用于标定烟度计时，按量程均匀分布不得少于 6 张；当用于校准烟度计时，每台烟度计 3 张，标定值选在 Rb5 左右。当烟度计指示仪表需要校准时，只要把标准烟样放在光电传感器下，用调节旋钮把指示电表的指针调整到标准烟样所代表的染黑度数值上，即可达到目的。这可使指示仪表保持指示精度，以得出准确的测量结果。烟度计必须定期标定，要求在有效期内使用。

滤纸有带状和圆片状两种。带状滤纸在进给机构的作用下能实现连续传送，适用于半自动式和全自动式烟度计；圆片状滤纸，仅适用于手动式烟度计。

3）控制装置。控制装置包括用脚操纵的抽气泵电磁脚踏开关、滤纸进给机构和压缩空气清洗机构等。压缩空气清洗机构能在废气取样前，用压缩空气清洗取样头和取样软管内的残留废气炭粒。

（3）柴油车自由加速烟度的检测方法　GB 3847—2005《柴油车自由加速烟度的测量滤纸烟度法》规定，柴油车自由加速烟度的检测应在自由加速工况下，采用滤纸式烟度计，按测量规程进行。

自由加速工况是指，柴油机于怠速工况（发动机运转，离合器处于接合位置，加速踏板与手油门处于松开位置，变速器处于空档位置，具有排气制动装置的发动机其蝶形阀处于全开位置），将加速踏板迅速踩到底，维持 4s 后松开。

1）仪器的准备。

①通电前，检查指示仪表指针是否在机械零点上，否则用零点调整螺钉使指针与"10"的刻度重合。

②接通电源，仪器进行预热。打开测量开关，在检测装置上垫 10 张全白滤纸，调节粗调及微调电位器，使表头指针与"0"的刻度重合。

③在 10 张全白滤纸上放上标准烟样，并对准检测装置，仪表指针应指在标准烟样的染黑度数值上，否则应进行调节。

④应检查取样装置和控制装置中各部机件的工作情况，特别要检查脚踏开关与活塞抽气泵动作是否同步。

⑤检查控制用压缩空气和清洗用压缩空气的压力是否符合要求。

⑥检查滤纸进给机构的工作情况是否正常。检查滤纸是否合格，应洁白无污。

2）受检车辆的准备。

①进气系统应装有空气滤清器，排气系统应装有消声器并且不得有泄漏。

②柴油应符合国家规定，不得使用燃油添加剂。

③测量时，发动机的冷却液和润滑油温度应达到汽车使用说明书所规定的状态。

④自 1975 年 7 月 1 日起新生产柴油车用的柴油机，应保证起动加浓装置在非起动工况下不再起作用。

3）测量程序。

①用压力为 0.3～0.4MPa 的压缩空气清洗取样管路。

②把抽气泵置于待抽气位置，将洁白的滤纸置于待取样位置，将滤纸夹紧。

③将取样探头固定于排气管内，插入深度等于300mm，并使其轴线与排气管轴线平行。

④将脚踏开关引入汽车驾驶室内，但暂不固定在加速踏板上。

⑤按照自由加速工况的规定加速3次，以清除排气系统中的积存物。然后，把脚踏开关固定在加速踏板上，进行实测。

⑥测量取样，按照自由加速工况的规定和自由加速烟度测量规程，将加速踏板与脚踏开关一并迅速踩到底，持续4s后立刻松开，维持怠速运转，循环测量4次，取后3个循环烟度读数的算术平均值作为所测烟度值。

⑦当汽车发动机出现黑烟冒出排气管的时间与抽气泵开始抽气的时间不同步时，应取最大烟度值作为所测烟度值。

⑧在被染黑的滤纸上记下试验序号、试验工况和试验日期等，以便保存。

⑨检测结束，及时关闭电源和气源。

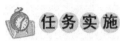

以汽车尾气检测为任务，采用行动导向教学法，引导学生按照汽车维修工作过程（资讯、决策、计划、实施、检查、评估）检测，在此过程中学习相关理论知识，掌握汽车尾气的检测方法。

任务工单 5.3

汽车排气的检测

工作任务		汽车排气的检测		学时	2
姓名		学号		班级		日期	

1. 咨询
（1）车辆信息

车型		生产年代		制造厂	
车辆识别码		发动机型号			

（2）故障描述

（3）相关问题
①汽车尾气的主要成分有哪些？简述其危害。

②查阅资料写出我国目前轻型车尾气排放标准。

③读出下列尾气分析仪的读数，并判断是否符合标准。

2. 决策
提出诊断排除故障的方案：

（续）

3. 计划

人员分配	
时间安排	
工作步骤	
设备和工具	

4. 实施

汽车尾气分析仪的连接：

汽车尾气分析仪的操作步骤：

打印检测结果粘贴位置：

根据尾气检测结果得出结论：

尾气超标诊断检查

检查项目	检查内容和方法	检查结果	修复方法
1. 检查点火系统			
2. 检查燃油供给系统			
3. 检查急速匹配设置			
4. 检测缸压			

（续）

（续）

检查项目	检查内容和方法	检查结果	修复方法
5. 检查配气正时			
6. 检查进气排气系统			
7. 检查电控系统传感器执行器 ECU 工作情况			

典型故障小试牛刀

故障现象	诊断思路步骤	故障点

5. 检查

检查汽车修复质量及汽车性能：

6. 评估

	考评项目	自我评估	组长评估	教师评估	备注
素质考评 10	劳动纪律 5				
	环保意识 5				
工单考评 20					
实操考评 40	工具使用 5				
	任务方案 10				
	实施过程 20				
	完成情况 5				
	其他				
合计 70					
综合评价 70					

组长签字： 　　　　　　　　教师签字：

任务5.4 汽车噪声的检测

任务要求

1. 通过学习，了解汽车噪声的评价指标。
2. 通过学习，了解汽车噪声的检测设备和使用方法。
3. 通过新技术的引导，激发学生学习专业课的兴趣。

任务描述

噪声作为一种严重的公害已日益引起人们的关注，目前世界各国已纷纷制定出控制噪声的标准。噪声的一般定义是：频率和声强杂乱无章的声音组合，造成对人和环境的影响。更人性化的描述是，人们不喜欢的声音就是噪声。

相关知识

随着汽车向快速和大功率方面的发展，汽车噪声已成为一些大城市的主要噪声源。汽车噪声主要包括：发动机的机械噪声、燃烧噪声、进排气噪声和风扇噪声；底盘的机械噪声、制动噪声和轮胎噪声，车厢振动噪声，货物撞击噪声，喇叭噪声和转向、倒车时的蜂鸣声等。由于车辆噪声具有游走性，影响范围大，干扰时间长，因而危害比较大。

5.4.1 噪声的评价指标

1. 噪声的声压和声压级

噪声的主要物理参数有声压与声压级、声强与声强级和声功率与声功率级。其中声压与声压级是表示声音强弱最基本的参数。

声压是指由于声波的存在引起在弹性介质中压力的变化值。声音的强弱取决于声压，声压越大听到的声音越强。人耳可以听到的声压范围是 2×10^{-5}（听阈声压）~20Pa（痛阈声压），相差100万倍，因此用声压的绝对值表示声音的强弱会感到很不方便，所以人们常用声压级来表示声音的强弱。

声压级是指某点的声压 P 与基准声压（听阈声压）P_0 的比值取常用对数再乘以20的值 $\left(L_\mathrm{P}=20\lg\dfrac{P}{P_0}\right)$，单位为分贝（dB）。可闻声声压级范围为0~120dB。

2. 噪声的频谱

人耳对声音的感觉不仅与声压有关，而且还与声音的频率有关。人耳可闻声音的频率范围为 20~20 000Hz。一般的声源，并不是仅发出单一频率的声音，而是发出具有很多频率成分的复杂声音。声音听起来之所以会有很大的差别，就是因为它们的组成成分不同造成的。因此，为全面了解一个声源的特性，仅知道它在某一频率下的声压级和声功率级是不够的，还必须知道它的各种频率成分和相应的声音强度，这就是频谱分析。

噪声的频谱也是噪声的评价指标之一。以声音频率（Hz）为横坐标、以声音强度（如声压级dB）为纵坐标绘制的噪声测量图形，称为频谱图。

人耳可闻声音的频率有1000多倍的变化范围，在实际频谱分析中不可能逐个频率分析噪声。在声音测量中，让噪声通过滤波器把可闻声音的频率范围分割成若干个小的频段，称为频程或频带。频带的上限频率f_h（或称为上截止频率）与下限频率f_L（或称为下截止频率）具有$f_h/f_L = 2^n$的关系，频带的中心频率$f_m = \sqrt{f_h f_L}$，当$n = 1$时称为倍频程或倍频带。可闻声音频率范围用10段倍频程表示，见表5-4。

表5-4　倍频程中心频率及频率范围　　　　　　　　　　　（单位：Hz）

中心频率	31.5	63	125	250	500
频率范围	22~45	45~90	90~180	180~355	355~710
中心频率	1000	2000	4000	8000	16000
频率范围	710~1400	1400~2800	2800~5600	5600~11 200	11 200~22 400

如果需要更详细地分析噪声，可采用1/3倍频程。

3. 噪声级

声压级相同的声音，但由于频率不同，听起来并不一样响，相反，不同频率的声音，虽然声压级也不同，但有时听起来却一样响，因此，用声压级测定的声音强弱与人们的生理感觉往往不一样。因而，对噪声的评价常采用与人耳生理感觉相适应的指标。

为了模拟人耳在不同频率有不同的灵敏性，在声级计内设有一种能够模拟人耳的听觉特性，把电信号修正为与听觉近似值的网络，这种网络称作计权网络。通过计权网络测得的声压级，已不再是客观物理量的声压级，而是经过听感修正的声压级，称作计权声级或噪声级。国际电工委员会（IEC）对声学仪器规定了A、B、C等几种国际标准频率计权网络，它们是参考国际标准等响曲线而设计的。由于A计权网络的特性曲线接近人耳的听感特性，故目前普遍采用A计权网络对噪声进行测量和评价，记作dB（A）。

5.4.2　汽车噪声的标准及检测

1. 汽车噪声检验标准

GB 7258—2017《机动车运行安全技术条件》对机动车车内噪声级做了规定，GB 1495—2002《机动车辆允许噪声》和GB 1496—2002《机动车噪声测量方法》对车外最大噪声级及其测量方法做了规定。

1）车外最大允许噪声级。汽车加速行驶时，车外最大允许噪声级应符合表5-5的规定。表中所列各类机动车辆的变型车或改装车的加速行驶车外最大允许噪声级，应符合其基本型车辆的噪声规定。

2）汽车驾驶人耳旁噪声级。耳旁噪声级应不大于90dB。

表5-5　汽车加速行驶车外最大允许噪声级

汽车分类	噪声限值/dB(A)	
	第一阶段	第二阶段
	2002年10月1日~2004年12月30日期间生产的汽车	2005年1月1日以后生产的汽车
M_1	77	74

(续)

汽车分类	噪声限值/dB(A)	
	第一阶段	第二阶段
	2002年10月1日~2004年12月30日期间生产的汽车	2005年1月1日以后生产的汽车
M_2(GVM≤3.5t)或N_1(GVM≤3.5t):		
GVM≤2t	78	76
2t＜GVM≤3.5t	79	77
M_2(3.5t＜GVM≤5t)或M_3(GVM＞5t):		
P＜150kW	82	80
P≥150kW	85	83
N_2(3.5t＜GM≤12t)或N_3(GVM＞12t):		
P＜75kW	83	81
75kW≤P≤150kW	86	83
P≥150kW	88	84

注：1. M_1、M_2(GVM≤3.5t)和N_1类汽车装用直喷式柴油机，其限值增加1dB(A)。
2. 对于越野汽车，其GVM＞2t时：如果P＜150kW，其限值增加1dB(A)；如果P≥150kW，其限值增加2dB(A)。
3. M_1类汽车，若其变速器前进档多于4个，P＞140kW，P/GVM之比大于75kW/t，并且用第三档测试时其尾端出线的速度大于61km/h，则其限值增加1dB(A)。

2. 声级计的结构与工作原理

在汽车噪声的测量方法中，国家标准规定使用的仪器是声级计。

声级计是一种能把噪声以近似于人耳听觉特性测定其噪声级的仪器。可以用来检测机动车的行驶噪声、排气噪声和喇叭声音响度级。

根据测量精度不同，声级计可分为精密声级计和普通声级计两类，根据所用电源不同可分为交流式声级计和直流式声级计两类。后者也可以称为便携式声级计，具有体积小、重量轻和现场使用方便等特点。

声级计一般由传声器、放大器、衰减器、计权网络、检波器、指示表头和电源等组成。其工作原理是：被测的声波通过传声器被转换为电压信号，根据信号大小选择衰减器或放大，放大后的信号送入计权网络做处理，最后经过检波并在以 dB 标度的表头上指示出噪声数值。图 5-13 所示为我国生产的 ND_2 型精密声级计。

1）传声器是将声波的压力转换成电压信号的装置，也称为话筒，是声级计的传感器。常见的传声器有动圈式和电容式等多种形式。

动圈式传声器由振动膜片、可动线圈、永久磁铁

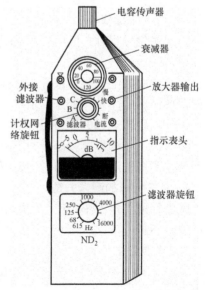

图 5-13 我国生产的 ND_2 型精密声级计

和变压器等组成。振动膜片受到声波压力的作用产生振动，它带动着和它装在一起的可动线圈在磁场内振动而产生感应电流。该电流根据振动膜片受到声波压力的大小而变化。声压越大，产生的电流就越大。

电容式传声器由金属膜片和金属电极构成平板电容的两个极板，当膜片受到声压作用发生变形，使两个极板之间的距离发生变化，电容量也发生变化，从而实现了将声压转换为电信号的作用。电容式传声器具有动态范围大、频率响应平直、灵敏度高和稳定性好等优点，因而应用广泛。

2）放大器和衰减器在放大电路中都采用两级放大器，即输入放大器和输出放大器，其作用是将微弱的电信号放大。输入衰减器和输出衰减器是用来改变输入信号的衰减量和输出信号衰减量的，以便使表头指针指在适当的位置上。衰减器每一档的衰减量为10dB。

3）计权网络。计权网络一般有A、B、C三种。A计权声级模拟人耳对55dB以下低强度噪声的频率特性，B计权声级模拟55~85dB的中等强度噪声的频率特性，C计权声级模拟高强度噪声的频率特性。三者的主要差别是对噪声低频成分的衰减程度不同，A衰减最多，B次之，C衰减量最少。A计权声级由于其特性曲线接近于人耳的听感特性，因此目前应用最广泛，B、C计权声级已逐渐不被采用。

4）检波器和指示表头为了使经过放大的信号通过表头显示出来，声级计还需要有检波器，以便把迅速变化的电压信号转变成变化较慢的直流电压信号。这个直流电压的大小要正比于输入信号的大小。根据测量的需要，检波器有峰值检波器、平均值检波器和均方根值检波器之分。峰值检波器能给出一定时间间隔中的最大值，平均值检波器能在一定时间间隔中测量其绝对平均值。

多数的噪声测量中均采用均方根值检波器。均方根值检波器能对交流信号进行平方、平均和开方，得出电压的均方根值，最后将均方根电压信号输送到指示表头。指示表头是一只电表，只要对其刻度进行标定，就可从表头上直接读出噪声级的dB值。

声级计表头阻尼一般都有"快"和"慢"两个档。"快"档的平均时间为0.27s，很接近于人耳听觉器官的生理平均时间。"慢"档的平均时间为1.05s。当对稳态噪声进行测量或需要记录声级变化过程时，使用"快"档比较合适；在被测噪声的波动比较大时，使用"慢"档比较合适。

声级计面板上一般还备有一些插孔，这些插孔如果与便携式倍频带滤波器相连，可组成小型现场使用的简易频谱分析系统；如果与录音机组合，则可把现场噪声录制在磁带上储存下来，待以后再进行更详细的研究；如果与示波器组合，则可观察到声压变化的波形，并可储存波形或用照相机把波形摄制下来；还可以把分析仪、记录仪等仪器与声级计组合、配套使用，这要根据测试条件和测试要求而定。

3. 汽车噪声的测量方法

国家标准规定汽车噪声使用的测量仪器有精密声级计或普通声级计和发动机转速表，声级计误差不超过±2dB，并要求在测量前后，按规定进行校准。

(1) 声级计的检查与校准

1）在未接通电源时，先检查并调整仪表指针的机械零点。可用零点调整螺钉使指针与零点重合。

2）检查电池容量。把声级计功能开关对准"电池"，此时电表指针应达到额定红线，否则读数不准，应更换电池。

3）打开电源开关，预热仪器10min。

4）校准仪器。每次测量前或使用一段时间后，应对仪器的电路和传声器进行校准。根据声级计上配有的电路校准"参考"位置，校验放大器的工作是否正常。如不正常，应用微调电位计进行调节。电路校准后，再用已知灵敏度的标准传声器对声级计上的传声器进行对比校准。

常用的标准传声器有声级校准器和活塞式发声器，它们的内部都有一个可发出恒定频率、恒定声级的机械装置，因而很容易对比出被检传声器的灵敏度。声级校准器产生的声压级为94dB，频率为1000Hz；活塞式发声器产生的声压级为124dB，频率为250Hz。

5）将声级计的功能开关对准"线性""快"档。由于室内的环境噪声一般为40~60dB，声级计上应有相应的示值。当变换衰减器刻度盘的档位时，表头示值应相应变化10dB左右。

6）检查计权网络。按上述步骤，将"线性"位置依次转换为"C""B""A"。由于室内环境噪声多为低频成分，故经三档计权网络后的噪声级示值将低于线性值，而且应依次递减。

7）检查"快""慢"档。将衰减器刻度盘调到高分贝值处（例如90dB），通过操作人员发声，来观察"快"档时的指针能否跟上发音速度，"慢"档时的指针摆动是否明显迟缓。

8）在投入使用时，若不知道被测噪声级多大，必须把衰减器刻度盘预先放在最大衰减位置（即120dB），然后在实测中再逐步旋至被测声级所需要的衰减档。

（2）车外噪声测量方法

1）测量条件

①测量场地应平坦而空旷，在测试中心以25m为半径的范围内，不应有大的反射物，如建筑物、围墙等。

②测试场地跑道应有20m以上平直、干燥的沥青路面或混凝土路面。路面坡度不超过0.5%。

③本底噪声（包括风噪声）应比所测车辆噪声至少低10dB，并保证测量不被偶然的其他声源所干扰。本底噪声是指测量对象噪声不存在时，周围环境的噪声。

④为避免风噪声干扰，可采用防风罩，但应注意防风罩对声级计灵敏度的影响。

⑤声级计附近除测量者外，不应有其他人员，如不可缺少时，则必须在测量者背后。

⑥被测车辆不载重，测量时发动机应处于正常使用温度，车辆带有其他辅助设备也是噪声源，测量时是否开动，应按正常使用情况而定。

2）测量场地及测点位置。图5-14所示为汽车噪声的测量场地及测量位置，测试传声器位于20m跑道中心点O两侧，各距中线7.5m，距地面高度1.2m，用三脚架固定，传声器平行于路面，其轴线垂直于车辆行驶方向。

3）加速行驶车外噪声测量方法。

①车辆需按规定条件稳定地到达始端线，前进档位为4档以上的车辆用第3档，前进档位为4档或4档以下的用第2档，

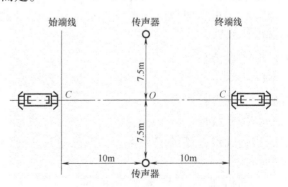

图5-14 汽车噪声的测量场地及测量位置

发动机转速为其标定转速的3/4。如果此时车速超过了50km/h，那么车辆应以50km/h的车速稳定地到达始端线。对于安装了自动变速器的车辆，使用在试验区间加速最快的档位，且不应使用辅助变速装置。在无转速表时，可以控制车速进入测量区，即以所定档位相当于3/4标定转速的车速稳定地到达始端线。

②从车辆前端到达始端线开始，立即将加速踏板踩到底或节气门全开，直线加速行驶，当车辆后端到达终端线时，立即停止加速。车辆后端不包括拖车以及和拖车连接的部分。本测量要求被测车在后半区域发动机达到标定转速，如果车速达不到这个要求，可延长OC距离为15m，如仍达不到这个要求，车辆使用档位要降低一档。如果车辆在后半区域超过标定转速，可适当降低到达始端线的转速。

③声级计用"A"计权网络、"快"档进行测量，读取车辆驶过时的声级计表头最大读数。

④同样的测量往返进行一次。车辆同侧两次测量结果之差，应不大于2dB，并把测量结果记入规定的表格中。取每侧两次声级平均值中最大值作为检测车的最大噪声级。若只用一只声级计测量，同样的测量应进行四次，即每侧测量两次。

4）匀速行驶车外噪声测量方法

①车辆用常用档位，加速踏板保持稳定，以50km/h的车速匀速通过测量区域。

②声级计用"A"计权网络、"快"档进行测量，读取车辆驶过时声级计表头的最大读数。

③同样的测量往返进行一次，车辆同侧两次测量结果之差不应大于2dB，并把测量结果记入规定的表格中。若只用一个声级计测量，同样的测量应进行四次，即每侧测量两次。

(3) 车内噪声测量方法

1）测量条件。

①测量跑道应有足够试验需要的长度，应是平直、干燥的沥青路面或混凝土路面。

②测量时风速（指相对于地面）应不大于3m/s。

③测量时车辆门窗应关闭。车内带有其他辅助设备是噪声源，测量时是否开动，应按正常使用情况而定。

④车内本底噪声比所测车内噪声至少低10dB，并保证测量不被偶然的其他声源所干扰。

⑤车内除驾驶人和测量人员外，不应有其他人员。

2）测点位置

①车内噪声测量通常在人耳附近布置测点，传声器朝车辆前进方向。

②驾驶室内噪声测点的位置如图5-15所示。

③载客车室内噪声测点可选在车厢中部及最后一排座的中间位置。

3）测量方法

①车辆以常用档位、50km/h以上的不同车速匀速行驶，分别进行测量。

②用声级计"慢"档测量"A""C"计权声级，分别读取表头指针最大读数的平均值，把测量结果记入规定的表格中。

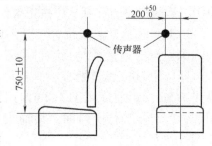

图5-15 驾驶室内噪声测点的位置

③当做车内噪声频谱分析时，应包括中心频率为31.5Hz、63Hz、125Hz、250Hz、500Hz、1000Hz、2000Hz、4000Hz、8000Hz的倍频带。

(4) 驾驶人耳旁噪声的测量方法

1) 车辆应处于静止状态且变速器置于空档，发动机应处于额定转速状态。

2) 测点位置如图 5-16 所示。

3) 声级计应置于"A"计权、"快"档。

(5) 汽车喇叭声的测量　汽车喇叭声的测点位置如图 5-16 所示，测量时应注意不被偶然的其他声源峰值干扰。测量次数宜在两次以上，并注意监听喇叭声是否悦耳。

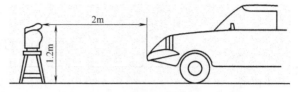

图 5-16　汽车喇叭声的测点位置

 任务实施

以汽车噪声检测为任务，采用行动导向教学法，引导学生按照汽车维修工作过程（资讯、决策、计划、实施、检查、评估）检测，在此过程中学习相关理论知识，掌握汽车噪声的检测方法。

任务工单 5.4

汽车噪声的检测

工作任务		汽车噪声的检测		学时	1
姓名		学号	班级	日期	

1. 咨询

（1）车辆信息

车型		生产年代		制造厂	
车辆识别码			发动机型号		

（2）故障描述

（3）相关问题
①汽车噪声的危害有哪些？

②简述汽车噪声检测仪的操作方法。

2. 决策
提出诊断排除故障的方案：

3. 计划

人员分配	
时间安排	
工作步骤	
设备和工具	

(续)

4. 实施

汽车噪声检测仪的连接：

汽车噪声检测仪的操作步骤：

汽车噪声检测结果得出结论：

典型故障小试牛刀

故障现象	诊断思路步骤	故障点

5. 检查

检查汽车修复质量及汽车性能：

6. 评估

考评项目		自我评估	组长评估	教师评估	备注
素质考评 10	劳动纪律 5				
	环保意识 5				
工单考评 20					
实操考评 40	工具使用 5				
	任务方案 10				
	实施过程 20				
	完成情况 5				
	其他				
合计 70					
综合评价 70					

组长签字： 教师签字：

任务5.5 汽车前照灯的检测

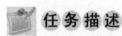

1. 通过学习,了解汽车前照灯的屏幕检测方法。
2. 通过学习,了解汽车前照灯的仪器检测设备和方法。
3. 通过新技术的引导,激发学生学习专业课的兴趣。

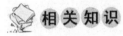

汽车前照灯检测是汽车安全性能检测的重要项目。前照灯诊断的主要参数是发光强度和光束照射位置。当发光强度不足或光束照射位置偏斜时,会造成夜间行车驾驶人视线不清,或使迎面来车的驾驶人眩目,将极大地影响行车安全。所以,应定期对前照灯的发光强度和光束照射位置进行检测、校正。前照灯的技术状况,可用屏幕法和前照灯校正仪检测。

5.5.1 前照灯光束照射位置标准及屏幕检测法

1. 前照灯光束照射位置的检验标准

根据 GB 7258—2012《机动车运行安全技术条件》的规定,汽车前照灯的检验指标为光束照射位置的偏移值和发光强度(cd)。前照灯光束照射位置应符合以下要求:

1)当机动车(运输用拖拉机除外)在检验前照灯的近光光束照射位置时,前照灯在距离屏幕10m处,光束明暗截止线转角或中点的高度应为 $0.6H \sim 0.8H$(H 为前照灯基准中心高度),其水平方向位置向左向右偏移均不得超过100mm。

2)四灯制前照灯其远光单光束灯的调整,在屏幕上光束中心离地高度为 $0.85H \sim 0.90H$,水平位置左灯向左偏移不得大于100mm,向右偏移不得大于170mm;右灯向左或向右偏移均不得大于170mm。

3)当机动车装用远光和近光双光束灯时,以调整近光光束为主。对于只能调整远光单光束的灯,调整远光单光束。

2. 屏幕法检测前照灯光束照射位置

(1)检测的准备 GB 7258—2012《机动车运行安全技术条件》规定,当用屏幕法检测前照灯光束照射位置时,检查用场地应平整,屏幕与场地应平直,被检验的车辆应在空载、轮胎气压正常、乘坐一名驾驶人的条件下进行。将车辆停置于屏幕前,并与屏幕垂直,使前照灯基准中心距屏幕10m,在屏幕上确定与前照灯基准中心离地面距离 H 等高的水平基准线及以车辆纵向中心平面在屏幕上的投影线为基准确定的左右前照灯基准中心位置线。分别测量左右远近光束的水平或垂直照射方位的偏移值,如图5-17所示。

屏幕上画有三条垂直线和三条水平线:

中间垂直线 $V\text{-}V$ 与被检车辆的纵向中心垂直面对齐。

两侧的垂直线 $V_L\text{-}V_L$ 和 $V_R\text{-}V_R$ 分别为被检车辆左右前照灯基准中心的垂直线。

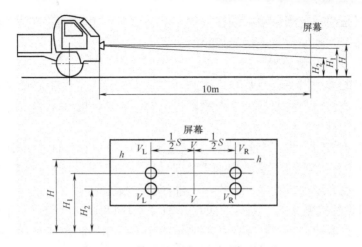

图 5-17 屏幕法检测前照灯光束照射位置

水平线中的 h-h 线与被检车辆前照灯的基准中心等高，距地面高度为 H；H 为被检车辆前照灯基准中心距地面的高度，其值视被检车型而定。

中间水平线与被检车辆前照灯远光光束的中心等高，距地面高度为 H_1，$H_1 = 0.85H$ ~ $0.90H$。

下侧水平线与被检车辆前照灯近光光束的中心等高，距地面高度为 H_2，$H_2 = 0.60H$ ~ $0.80H$。

（2）检测方法 检测时，先遮盖住一边的前照灯，然后打开前照灯的近光开关，未被遮盖的前照灯的近光明暗截止线转角或光束中心应落在图中下边水平线与 V_L-V_L 或 V_R-V_R 线的交点位置上，否则为光束照射位置偏斜。其偏斜方向和偏斜量可在屏幕上直接测量。用同样方法，检测另一边前照灯近光光束照射位置。

根据检测标准，检测调整前照灯光束的照射位置时，对远、近双光束灯应以检测调整近光光束为主。对于远光单光束前照灯，则要检测远光光束的照射位置。其光束中心应落在中间水平线与 V_L-V_L 或 V_R-V_R 线的交点位置上。

用屏幕法检测前照灯简单易行，但只能检测出光束的照射位置，不能检测发光强度。为适应不同车型的检测，需经常更换屏幕，检测效率低，同时，需要占用较大场地。因此目前广泛采用前照灯校正仪对汽车前照灯进行检测。

5.5.2 前照灯发光强度标准及仪器检测方法

1. 前照灯发光强度的检验标准

GB 7258—2012《机动车运行安全技术条件》规定，机动车每只前照灯的远光光束发光强度应达到表 5-6 的要求。测试时，其电源系统应处于充电状态。

表 5-6 前照灯远光光束发光强度要求 （单位：cd）

检查项目车辆类型	新注册车		在用车	
	两灯制	四灯制[①]	两灯制	四灯制[①]
汽车、无轨电车	15 000	12 000	12 000	10 000
四轮农用运输车	10 000	8 000	8 000	6 000

① 采用四灯制的机动车其中两只对称的灯达到两灯制的要求时视为合格。

前照灯校正仪是按一定测量距离放在被检车辆的对面，用来检测前照灯发光强度与光轴偏斜量的专用设备。光轴偏斜量表示光束照射位置。

2. 前照灯校正仪的检测原理

前照灯校正仪的类型很多，但基本检测原理类似，一般均采用能把吸收的光能变成电流的光电池作为传感器，按照前照灯主光束照射光电池产生电流的大小和比例，来测量前照灯发光强度和光轴偏斜量。

（1）发光强度的检测原理　测量前照灯发光强度的电路由光度计、可变电阻和光电池等组成，如图 5-18 所示。按规定的距离使前照灯照射光电池，光电池便接受光强度的大小产生相应的光电流，使光度计指针摆动，指示出前照灯的发光强度。

（2）光轴偏斜量的检测原理　测量前照灯光轴偏斜量的电路如图 5-19 所示，由两对光电池组成，左右一对光电池 $s_{左}$、$s_{右}$ 上接有左右偏斜指示计，用于检测光束中心的左右偏斜量；上下一对光电池 $s_{上}$、$s_{下}$ 上接有上下偏斜指示计，用于检测光束中心的上下偏斜量。当光电池受到前照灯光束照射时，如果光束照射方向偏斜，将分别使光电池的受光面不一致，因而产生的电流大小也不一致。光电池产生的电流差值分别使上下偏斜指示计及左右偏斜指示计的指针摆动，从而检测出光轴的偏斜方向和偏斜量。

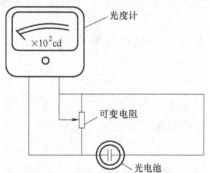

图 5-18　发光强度的检测原理图

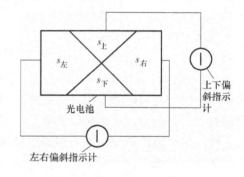

图 5-19　测量前照灯光轴偏斜量的电路

图 5-20 所示为光轴无偏斜时的情况，这时上下偏斜指示计的指针和左右偏斜指示计的指针均垂直向下，即处于零位。图 5-21 所示为光轴有偏斜时的情况，这时上下偏斜指示计的指针向"下"方向偏斜，左右偏斜指示计的指针向"左"方向偏斜。

若通过适当的调节机构，调整光线照射光电池的位置，使 $s_{左}$、$s_{右}$ 和 $s_{上}$、$s_{下}$ 每对光电池受到的光照度相同，此时每对光电池输出的电流相等，两偏斜指示计的指针均指向零位，其调节量反映了光束中心的偏斜量。当偏斜指示计指针处于零位时，光电池受到

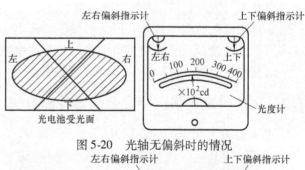

图 5-20　光轴无偏斜时的情况

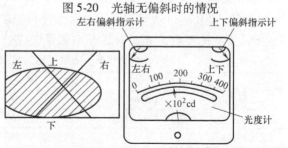

图 5-21　光轴有偏斜时的情况

的光照最强，四块光电池所输出电流之和表明了前照灯的发光强度。

3. 前照灯检测仪的结构和工作原理

按照前照灯检测仪的结构特征与测量方法不同，常用汽车前照灯检测仪可分为聚光式、屏幕式、投影式和自动追踪光轴式四种类型。这些不同类型的前照灯检测仪均由接收前照灯光束的受光器、使受光器与汽车前照灯对正的照准装置、前照灯发光强度指示装置、光轴偏斜方向和偏斜量指示装置及支柱、底板、导轨、汽车摆正找准装置等组成。

(1) 聚光式前照灯检测仪　聚光式前照灯检测仪利用受光器的聚光透镜把前照灯的散射光束聚合起来，并导引到光电池的光照面上，根据其对光电池的照射强度，来检测前照灯的发光强度和光轴偏斜量。检测时，检测仪放在距前照灯前方1m处。

(2) 屏幕式前照灯检测仪　屏幕式前照灯检测仪在固定屏幕上装有可以左右移动的活动屏幕，在活动屏幕上装有能上下移动的内部带有光电池的受光器。前照灯的光束照射到屏幕上，检测发光强度和光轴偏斜量。通常测试距离为3m。

(3) 投影式前照灯检测仪　投影式前照灯检测仪采用把前照灯光束的影像映射到投影屏上，来检测发光强度和光轴偏斜量。检测时，测试距离一般为3m。投影式前照灯检测仪的构造如图5-22所示。

在聚光透镜的上下和左右方向装有四个光电池。前照灯光束的影像通过聚光透镜、光度计的光电池和反射镜后，映射到投影屏上。检测时，通过上下、左右移动受光器使光轴偏斜指示计指示为零，从而找到被测前照灯主光轴的方向，然后根据投影屏上前照灯光束影像的位置，即可得出主光轴的偏斜量，同时可从光度计的指示中读取发光强度。

根据投影式前照灯检测仪光轴偏斜量的检测方法不同，有投影屏刻度检测法和光轴刻度盘检测法。

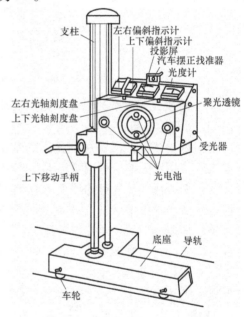

图5-22　投影式前照灯检测仪的构造

投影屏刻度检测法是在投影屏上刻有表示光轴偏斜量的刻度线，根据前照灯影像中心在投影屏上所处的位置，即可直接读出光轴的偏斜量。

光轴刻度盘检测法是转动上下与左右光轴刻度盘，使前照灯光束影像中心与投影屏坐标原点重合，然后从光轴刻度盘上读取光轴偏斜量。

(4) 自动追踪光轴式前照灯检测仪　自动追踪光轴式前照灯检测仪采用受光器自动追踪光轴的方法检测前照灯发光强度和光轴偏斜量。一般检测距离为3m。自动追踪光轴式前照灯检测仪的构造如图5-23所示。

检测时，前照灯的光束照射到检测仪的受光器上。此时，若前照灯光束照射方向偏斜，则主、副受光器的上下光电池或左右光电池的受光量不等，由其电流的差值控制受光器上下移动的电动机运转，或使控制箱左右移动的电动机运转，并通过传动机构牵动受光器上下移动或驱动控制箱在轨道上左右移动，直至受光器上下、左右光电池受光量相等为止。在追踪光轴时，受光器的位移方向和位移量由光轴偏斜指示计指示，此即前照灯光束的偏斜方向和偏斜量。发光强度由光度计指示。

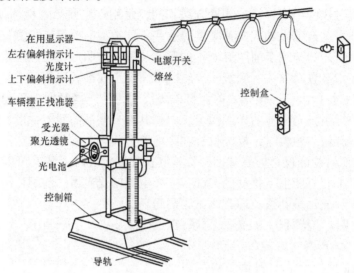

图 5-23　自动追踪光轴式前照灯检测仪的构造

4. 前照灯发光强度和光轴偏斜量的检测方法

（1）检测前的准备

1）前照灯检测仪的准备　在不受光的情况下，调整光度计和光轴偏斜量指示计是否对准机械零点。若指针失准，可用零点调整螺钉调整。

检查聚光透镜和反射镜的镜面上有无污物。若有，可用柔软的布料或镜头纸擦拭干净。

检查水准器的技术状况。若水准器无气泡，应进行修理或更换。若气泡不在红线框内时，可用水准器调节器或垫片进行调整。

检查导轨是否沾有泥土等杂物。若有，应扫除干净。

2）被检车辆的准备。清除前照灯上的污垢。轮胎气压应符合汽车制造厂的规定。前照灯开关和变光器应处于良好状态。汽车蓄电池和充电系统应处于良好状态。

（2）检测方法　由于前照灯检测仪的厂牌、形式不同，其检测发光强度和光轴偏斜量的具体方法也不尽相同。这里仅就投影式和自动追踪光轴式前照灯检测仪的检测方法做一介绍。

1）投影式前照灯检测仪的检测方法。将被检汽车尽可能地与前照灯检测仪的轨道保持垂直方向驶近检测仪，使前照灯与检测仪受光器相距 3m。

用汽车摆正找准器使检测仪与被检汽车对正。

开亮前照灯，移动检测仪，使光束射到受光器上。

投影屏刻度检测法，要求先使光轴偏斜量指示计的指示为零，然后根据投影屏上前照灯影像中心所在的刻度值读取光轴偏斜量，再根据光度计的指示值读取发光强度值，如图 5-24 所示。

光轴刻度盘检测法，要求转动光轴刻度盘，使投

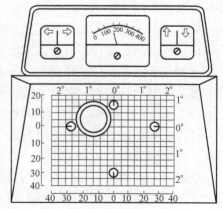

图 5-24　投影屏刻度检测法
检测结果示意图

影屏上的坐标原点与前照灯影像中心重合，读取此时光轴刻度盘上的指示值，即为光轴偏斜量，再根据光度计上的指示值读取发光强度值，如图 5-25 所示。

2）自动追踪光轴式前照灯检测仪的检测方法。将被检汽车尽可能地与前照灯检测仪的轨道保持垂直方向驶近检测仪，使前照灯与检测仪受光器相距 3m。

用汽车摆正找准器使检测仪与被检汽车对正。

开亮前照灯，接通检测仪电源，用控制器上的上下、左右控制开关移动检测仪的位置，使前照灯光束照射到受光器上。

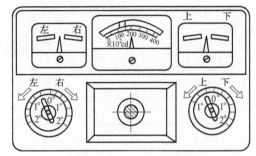

图 5-25　光轴刻度盘检测法检测结果示意图

按下控制器上的测量开关，受光器随即追踪前照灯光轴，根据光轴偏斜指示计和光度计的指示值，即可得出光轴偏斜量和发光强度值。

检测完一只前照灯后用同样的方法检测另一只前照灯。检测结束，前照灯检测仪沿轨道或沿地面退回护栏内，汽车驶出。

5. 检测结果分析

前照灯检验不合格有两种情况，一是前照灯发光强度偏低，二是前照灯照射位置偏斜。

（1）左右前照灯发光强度均偏低

1）检查前照灯反光镜的光泽是否明亮，如昏暗或镀层剥落或发黑应予更换。

2）检查灯泡是否老化，质量是否符合要求，如老化或质量不符合要求，光度偏低者应更换。

3）检查蓄电池端电压是否偏低，如端电压偏低，应先充足电再检测。仅靠蓄电池供电，前照灯发光强度一般很难达到标准的规定，检测时发电机应供电。

（2）左右前照灯发光强度不一致　检查发光强度偏低的前照灯的反射镜光泽是否灰暗，灯泡是否老化，质量是否符合要求，一般多为搭铁电路接触不良。

（3）前照灯光束照射位置偏斜　前照灯安装位置不当或因强烈振动而错位致使光束照射位置偏斜，应予以调整。前照灯光束照射位置偏斜的调整可在前照灯检测仪上进行。

根据检测标准，在检测调整光束照射位置时，对远、近双束灯以检测调整近光光束为主。如果制造质量合格的灯泡，近光调整合格后，远光光束一般也能合格；若近光光束调整合格后，经复核远光光束照射方向不合格，则应更换灯泡。

任务实施

以汽车前照灯检测为任务，采用行动导向教学法，引导学生按照汽车维修工作过程（资讯、决策、计划、实施、检查、评估）检测，在此过程中学习相关理论知识，掌握汽车前照灯的检测方法。

任务工单 5.5

汽车前照灯的检测

工作任务		汽车前照灯的检测			学时	1
姓名		学号		班级	日期	

1. 咨询

(1) 车辆信息

车型		生产年代		制造厂	
车辆识别码			发动机型号		

(2) 故障描述

(3) 相关问题
① 汽车前照灯的检测项目有哪些?

② 汽车前照灯检测仪的操作方法。

2. 决策

提出诊断排除故障的方案:

3. 计划

人员分配	
时间安排	
工作步骤	
设备和工具	

（续）

4. 实施

汽车前照灯检测仪的连接：

汽车前照灯检测仪的操作步骤：

汽车前照灯检测结果得出结论：

典型故障小试牛刀

故障现象	诊断思路步骤	故障点

5. 检查

检查汽车修复质量及汽车性能：

6. 评估

考评项目		自我评估	组长评估	教师评估	备注
素质考评 10	劳动纪律 5				
	环保意识 5				
工单考评 20					
实操考评 40	工具使用 5				
	任务方案 10				
	实施过程 20				
	完成情况 5				
	其他				
合计 70					
综合评价 70					

组长签字： 教师签字：

参 考 文 献

[1]　肖文光. 汽车构造与维修(底盘部分)[M]. 北京：北京理工大学出版社，2009.
[2]　赵英勋. 汽车运用技术[M]. 2版. 北京：机械工业出版社，2014.
[3]　赵福堂，渠桦，解建光. 现代汽车检测诊断与维修[M]. 北京：北京理工大学出版社，2005.
[4]　张建俊. 汽车检测技术[M]. 北京：高等教育出版社，2008.
[5]　刘福华，刘良. 发动机电控系统检修[M]. 北京：机械工业出版社，2015.
[6]　廖忠诚. 汽车检测技术[M]. 北京：化学工业出版社，2013.
[7]　白红村. 汽车底盘构造与维修[M]. 北京：北京大学出版社，2011.
[8]　代洪，吴东平. 汽车发动机构造与维修[M]. 北京：化学工业出版社，2013.
[9]　刘毅. 汽车电器构造与维修[M]. 北京：人民交通出版社，2012.
[10]　杨连福. 汽车电器构造与维修[M]. 北京：人民交通出版社，2012.